白帝社アジア史選書
HAKUTEISHA's
Asian History Series
009

モンゴル年代記

森川哲雄

白帝社

はじめに

モンゴル年代記とは、一般にモンゴル人の手になる、モンゴル語で記された、編年体の体裁を持った歴史書をいう。その第一のものは言うまでもなく『元朝秘史』あるいは『モンゴルの秘史』その他の名前で知られている、チンギス・ハーンの事績を中心にして記された年代記である。これは一三世紀のモンゴルの歴史のみならず、言語学、遊牧社会の文化に関する貴重な資料となっている。しかしながら『元朝秘史』のようなモンゴル文による年代記の編纂はその後長期間に亘って中断した。

元朝政権が明から追われモンゴリアに移った一三六八年から一七世紀前半、後金国（後の清朝）に征服されるまでの時代を、一般に明代モンゴル、あるいは北元と呼んでいる。モンゴル政権と明との間は時に敵対し、時に和平状況になり、その間数多くのやりとりがあったが、それらに関する史料は、明側の漢文史料に残されてはいるものの、モンゴル文史料はほとんど残されていない。すなわちモンゴル語文献の不毛の時代が長期間に亘って続いたのである。

このような状況を大きく変えたのが一六世紀後半におけるチベット仏教のモンゴリア再流入であった。モンゴル政権とチベット仏教との邂逅は早くモンゴル帝国時代の初期に遡り、とりわけサキャ派との結びつきが強まる。これはフビライとパクパとの繋がりによってチベット文字を利用したパクパ（パスパ）文字の作成など、モンゴル文化に大きな影響を与えた。ただし一三六八年元朝政権が明に追われてモンゴリアに後退したのち、チベット仏教がどのようになったのかについて、ほとんど史料が残されていない。ネストリウス派キリスト教の痕跡が一部にあったこと、また西方のムスリム商人とモンゴル政権の結びつき、ムスリム勢力のモンゴリア進出など大きな事件が起きているが、モンゴリアにおいては古くからのシャーマニズムが信奉されていたことが分かっている。この時代におけるチベット仏教のモンゴリア流入のきっかけは一五七八年、モンゴルの有力者であったアルタン・ハーンとチベット仏教、ゲールグ派の指導者ソナム・ギャムツォ（ダライラマ三世）とが青海のチャプチャルで出会い、アルタン・ハーンがゲールグ派の施主となったことである。その後チベット仏教の僧侶（ラマ）がモンゴルに派遣され、またチベット仏教の教典や、チベットで編纂された歴史書が多くモンゴルに流入した。

一六世紀末から一七世紀の頃、モンゴル人ラマの出現や、モンゴル人の間に次第にチベット仏教が浸透していく中で、支配者層の知識人たちの中にモンゴル史、すなわちモンゴル年代記を編纂する者が現れるようになった。こうしたモンゴル人によるモンゴル史の編纂に対してチベット語文献の影響が大であったことは想像に難くない。まず一六世紀後半にはオルドスのホトクタイ・セチェン・ホンタイジの手になる『チャガン・テウケ』が編纂されている。ただし『チャガン・テウケ』は厳密に言えば年代記ではなく、モンゴルへのチベット仏教の導入、あるいはオルドスにあるチンギス・ハーン廟（エジェン・ホロー）における祭祀などについて記したものである。次いで一七世紀初頭には一六世紀後半のモンゴルにおける最大の実力者であったトゥメトのアルタン・ハーンの活動を中心にして記した『アルタン・ハーン伝』が編纂された。これは全編頭韻を踏んだ詩の形をとったユニークな年代記である。また一七世紀前半に著者不明『アルタン・トプチ』が編纂されている。これらの年代記はまだ清朝がモンゴリアを支配する前に編纂されたものであり、その意味でこれらに清朝の影はまだ見られない。

一六三四年の後金国（一六三六年国号を大清に変える）による内モンゴル支配は、内モンゴルの政治状況に大きな変化をもたらしたが、知識人にとっても大きな衝撃であった。この後編纂されたモンゴル年代記には多かれ少なかれ清朝の影が見え隠れする。このような状況の中で最初に現れたのが、一六六二年にオルドス、ウーシン旗のサガン・セチェンによって編纂された『蒙古源流』である。サガン・セチェンはチンギス・ハーン家の出身で、モンゴルの正統な王家であるチャハル王家に対し共感を持っていたと言われ、そのことは『蒙古源流』の中に読み取ることが出来るが、当時の清朝とモンゴルとの関係についても貴重な記録を残している。

一七世紀末頃にロブサンダンジンにより『アルタン・トプチ』が編纂された。正式な表題は著者不明の『アルタン・トプチ』と異なるが、いずれも表題に『アルタン・トプチ』の名を付けているので、これも『アルタン・トプチ』の名で呼ばれる。著者不明のものと区別するために編者の名であるロブサンダンジン（あるいはロ氏）を付けたり、また著者不明のものより後に知られたというので『アルタン・トプチ・ノヴァ（新アルタン・トプチ）』とも呼ばれる。『元朝秘史』の記述を三分の二ほど採録しており、この時代のモンゴル史研究のみならず、『元朝秘史』の研究にも重要な史料となっている。

一七世紀後半、外モンゴルでも年代記が編纂されるようになった。すなわち一六七七年、トゥシエトゥ・ハン部の貴族であったシャムバ・エルケ・ダイチンは『アサラクチ史』を編纂した。『アサラクチ史』は比較的流布したようで、その後に編纂されたモンゴル年代記に引用されている。次いで一八世紀初頭に『シャラ・トージ（黄史）』が編纂されている。これら二つの年代記は外モンゴルの初期の歴史を知る上で重要な情報を与えている。

一八世紀になると数多くの年代記が編纂されるようになった。一七二五年にゴムボジャブの

『ガンガイン・ウルスハル（ガンジス河の流れ）』、一七二九年にシレゲトゥ・グーシ・ダルマの『アルタン・クルドゥン・ミンガン・ケゲストゥ・ビチク（金千輻輪）』、一七三二年にロミによる『蒙古世系譜』が編纂されている。さらに一七七四／七五年にラシプンスクにより『ボロル・エリケ』が編纂された。しかしながら歴史研究の史料という見地からみると次第に独自の記述が少なくなっていく。一八世紀後半にはこの他メルゲン・ゲゲン『アルタン・トプチ』（一七六五）、著者不明『アルタン・ナプチト・テウケ』なども編纂され、本書でも紹介するようにそれぞれ大きな特徴を持つが、史料的な価値はさほどではない。一九世紀以降においても多くの年代記が編纂されるが、史料的な価値はそれ程高くない。もちろんこれは筆者がモンゴル史を研究している立場からの見解であって、モンゴル文化や宗教史など別な視点からはまた別な意味を持っていることは言うまでもない。

これら一連のモンゴル年代記について史料的価値の面からのみ論じることは問題ではあるが、敢えてそれについて触れると一四世紀後半の、いわゆる明代モンゴル以降の歴史については史料的価値が高い。この時代、明朝にとって対モンゴル政策は重要な課題であり、その意味からもモンゴル情勢の把握は政権にとって極めて重要であった。従って二八〇年近い年月の間に明朝政権が得たモンゴルに関する情報は膨大なものになる。例えば『明実録』に含まれているモンゴル関係の記録は『明代満蒙史料―明実録抄―』（京都大学文学部、一九五四―

一九五九）として刊行されているが、それだけで一〇冊を数えている。にもかかわらず明朝はモンゴルの政情について必ずしも十分知っていたわけではなかった。これに対してモンゴル年代記はモンゴル側に伝えられた独自の伝聞を豊富に記しており、この時代のモンゴルの歴史、社会、文化を再構成する上で無くてはならないものになっている。

АКАДЕМИЯ НАУК СССР

Ц. Ж. ЖАМЦАРАНО

МОНГОЛЬСКИЕ ЛЕТОПИСИ XVII ВЕКА

ТРУДЫ ИНСТИТУТА ВОСТОКОВЕДЕНИЯ

XVI

ジャムツァラーノ『17世紀のモンゴル年代記』表紙

このことは清代になってからも同様で、特にその前半期におけるモンゴル史研究においてモンゴル年代記の占める位置は決して低くない。モンゴルの内情については清朝側の史料は明代のそれに比べて比較にならないほど詳細に記している。しかしながら清朝治下のモンゴル人の本当の心情は決して清朝側の編纂史料や文書史料からは伝わってこない。やはりモンゴル人の書いたもの、とりわけモンゴル通史として編纂された年代記からは当時の彼らの心情を読み取ることが出来る。清朝においては一般に「文字の獄」と呼ばれる思想弾圧が行われ、その影響があったかどうかは定かではないが、一八世紀後半には独自の内容を持つ年代記はほとんど無くなっていく。ただしモンゴル知識人がモンゴル史を編纂することをやめたわけではない。

モンゴル年代記の全体的な紹介、研究は早くジャムツァラーノ（Жамцарано, 1936, 英訳Žamtsarano, 1955）によって行われ、その後ハイシッヒ（Heissig, 1959,1965）、ビラ（Бира, 1978）や包文漢、喬吉（一九九四）などによって行われている。ただこれらの研究は基本的に書誌学的な研究であり、年代記の内容を中心に紹介したものではない。そこで本書はこれら一連の研究を参照しつつ、モンゴル年代記について、特にその記述内容を中心にして紹介したい。

目次

モンゴル年代記

はじめに…… 3
第一章　『元朝秘史』―北アジア世界における初めての年代記―…… 15
一、『元朝秘史』の編纂　15　二、『元朝秘史』、明朝の手に入る　17
三、『元朝秘史』をめぐる議論　25　四、『元朝秘史』の性格　35
五、『元朝秘史』の内容　38
第二章　チベット仏教のモンゴルへの再流入…… 76
第三章　『チャガン・テウケ』…… 91
一、『チャガン・テウケ』について　91　二、『チャガン・テウケ』の編纂者　95
三、『チャガン・テウケ』の内容　100
第四章　『アルタン・ハーン伝』…… 112
一、『アルタン・ハーン伝』の発見　112　二、『アルタン・ハーン伝』の編纂年代と編者について　116

目　次

三、『アルタン・ハーン伝』の表題について　123　四、『アルタン・ハーン伝』の内容　124
第五章　著者不明『アルタン・トプチ』……143
一、著者不明『アルタン・トプチ』について　143　二、編纂年代について　150
三、その構成と内容　153
第六章　『蒙古源流』……195
一、『蒙古源流』と著者サガン・セチェンについて　195　二、『蒙古源流』の編纂年代に関する議論　206
三、利用した史料　211　四、『蒙古源流』の内容について　213
第七章　『アサラクチ史』……262
一、『アサラクチ史』とシャムバ・エルケダイチン　262　二、利用した史料　266
三、内容について　269
第八章　『シャラ・トージ』……286
一、『シャラ・トージ』について　286　二、書名と編纂年代について　289

三、『シャラ・トージ』の内容について　295
第九章　ロブサンダンジン『アルタン・トプチ』……306
一、ロブサンダンジン『アルタン・トプチ』について　306　二、編者と編纂年代について　310
三、ロ氏『アルタン・トプチ』の内容について　315
第十章　一八世紀前半のモンゴル年代記……350
一、『ガンガイン・ウルスハル』　350　二、『蒙古世系譜』　369
三、『アルタン・クルドゥン・ミンガン・ケゲストゥ・ビクチ』　388
第十一章　一八世紀後半のモンゴル年代記……409
一、『ボロル・エリケ』　409　二、メルゲン・ゲゲン『アルタン・トプチ』　423
三、『アルタン・ナプチト・テウケ』　429
おわりに……433
参考文献……436

第一章　『元朝秘史』—北アジア世界における初めての年代記—

一、『元朝秘史』の編纂

チンギス・ハーンは一三世紀初めにモンゴル世界帝国を建設した英雄であるが、その帝国の広さを反映して、彼の活動の記録は様々な言語で記されている。モンゴル人たちもその生涯とその事績について、モンゴル語で記録を残した。それが通称『元朝秘史』である。『元朝秘史』はその表題から予想される、元朝時代の隠れた事実を記したものではなく、チンギス・ハーンの祖先、チンギス・ハーンの生涯とその事績、さらに彼を次いだオゲデイ・ハーンの事績について記したものである。この歴史作品はのちに明代初期に漢訳されたときに『元朝秘史』と名付けられ、その後この名が一般的に使われるようになった。

現在『元朝秘史』のテキストは漢字音訳された形で伝えられているが、一二巻本と一五巻本がある。前者は洪武刊本を祖とする写本であり、後者は『永楽大典』所収本を祖とする写本の系統である。このうち一二巻本は、正編一〇巻と続集二巻から成っている。ただし一二巻本と一五巻本との間に記述内容の違いはなく、『永楽大典』に収録した際に一五巻に編纂し直しただけである。また全体が二八二節に分けられている。ただしはじめから分巻されていたのではなく、漢字音写、漢訳された際に分巻されたと考えられている。

『元朝秘史』は元朝時代においては一般には流布せず、首都、大都の宮廷の奥深くに蔵されていたが、全く秘されて、誰の目にも触れなかったというわけではない。一つにはチンギス・ハーンに関する実録、すなわち『太祖実録』の編纂に関連してである。『元史』によれば『太祖実録』の編纂は世祖フビライのときに行われたが、それはウイグル式モンゴル文字にも翻訳されたという。ただし太宗、定宗、睿宗、憲宗の各実録と共に『太祖実録』が最終的な完成を見たのは、成宗、大徳四（一三〇〇）年のことであった。『元朝秘史』と『太祖実録』との関係について那珂通世の示した系譜（『成吉思汗実録』、序論四五頁）に示されているが、『元史』には具体的記述はない。しかし『太祖実録』が『元朝秘史』を利用したことは確実で、そのことはあとで紹介したい。

もう一つはこの『元朝秘史』が漢訳されたという記述が見られることである。すなわち仁宗（在位一三一一—一三二〇）のとき栄録大夫、平章政事、商議中書章事となった西域出身のチャガン（察罕）という人物についての『元史』の記述である。それによれば彼は「博覧強記で諸国の字書に通じて」おり、『貞観政要』をモンゴル語に翻訳して仁宗に献呈して賞賛を受けた。のちに帝の命を受けて『帝範』を翻訳し、さらに『脱必赤顔《トプチャン》』を翻訳して『聖武開天紀』と名付け、『紀年纂要』、『太宗平金始末』などの書とともに史館に置いたという（『元史』巻一三七、察罕伝）。ここに出てくる『脱必赤顔』が『元朝秘史』にあたるというのが通説である。このとき漢訳された『聖武開天紀』は現存しない。なお別にチンギス・ハーンの活動を記録した『聖武親征録』があり、これは『聖武開天紀』が書写される中で表題が変えられたもので、同一のものという説があるが、受け入れられていない。

このように『脱必赤顔』、すなわち『元朝秘史』は元朝時代に注意を向けられたこともあったが世に出ることはなかった。この書が公になるにはもう少し時間がかかった。それは明という新しい王朝が中国に出現してからである。

二、『元朝秘史』、明朝の手に入る

一三六八年、元朝皇帝トゴン・テムル（順帝）は明軍の迫る中、都の大都を棄て、副都である上都を経て、さらに内モンゴルの応昌へと逃れ、一三七〇年に亡くなった。このときの様子を『元史』巻四七、順帝一〇は次のように伝えている。

〔至元二十八年七月〕大明の兵が通州に到達した。知枢密院事卜顔帖木児《ボヤンテムル》は力戦するも捕らえられて亡くなった。左丞相失列門《シラムーン》は詔を伝え、太常令儀院使阿魯渾等をして太廟列室神主を奉じ、皇太子とともに北へ逃れさせようとした。阿魯渾等は直ちに太廟に至って署令王嗣宗、太祝哈剌不華《ハラブハ》と神主を襲護し終わり、なお室内に留まった。乙丑、白虹が日を貫いた（白い虹が太陽を貫いてかかった、すなわち兵が君主に危害を加える象徴）。内府の建築をやめた。淮王帖木児不花《テムルブハ》に詔し、監国慶童を中書左丞相にし、京城を守らせた。丙寅、皇帝は清寧殿にお出ましになり、三宮、后妃、皇太子、皇太子妃を集め、ともに兵を避けて北に逃れる事を相談した。失列門及び知枢密院事黒厮、宦者趙伯顔不花《バヤンブハ》等は逃れてはいけないと諌めたが聞かなかった。伯顔不花は慟哭して諌めて、「天下とは世祖（フビライ）の天下です。陛下はまさに死守しなければなりません。どうして棄てようとするのですか。臣らは軍民及び諸怯薛歹《ケシクティ》を率いて城を出て拒ぎ戦い、陛下は京城を固守することをお願いします。」と言ったがついに聞かなかった。夜半に至り、健徳門を開け北に逃れた。

順帝（トゴン・テムル）は一旦副都で夏の都である内モンゴルの上都に逃れ、さらに応昌に逃れその二年後、そこで亡くなる。在位三六年であった。

順帝が側近の諌言を振り切ってモンゴルへと逃亡したことは、モンゴル人にとって屈辱的なことであったかもしれないが、都が戦場とならず、破壊されたり炎上しなかったことは元朝の重要な記録が多く残されたという点では幸であった。洪武元年八月庚午、明将徐達は大都に入城、そこで「玉印二、成宗玉璽二」を得、「其の府庫、及び図籍宝物等を封じた」（『明太祖実録』巻三四）が、「金匱の書はことごとく秘府に入っていた。」（『元史』目録後文、宋濂の文）という。この時秘府に蔵されていた図籍の中に恐らくは『元朝秘史』もあったのである。

　中国王朝においては新しく中国を支配した王朝は前の王朝の歴史を編纂するのが通例であるが、明朝も例外ではなかった。洪武元（一三六八）年一二月に勅命により『元史』を編纂することが決まり、翌二年二月に編纂が開始され、同年八月に完成した。これが第一次編纂の『元史』であるが、順帝本紀が無いなど不完全なものであった。そこで洪武帝は再び詔し、全国から資料を集めて完全なものにするように命じた。洪武三年二月に再度編集が行われ同年七月に完成、順帝本紀とさらに志、表の内容、列伝が増やされ、今日に伝わるような本紀四七巻、志五八巻、表八巻、列伝九七巻、計二一〇巻として完成した。

　この『元史』編纂の際に『元朝秘史』が直接利用されることはなかった。モンゴル文の『元朝秘史』は明の史官の手には負えなかったであろう。それが漢訳されたのは『元史』が編纂された後のことだからである。しかし『元朝秘史』は間接的に利用された。それは『十三朝実録』のうちの『太祖実録』が『元史』巻一、太祖本紀の重要な典拠になっているからである。そのことは『元史』太祖本紀の冒頭に記されるチンギス・ハーンの祖先に関する記述が証明している。そこには次のように記されている。

其の（太祖チンギス・ハーンの）十世祖は孛端叉児《ボドンチャル》で、母は阿蘭果火《アランゴア》、脱奔咩哩犍《ドブンメルゲン》に嫁して二人の子を生んだ。長子は博寒葛答黒《ブクハタギ》、次子は博合覩撒里直《ブハトサルジ》である。すでに夫が亡くなり、阿蘭〔果火〕が寡婦で暮らしているとき、夜、帳の中で寝ているとき、白光が天窓から中に入り、それが金色の神人となって寝床に入ってくる夢を見た。阿蘭は驚いて目が覚めたが、遂に身ごもり、一人の子を生んだ。すなわち孛端叉児である。孛端叉児の姿形は奇異で、沈黙し言葉が少なかった。家人は彼を愚かな者と見なした。しかし阿蘭が人に言うには、「この子は愚かな者ではない。彼の後世の子孫には必ず高貴な者が出る。」と。阿蘭が亡くなると〔孛端叉児の〕兄たちは家の財産を分配したが、孛端叉児には分け前がなかった。孛端叉児は「貧乏か金持ちかは天の命である。財産についてどうしてとやかく言おうか。」と言って一人で青白馬に乗って八里屯阿懶《バリトンアラル》の地に至りそこに住んだ。食べるものも飲むものも得るところがなく、たまたま鷹が野獣を捕まえて食べていたので、孛端叉児は縄で罠を作ってこれを捕まえ、その鷹を訓練した。そこで鷹を臂に乗せ兎や獣を狩猟して食とし、無くなると〔また猟をして〕食いつないだが、それはまるで天がこれを助けているようであった。数ヶ月暮らしていると、数十家の民が統急里《トンゲリク》忽魯の平原から水草を追って移ってきた。孛端叉児は茅で家を作って彼らと一緒に住み、必要なものを与えたりもらったりして互いに助け合ったので、これより生活はやや足りた。ある日二番目の兄が突然思い出し、「孛端叉児は一人で出て行ったが何も持って行かなかった。今頃凍え飢えていないだろうか。」と言って自ら訪ねてきて、迎えて一緒に戻った。孛端叉児は途中でその兄に、「統急里忽魯の民はどこにも所属していないので、もし兵を送れば服従させることが出来る。」と言った。兄はその通りと考え、家に戻って壮士を選んで、孛端叉児に彼らを率いさせて行ったところ、果たしてすべてを降した。

この記述は『元朝秘史』の記述と極めて似ている。その当該箇所を示すと以下のようである。

そうしているうちに、ドブン・メルゲンが亡くなった。ドブン・メルゲンが亡くなったのち、アラン・ゴアは夫がないのに、三人の子供を生んだ。ブグ・ハタギ、ブハ・サルジ、ボドンチャル・ムンハクという名を持つ者であった。（第一七節）

このあとドブン・メルゲンとアラン・ゴアの間に先に生まれていたベルグヌテイ、ブグヌテイという二人の子が、あとから生まれた三人の子の出自について疑いを抱いたことが記され、これに対しアラン・ゴアは次のように説明している。

毎夜光る黄色の人が、家《ゲル》の天窓の戸口の明るみに沿って入って〔来て〕私のお腹をさすると、その光は私のお腹の中にしみ通って入りました。〔そして〕出て行く時は、日と月の

光線に沿うて、黄色い犬のようにはい出て行ったのです。〔第二一節〕

この後『元朝秘史』はアラン・ゴアがその五人の子供たちに仲違いせず団結して暮らすように諭して亡くなったことを記したあと、末子ボドンチャルとその兄たちとの間に起きた不和について記す。

その母アラン・ゴアの亡くなった後、兄弟五人で、家畜と食糧を分け合うとき、〔兄の〕ベルグヌテイ、ブグヌテイ、ブグ・ハタギ、ブハト・サルジは四人で互いに取ったが、〔末子の〕ボドンチャルは馬鹿で弱い者として、親族《みうち》には数えず、分け前も与えなかった。ボドンチャルは〔彼らの〕親族に数えられず、ここにいても何になろうかと言って、背中に瘡のある、ちびた尾の黒背の葦毛の馬に乗って、「死ぬなら、死のう。生きるなら、生きよう」と言ってオナン河を下って行った。行って、バルジュン島に着いて、そこで草葺きの家《ゲル》を造って住んだ。そのようにしている時に、雛の大鷹が野鶏を捕らえて食べているのを見つけて、背中に瘡のある、ちびた尾の黒背の馬の葦毛の尻尾の毛で罠を作って、〔その大鷹を〕捕らえて育てた。〔第二三―二五節〕

その後ボドンチャルはこの大鷹の捕らえたものを食べて暮らしたが、のちに彼が住んでいるところに一群の民が移営して共に暮らしたという。その後ボドンチャルの兄ブグ・ハタギが彼を捜しに来たことが記され、兄弟は巡り会うが、そのときボドンチャルは兄に次のように言ったという。

それからボドンチャルが言うには、「さきほどトンゲリク河にいた民は、大と小、善と悪、頭と足の区別のない、〔皆〕等し並みの者たちだ。〔討ち取るのには〕容易い民だぞ。彼らを襲撃しよう」と言った。（第三五節）

このボドンチャルの提案に兄たちも同意して、その民を襲い、従えたという。

以上の『元史』の記述と『元朝秘史』の記述を比較すると、『元史』の方がやや記述が簡潔になっているが、恐らくは『脱必赤顔』を利用して『太祖実録』が編纂される過程で記述が整理されたものであろう。しかし『元史』のチンギス・ハーンの祖先についての記述には大きな問題がある。それは『元朝秘史』に記される。チンギス・ハーンの祖先は蒼き狼と生白き雌鹿から生まれたとする伝説が『元史』には記されていないことである。『元朝秘史』の冒頭には次のように記されている。

チンギス・ハーンの根源は上天の命を持って生まれたボルテ・チノ（灰白色の狼）であった。その妻は淡黄色の牝鹿であった。テンギス河を渡って来た。オナン河の源にあるブルハン・ハルドン〔山に〕居住して生まれたのがバタチハンであった。バタチハンの子はタマチャ、タマチャの子はホリチャル・メルゲン、ホリチャル・メルゲンの子はアウジャム・ボロウル、アウジャム・ボロウルの子はサリ・ハチャウ、サリ・ハチャウの子はイェケ・

ニドゥン、イェケ・ニドゥンの子はセム・ソチ、セム・ソチの子はハルチュ〔である。〕ハルチュの子ボルジギダイ・メルゲンはモンゴルジン・ゴアという妻を持っていた。ボルジギダイ・メルゲンの子トロゴルジン・バヤンはボロクチン・ゴアという妻を持ち、ボロルダイ・ソヤルビという若者を持ち、ダイルとボロという二頭の優れた去勢馬を持っていた。トロルジンの子はドワ・ソホルとドブン・メルゲンの二人であった。

この後にドブン・メルゲンがアラン・ゴアを娶るまでの物語が続く（第四―第八節）。そしてその後に次のように続く。

ホリラルタイ・メルゲンは自分のホリ・トゥマトの地で、黒貂、リスなどの獣がいる土地を共に禁じて、仲違いしてホリラル（禁約の意味）という姓を持つようになり、「ブルハン・ハルドンの獣の獲物が多い所が良いといって、ブルハン・ハルドンの主、ブルハン〔山〕を興したシンチ・バヤンのウリヤンハイ〔族〕のところに移り近づいたのであった。ホリ・トゥマトのホリラルタイ・メルゲンの娘でアリク・ウスン〔という所〕で生まれたアラン・ゴアをそこで求めてドブン・メルゲンが娶った事情はそのようである（第九節）。

この後にドブン・メルゲンの活動が記され、「そうしているうちにドブン・メルゲンは亡くなった。」（第一七節）と、先に紹介した『元朝秘史』の記述につながっていく。『元史』太祖本紀はここに紹介した記述を全く記していない。それは多分『太祖実録』に記述されていなかったからであろう。これをさらに裏付けるのは元末、至正二六（一三六六）年に公刊された陶宗儀『輟耕録』の記述で、その巻一、大元宗室世系には『元史』と同じように阿蘭果火（アラン・ゴア）と脱奔咩哩犍（ドブン・メルゲン）から生まれた孛端叉児（ボドンチャル）をチンギス・ハーンの祖先としている。このことは『太祖実録』の記述が何らかの形で民間に知られることになったのであろう。

何故『太祖実録』が『元朝秘史』の冒頭部分の記述の相当量を省略したのかについては明らかではない。ただその編者がモンゴル帝国という、当時の世界に冠たる国家を作り上げたチンギス・ハーンの祖先が、狼と鹿から生まれた子から出自したというのは伏せた方がよいと考えても不思議はない。そしてチンギス・ハーンの神性を強調するのには、その祖先が光に感じて生まれた子であったという方が相応しいと考えたのであろう。

三、『元朝秘史』をめぐる議論

それにしても『元朝秘史』は極めて謎の多い書物である。現存するものはモンゴル字で書かれたものではなく、モンゴル語を漢字音で転写したものに、傍訳を付し、さらに節毎に漢訳文を付したものである。何故このような形を取っているかと言えば、それは明が対モンゴル交渉の通訳養成のためのテキストに利用したためである。

この書物をめぐっては古くから書誌学、言語学、そして史料学的側面から多くの研究が行われてきた。その中でも書誌学的問題に対する関心が早くから寄せられた。すなわち、

一、著者は誰か。
二、いつ編纂されたのか。
三、この歴史的著作の本来の表題は何か。
四、この著作の原典はどのような文字で記されていたのか。
五、いつ漢訳されたのか。

などである。明治四〇（一九〇七）年に那珂通世によって『元朝秘史』の日本語訳と書誌学的研究、すなわち『成吉思汗実録』が刊行されて以来、多くの研究者により意見が出されて、これらの問題についてはほとんど言いつくされた感があるが、いくつかの点についてはまだ決着を見ていないし、分からないことも多い。

まずその著者、編者についてであるが、不明というのが今のところの答えである。これについてエリンチンは次のように述べる。

> 『秘史』の作者を捜し出そうとする試みは徒労にして功無きものである。如何なる資料にも手がかりが無いからである。『秘史』は一度に編纂されたのではなく、それ故ただ一人の作者がいるということは出来ない。当時ウイグル人は必闍赤《ビチゲチ》（書記）の任に当たる者が

多く、執筆者が必ずしもモンゴル人でなければならないということは無い。『秘史』は一群の老人達の回想と口述により必闍赤達が記録し、整理加工した産物である。当時のモンゴル人は文化的に一個人が歴史を編纂する水準にまで到達していなかった。(『亦隣真蒙古学文集』七二五頁)

この見解は妥当であろうが、あとでも紹介する『元朝秘史』の編纂年代や構成との関係においてはやや補足も必要であろう。小澤重男は正集一〇巻はオゲデイに近い重臣たち、続集二巻はトルイ、モンケ家に近い重臣によって書かれたと推定している(小沢重男、一九九四、一八六頁)。

次いで編纂年代についてである。『元朝秘史』の最末尾に、いわゆる「奥書」として、その最後に記されている、

大集会《クリルタ》に集まって子《ね》の年七月に、ケルレン河のコデエ・アラルのドロガン・ボルダク（七つの峰）のシルギンチェクと（欠文）の間に宮居《オルド》が営まれている時に書き終えた。

この記述は『元朝秘史』の編纂年代を考える最も重要なものとされている。ここに記される「大集会」が開催された「子の年」が何年にあたるかが問題である。この頃の「子の年」は一二二八年、一二四〇年、一二五二年、一二六四年、一二七六年がある。その中でもチンギス・ハーンが亡くなって第二代オゲデイがハーンに選挙された一二二八年、オゲデイが亡くなる前年の一二四〇（庚子）年が有力な説として支持されてきた（オゲデイ Ögedei の表記について

はオゴデイ、ウゲデイ、オゴタイなどいろいろあるが、本書では先行研究の引用を除いてオゲデイに統一する)。しかしながらこれらの説には大きな問題があり、前者の説では現行の『元朝秘史』にオゲデイの治世が記されていること、また後者の説では『元朝秘史』には彼らの統治よりずっと後の、憲宗モンケの時代、一二五八、五九年に行われたジャライルダイ・ホルチらの高麗遠征が記されている点(第二七四節)や、一二一一年に行われたチンギス・ハーンによる金国遠征を記した記述において(第二四七節)、二カ所「宣徳府 Sondefu」と記されているが、「宣徳州」が「宣徳府」となったのは世祖、中統四(一二六三)年であったことなどが説明できない。そのことから一二六四(甲子)年や一二七六(丙子)説、さらには一三二四年説も提案された。

しかし現行の『元朝秘史』は最初に編纂されたあと、その後に何度か修正、付け加えられたものである、ということは定説になっている。他方この「子の年」が現行の形の『元朝秘史』が完成した年にあてるのか、あるいは第一次編纂年代にあてるべきかという点も問題となった。現在の研究において多くの支持を得ているのは後者の方である。また現行の『元朝秘史』の末尾に記されている「大集会に集まって子の年の七月に、云々」という文章は、当初はそこに記されていたのではなく、もっと前の部分に記されていたのが、最終的に今日伝わっている形に編纂されたときに、末尾に移されてきたのだ、という考えも多くの支持を得ている。このことは第一次編纂年代を一二五八、五九年よりも遡らせることを可能にした。すなわち第一次編纂年代が一二二八年、一二四〇年、一二五二年のいずれかの年である可能性を意味している。これらのうち一二二八年説が多くの研究者の支持を得ている。植村清二、小林高四郎、ラケヴィルツ、エリンチン、小澤重男がそうである。これについてのエリンチンの見解を以下に紹介する。

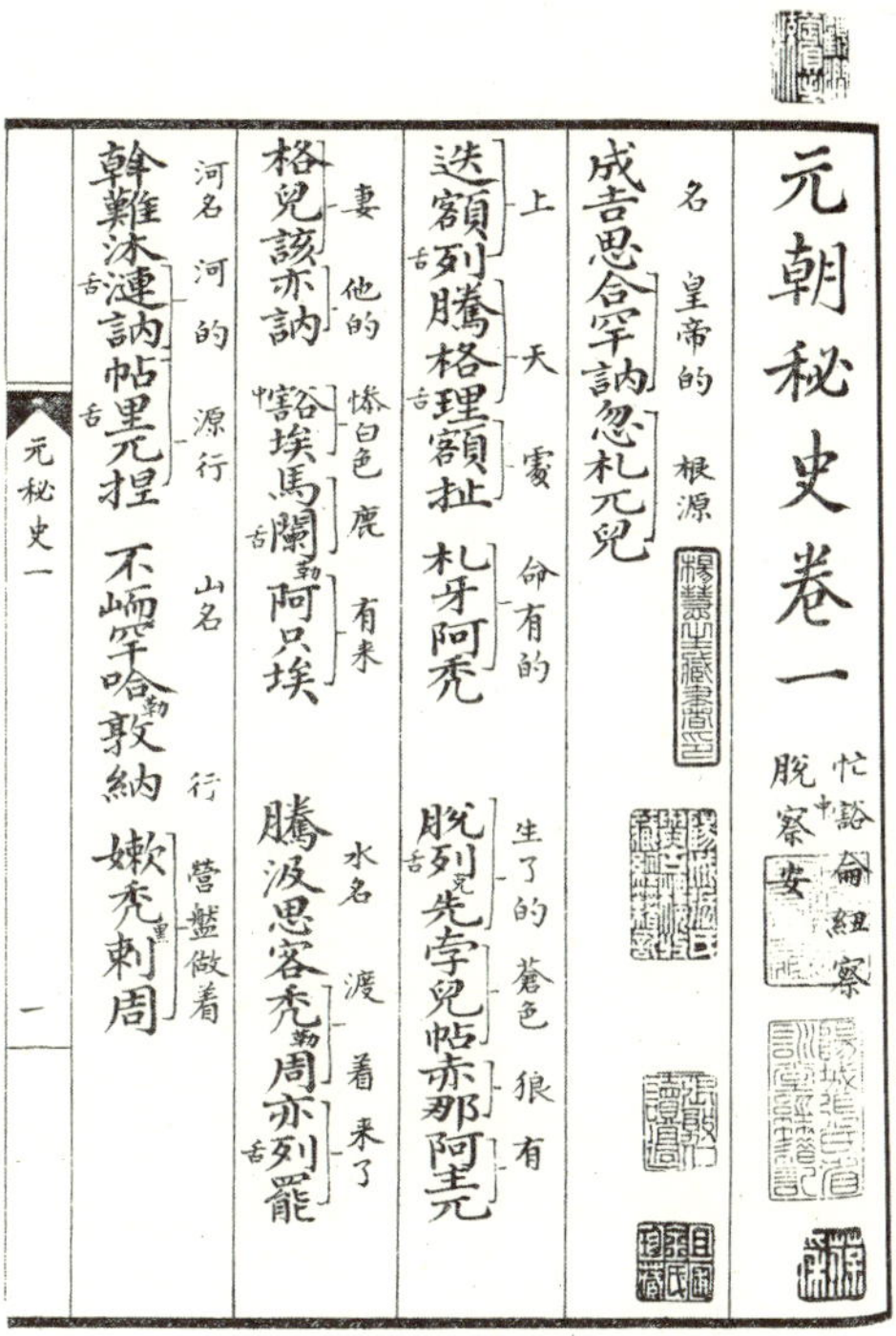
元朝秘史卷一　忙豁侖紐察脫察安
成吉思合罕訥忽札兀兒
迭額列騰格理額扯札牙阿禿　孛兒帖赤那阿主兀
格兒該亦訥豁埃馬闌勒阿只埃　騰汲思客禿周亦列罷
斡難沐漣訥帖里兀捏　不峏罕合勒敦納　嫩禿列周
元秘史一　一

『元朝秘史』冒頭

鼠の年がどの年であるかを確定するのに、その他の二つの条件、すなわちコデエ・アラルの地で、クリルタイが開催されたということが共に存在するということを離れることは出来ない。三つの条件を備えているのはただ一二二八年戊子である。第二六九節に明確に、鼠の年、コデエ・アラルでクリルタイを開催し、オゲデイを帝に奉じた、と記している。それ故『秘史』第二八二節の鼠の年は一二二八年である。但し『秘史』の内容は一二二八年の時限をはるかに超えている。このことは第二八二節の鼠の年が現存『秘史』の最後の成書年代では決してないこと、それは『秘史』の最初の部分を書き上げた時か、甚だしきはその一部の草稿を書き上げた時であるということを意味している。のちに一度に留まらない補充と改修を経て、現在の『秘史』が出来たのである。（亦隣真、二〇〇一、七二三頁）

ただし一二二八年というのはあくまで第一次編纂年代である。エリンチンは先の文章のあとに「明の翰林訳員は『秘史』を音写したあとに、元来最初の部分の最後にあった、鼠の年に書き終えたという一段の文章を、都合よく全書の末尾に置いたのである。」と記しているが、この点については賛同を得ているわけではない。先にも紹介したように小沢は正編一〇巻が一二二八年、続編二巻が一二五二年に編纂されたとしている。現在の形での『元朝秘史』がいつ完成したのかについては様々な見解があるが、ここではこのことを紹介しておくに留めておきたい。

『元朝秘史』という表題は明代初めに漢訳された際に付せられたものである。『元朝秘史』の本来の表題について、最も注目されたのはその冒頭に記される、「忙中豁侖紐察脱察安 mongγol-un ni'uča to(b)ča'an」と第一節冒頭の、「成吉思合罕訥忽札兀兒 Činggis qahan-nu huja'ur」である。前者は「モンゴルの秘められた物語」で、後者は「チンギス・ハーンの根源」である。後者について現在では表題ではなく、第一節の「チンギス・ハーンの根源は、上天の命を持って生まれたボルテ・チノ（灰白色の狼）であった。」という冒頭の文章の始めに来る文言であるとされている。前者については「モンゴルの秘められた物語」が「元朝秘史」と訳されたのではなく、むしろ逆に「元朝秘史」という表題が付された後にそのモンゴル語訳として「モンゴルの秘められた物語」が付けられた、というのが通説になっている。とすれば本来の表題は何かということであるが、これについてエリンチンは、

早期の脱卜赤顔《トプチャン》は何らかの決まった書名を持っていなかったかもしれない。我々は現代の原則で草原の史家に求めることは出来ないし、彼らにこの書物に必ず表題を付けるように求めてはならない。もし〔表題が〕あるとするなら、最も可能なのは阿勒坦《アルタン》・脱卜赤顔《トプチャン》〔黄金国史〕である。当時のモンゴルの宮廷はすでに黄金を王家と関係づけており、黄金の家族、黄金の生命、黄金の格子、黄金の綱などはすべて王家御用の特別用語であった。明代モンゴルの史書に一部ならず『黄金史』と称しているのは古い伝統を踏襲したのである。

（同、七二四頁）

と述べている。小澤重男も基本的にこの見解に賛成し、

「元朝秘史」のモンゴル語原典にはいわゆる「書名」にあたるものは、もともと存在しなか

った。

と言い切っている（小沢重男、一九九四、三五頁）。小沢はこれに関して小林高四郎の、

国史或は国書脱卜赤顔は一に蒙古脱卜赤顔とも曰はれた。文宗の至順三年（一三三二年）五月甲戌に大凡往返の奏答、その他の訓勅辞令及び燕鉄木児等が力を宣べ忠を効せる事蹟をして朶来に命じて録さしめ、蒙古脱不赤顔の一書を続修せしめ、之を奎章閣に置いた。（中略）以上、わたくしは漠然と脱卜赤顔、脱必赤顔、脱不赤顔、脱必禅の諸訳字によって表はされるモンゴル語が漢名「国史」（或は国書）の意味であることのみを云ひ、（以下略）（小林高四郎、一九五四、七六頁）

という記述によって、一三世紀のモンゴル王室には、モンゴル文字によって書写された公的な文書が存在したこと、それらには特定の名称は無く、無題の文書類であったこと、一般にそれらはトプチアン tobči'an~tobča'an と呼ばれていた、と述べ、さらに、

中国の明代初期の翰林院の史官が、そのトプチアンを漢字音訳し、それに傍訳、総訳を施し、一書にまとめあげた。それが、今日まで伝承された「元朝秘史」である。

として、モンゴル語原典にはいわゆる〝書名〟のごときは無かったとされている（同）。この見解は十分説得力のあるものであり、従って、本来『元朝秘史』には書名が無かったと言えよう。『元朝秘史』は早くから公刊された。すなわち最初は明初（洪武年間と言われる）に公刊され、

次いで永楽年間に編纂された『永楽大典』に加えられた。明初刊本は一二巻、永楽大典本は一五巻からなる。これらの刊本のうち、現在明初刊本は一九三三年に内閣大庫から発見された四一葉が残存しているだけで、その他は失われてしまった。ただし『永楽大典』の副本は清朝時代に伝えられれられたため、『元朝秘史』は永楽大典本が流布したという。また一二巻本も抄写され一部民間に流布していた。現在利用されている『元朝秘史』の代表的なテキストは四部叢刊本、葉徳輝本と一五巻本（永楽大典本）である。明初刊の一二巻本は写本の形で清代に伝わり、その一つが一九世紀初め盧州知事張祥雲の所蔵となった。これに関心を持った顧広圻《ここうき》がこれを抄写した。この顧広圻本は清末の学者盛昱《せいいく》の所蔵となり、李文田、文廷式らに抄写され伝えられた。この顧広圻本は一九三六年に編纂された『四部叢刊』三編に『元朝秘史』を収めた際に利用されたが、このとき伝来していた明初刊の残葉部分に相応する個所はそれに差し替えられた。これが四部叢刊本である。差し替えられた部分は容易に見つけることが出来る。例えば第三巻第九葉から第一〇葉を見ると、その葉数を示している部分が「元秘史巻三九一百九」となっている。巻三九は第三巻の第九葉を示し、一百九は第一巻の第一葉から数えて第一〇九葉目であることを示している。これが差し替えられた部分である。これに対し底本となった顧広圻本は単に「元秘史三　八」のように示しているだけである。（次頁図版参照）また清末の学者葉徳輝は文廷式の抄本を入手し一九〇八年に公刊した。これは一般に葉徳輝本も

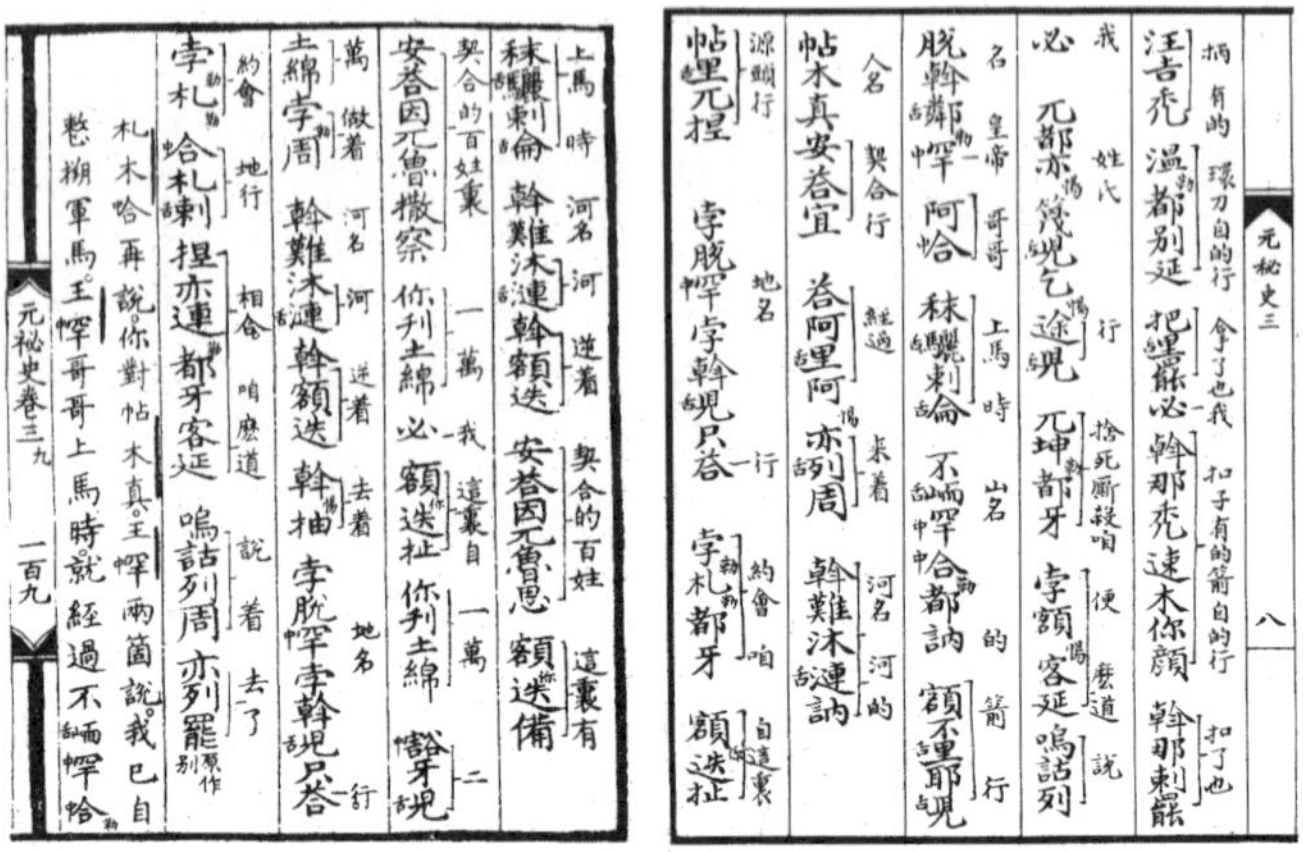

『元朝秘史』四部叢刊本(左頁が明初刊残葉)

しくは観古堂本と呼ばれる。この他一九世紀後半、北京に来ていたロシア伝道団のパラディウスは一八七二年に『元朝秘史』のテキストを入手しロシアに持ち帰った。この写本はソ連の東洋学者パンクラートフによりその影印本が公刊された(Панкратов, 1962)。これは一五巻本である。これら『元朝秘史』のテキストの系統については、那珂通世『成吉思汗実録』の「序論」で詳しく記されているが、その後いくつかの研究がある。それらについては村上正二(『モンゴル秘史』3)に要領よくまとめられている。

これらのテキストは漢字音訳に漢語の傍訳、総訳が添えられ、すべて漢字で記されている。『元朝秘史』のモンゴル語原本はすでに失われているが、その原本がどのような文字で記されていたかについてかつて言語学者の間で議論があった。すなわちウイグル式モンゴル文字かあるいはパクパ（パスパ）字か、さらには現在見られるような漢字音訳の形か、である。このうち漢字音訳説については早くから否定された。パクパ字は先にも記したようにフビライ治世時に公用文字となっており、言語学的にも無視できない点があるが、これも今では賛成する者はいない。その意味でウイグル式モンゴル文字で書かれていたという考えが定説になっている。

以上のように『元朝秘史』の書誌学的問題については不明な点が多く、定説化されているものは多くない。ここでは、大体の議論を紹介し、ある程度同意できる説について記すに止めておく。

四、『元朝秘史』の性格

本書ではこの『元朝秘史』をいわゆるモンゴル年代記のさきがけとして紹介したが、いわゆる年代記としてはやや異例と考えざるを得ない。次節で『元朝秘史』の内容を紹介するが、それらから分かるように、モンゴルの祖先からチンギス（テムジン）の時代を経てオゲデイの治世まで基本的に時代を追って記されており、その意味で「年代記」的形体を取っている。しかしそこには後世のモンゴル年代記に記されるような、年代の記述がほとんど見られない。つまり様々な歴史的事件が何年に起きたかについてほとんど記されていないのである。『元朝秘史』

の中で具体的な年代が始めて記されるのは酉の年（一二〇一年）、チンギスと対立するジャムハが諸部に推されてハンになったという記述である。不思議なことに、このジャムハの即位以前に行われたとされる、チンギス・ハーンのいわゆる第一次即位についてはまったくその年代が記されていない。このあとも大きな事件に関して、例えばチンギス・ハーンの即位、金国遠征、西征、西夏遠征、チンギス・ハーンの死、オゲデイの即位などについては年代を示しているが、極めて僅かである。村上正二は「歴史記述的色合いの濃い続編のオゴデイ・カンの部分では、その年次さえ不明確となっている。つまり干支は彼ら物語作者にとっては、単なるアクセサリーに過ぎなかったといえよう。」とさえ述べている。（『モンゴル秘史』3、三九〇頁）

また年代の合わない記述も多く見られる。例えばその編纂年代の項でも紹介したように、オゲデイの治世を記している個所に憲宗モンケの時代に行われた高麗遠征、アッバース朝のバグダード征服などが記されている。チンギス・ハーンに関する史料は、この『元朝秘史』の他に、ラシードの『集史』、『聖武親征録』、『元史』太祖本紀がある。これらについて吉田順一は、記述内容からしてあとの三つは比較的同じであるのに対し、『元朝秘史』だけが相違していることを指摘している（吉田順一、一九六八）。そしてチンギスと諸集団の関係についてこれらの史料を比較して、『集史』、『聖武親征録』、『元史』は年次の流れの中に分散して記されているのに対し、『元朝秘史』は比較的まとまりある、完結した歴史の形をとり、それらが大体年代順に配列されているという。この理由について当時の物語の伝承者が個々の集団に関してそれぞれまとまりある形で語り伝えていたのを、ある編者がそれらを寄せ集めて年代順に配列し、筋を通し、若干のモチーフを組み込んで作り上げたため、と説明している（同）。このため史実という観点からは『集史』、『聖武親征録』、『元史』の方が近く、『元朝秘史』には年代上のゆがみ、誤りが多く見られ、信頼性に欠けるとする。

それ故『元朝秘史』は純粋な歴史編纂物ではない、というのが大方の説である。村上正二は『元朝秘史』は「事件の主役たる遊牧英雄を軸として展開されていく物語であり、年代を基準として物語られる歴史ではない。」（前掲書、同）と述べている。実際その通りであろう。その性格については、英雄叙事詩的性格を持っている（吉田順一、同）、「チンギス・ハーン廟の祭祀文献」であった（岡田英弘、一九八五）、あるいは「チンギス一家の、したがってモンゴル王朝の多分に私的な記録」（小沢重男、一九九四）などという見解も出されている。

ただし『元朝秘史』自体は決してフィクションではない。『元朝秘史』は他の史料には記されていない多くの事実を伝えているし、また本来公にはしたくないような、チンギス自身による異母弟殺害事件なども伝えている。その意味で史料としての価値が減じているわけではない。また当時のモンゴル人、特にチンギス・ハーン家や貴族たちにとって『元朝秘史』がどのような意味を持っていたのか、という点を考慮した場合、そこに記されている記述を、単純に現在の歴史研究方法論から批判するだけでは意味がなかろう。村上はクーデタを起こして英宗を倒し、オノン河畔でクリルタイ（大集会）を行った泰定帝エセン・テムルがチンギス・ハーンの霊廟に向かって正統な後継者であることを報告したときに、ベキたちによって聖チンギス・ハーンの歴史、すなわち『チンギス・ハーンの源流』が読まれたに違いない、とする（『モンゴル秘史』3、三九八頁）。『元朝秘史』がこうしたハーンの即位儀式などで読まれたとしたら、一般のモンゴルの貴族たちにとっても彼らの祖先の功績とその祖先がチンギス・ハーンとどのような関わりを持っていたのかを再確認することになる。そのことは彼らの支配者としての地位を保証することでもあった。

五、『元朝秘史』の内容

『元朝秘史』は様々な言語に翻訳されているが、日本語訳については那珂通世（一九〇七（一九四三再版））、小林高四郎（一九四〇）、村上正二（一九七〇―一九七六）、小沢重男（一九九七）があり、また最近オーストラリアのモンゴル学者、ラケヴィルツによる大部な英訳も刊行されている（Rachewiltz, 2004）。その意味で本節ではその内容を概略説明するに留める。

『元朝秘史』は内容的にチンギス・ハーンの祖先（第一節―第五八節）、チンギス・ハーンの事績（第五九節―第二六八節）、オゲデイ・ハーンの事績（第二六九節―第二八一節）の三部分に分けることが出来る。また全体は二八二節に分けられているが、その節は長さも短いものからかなり長いものまでまちまちであり、また必ずしも記述内容によって分けているようでもない。ただし、その内容については巻毎に紹介する方が都合がよいので、以下巻を追って紹介したい。

第一巻（第一―第六八節）はチンギス・ハーンの先世、ボルテ・チノとその妻ホーア・マラルがテンギス海を渡り、オノン河の上流、ブルハン・ハルドン山に住んでバタチハンを生んだことから、その子孫が次々と生まれたこと、イェスゲイ・バートルがホエルンを妻としたこと、テムジン（チンギス）の誕生、そのボルテとの婚約、チンギス・ハーンの父、イェスゲイがタタルの者に毒を盛られて死亡するまでを記している。

冒頭の「チンギス・ハーンの根源は上天の命により生まれたボルテ・チノであった。その妻は生白き雌鹿であった。テンギス〔海〕を渡ってきた。オナン河の源のブルハン山に行営して生まれたのがバタチハンであった。」から始まるチンギス・ハーンの祖先に関する文は前節で紹介した。ボルテ・チノBörte činoには原文の傍訳に「蒼色狼」とあるが、ただしこれを「蒼《あお》（青）き狼」と解釈するのは間違いである。この場合の「蒼」は「青い」という意味ではなく「灰白色」の意味である。事実Börte～Börtüには「斑の」「灰色の」の意味があり、これと一致している。牡狼と雌鹿との間に生まれたのがバタチハンという人間であった、という狼生始祖説話がここには見られる。この狼生始祖説話は古代トルコ人の始祖説話として知られており、モンゴル人がその文化的影響を受けた証左であるという説明がなされている。

しかし『元朝秘史』はチンギス・ハーンの直接の始祖はこれとは異なった系統から出自したと記している。これについてはすでに紹介したが、バタチハンから下って一〇世のドブン・メルゲンに至る。ドブン・メルゲンはホリ・トマトのホリラルタイ・メルゲンの娘アラン・ゴアを妻とし、二人の男子を儲けた。ドブン・メルゲンの死後アラン・ゴアは三人の男子を生む。この三人の子は、毎夜光る黄色の人が天窓から入ってきて、彼女のお腹をさすり、その光がお腹に入って宿した子という。アラン・ゴアが光を感じて生んだ三人の末っ子がボドンチャル・ムンハクであるが、このボドンチャルが直接チンギス・ハーンの始祖となっている。この光に感じて子を宿すという光感精始祖説話はモンゴル本来の始祖説話とされる。またボドンチャル・ムンハクのムンハク munqay は「愚かな」の意味であるが、幼いときに愚かとされた者がのちに力あるものとなった、という説話は珍しくない。

『元朝秘史』はこのボドンチャルを単にチンギス・ハーンの始祖とするだけでなく、のちにモンゴルの支配氏族となるボルジギン氏や、ジャダラン、バーリン、ベルグヌト、ハダキン、サルジウト、ジェウレト、ノヤキン、バルラス、アダルギン、ウルート、マングート、タイチユート、ベスート、オロナル、ホンホタン、アルラトその他のモンゴル部の氏族の祖先となったことを記している。

第一巻の後半ではイェスゲイ・バートルがその妃となったホエルンをメルキト部のイェケ・チレドゥから略奪したことが記される。これはイェスゲイがオナン河の畔で狩りをしているときイェケ・チレドゥがオルグヌート部から娘を娶って来るのを見て、その姿が良かったので、家に戻り自分の兄弟を伴ってイェケ・チレドゥを追ったという。イェケ・チレドゥはこの三人の追跡をかわすことは出来ず、ホエルンから肌衣をもらって逃亡した。ホエルンはチレドゥを思って大泣きしたが、ダリタイ・オッチギンは、

お前を抱いた人は多くの嶺を越えた。
お前が泣いている人は多くの河を渡った。
叫んでも顧みることはない、お前を。
探しても道を得ることは出来ない、お前は。黙りなさい。

と諌めてホエルンを家に連れてきた、という。

間もなくホエルンからテムジンが誕生する。それについて『元朝秘史』は次のように記す。

その時イェスゲイ・バートルはタタールのテムジン・ウゲを長とするタタールを略奪して帰ってくれば、その時ホエルン・ウジン（夫人）は身重であって、オナン河のデリグン・ボルダクにいる時、まさにそこでチンギス・ハーンが生まれた。生まれる時にその右手に

シャガー（羊の踝の骨）ほどの血の塊を握って生まれた。タタールのテムジン・ウゲを捕えて来た時に生まれたと言ってテムジンの名を与えたのはそのようであった。イェスゲイ・バートルのホエルン・ウジンからテムジン、ハサル、ハチウン、テムゲ、これら四人の息子が生まれた。テムルンという名の一人の娘が生まれた。（第五九―六〇節）

テムジンが九歳になったとき、父イェスゲイは彼のために母方のオルグヌート部のもとに嫁を求めに行ったが、途中ウンギラト（ホンギラト）部のデイ・セチェンに出会い、その娘で一〇歳のボルテとの婚約を行う。この時デイ・セチェンはテムジンを見て「目に火を持ち、顔に光を持っている。」と評し、またイェスゲイもボルテを見て同じように「顔に光を持ち、目に火を持っている」と評したという。イェスゲイはその帰り、タタルの民のところに立ち寄り、毒を盛られて亡くなる。

第二巻（第六九節―第一〇三節）ではテムジン一家の最も苦難の日々が語られる。テムジン一家はイェスゲイの死後、彼と手を結んでいたタイチウト部に見捨てられ、その後苦難の日々が続く。これについて『元朝秘史』は、

タイチウトの兄弟たちはホエルン夫人を、寡婦たちを、子供たちを、幼子達を、母子たちを［その］営地に棄てて移動した。（第七四節）

と記している。このためホエルンはオナン河を上り下りして山梨、山桜の実を拾い、檜の木の

鋤で草の根を掘り子供たちを育て、また子供たちもオナン河で魚を釣って母を助けた。しかしながらテムジン、ハサルと異母兄弟のベクテル、ベルグテイとの間は必ずしも仲が良くなかった。この苦難の生活の中で、獲物をめぐって両者が争ったのである。最初雲雀を撃ち落としたのを奪い合い、ベクテル、ベルグテイがこれを取った。その後、魚を釣っていた時、釣り針にかかった魚を奪い合いになり、再び後者二人が奪い取った。この兄弟の不和を知った母ホエルンは、「影より他に友は無く、尾より他に鞭は無い」という苦しい状況にあることを言って、兄弟が仲良くするようにと諌めた。しかしテムジンはこれを聞かず、ついにハサルと共にベクテルを射殺してしまった。このベクテル殺害については元朝の史料には記されていないが、『アルタン・トプチ』や『蒙古源流』など一七世紀に編纂された年代記にはそのまま記されている。

このテムジン一家の中に起きた不和につけ込んでタイチウト部のタルグタイ・キリルトクが襲撃してきた。テムジンは逃れて密林の中に隠れたが、最後には見つけられて捕らえられた。彼はタイチウト部の各家で順番に監視されていたが、隙をついて逃れ、ソルハン・シラ一家に救われた。

家に戻ったテムジンに再び不幸が襲う。それは一家の財産であった八頭の馬が盗まれたことである。一家の生活は相変わらずタルバガンや野ねずみを狩りして食を得ていたから、極貧に近いものがあった。テムジンは泥棒を追って行くが、途中、アルラト部のボールチュと出会い、彼の援護を得て盗まれた馬を取り戻すことが出来た。このボールチュこそ後にテムジンの右腕となって活躍し、万戸長ともなった人物である。このあとテムジンは九歳のときに婚約したデイ・セチェンの娘ボルテとの結婚を果たした。ボルテの母チョタンは引き出物として黒貂の皮衣を与えたが、テムジンはこれを父、イェスゲイの盟友《アンダ》であったケレイト部長のオン・ハンに贈り物として差し出した。オン・ハンはこれに対して、「黒貂の皮衣の返礼に、離ればなれになったお前の［以前従属していた］民衆《ウルス》を集めてやろう。」と約束した。このオン・ハンの庇護を受けることが出来たことが、その後のテムジンの飛躍につながっていく。なおオン・ハンは本来の称号はトーリル・ハンであるが、彼がオン・ハンの称号を得た経緯については第四巻、第一三四節で記される。またイェスゲイがこのオン・ハンと盟友になった経緯も第五巻、第一五〇節で説明されている。『元朝秘史』においてはこのように過去の出来事が前の事件と混同して記される事例が多い。

第二巻の最後に、テムジン一家に対するメルキト部の襲撃が記されている。これはかつてイェケ・チレドゥが妻としていたホエルンをイェスゲイに奪われた仇をとりにきたというものであった。馬が無くて逃げ遅れたボルテはメルキト部の者に捕らわれてしまった。テムジンはブルハン山の密林に逃げ込んで難を逃れることが出来た。テムジンはブルハン山に向かって感謝の詞を述べ、「太陽に向かって自分の帯をその首に掛け、自分の帽子をその手にし、自分の手でその胸を打って、太陽に〔向かって〕九回跪いて、聖酒《サチユリ》を注いで祝詞を捧げた。」のであった。

第三巻（第一〇四節—第一二六節）では苦難の時代を克服し、ケレイトのトーリル・オン・ハンの援護を得て、ついにはテムジンを奉じる者たちに推挙されてハーン（チンギス・ハーン）に即位した（いわゆる第一次即位）ことが記される。

この巻はまずメルキト部に奪われたボルテの奪回から始まる。テムジンがそのために援護を求めたのはケレイト部長オン・ハンであった。オン・ハンはテムジンの求めに応じ、自ら二万、またテムジンの盟友であるジャダラン部のジャムハにも二万の兵を出すように求めた。まだ力のないテムジンの難を救うために計四万もの騎兵を出動させるというのは驚くべきことであるが、それだけメルキト部の勢力が大きかったことを意味している。この四万の軍勢の出撃にメルキト部は壊滅状態となり、セレンゲ河を下って逃亡していくとき、テムジンはそれに向かってボルテの名を呼ぶ。ボルテは逃亡するメルキト部の一団の中におり、テムジンの呼びかけを聞いて彼のもとに駆け寄った。「〔テムジンは〕見るとボルテ夫人と分かって、互いに支え合い抱き合った。」（第一一〇節）ボルテはテムジンのもとに戻ったが、この間ボルテはメルキト部の者の子を宿しており、やがてジョチが誕生する。のちにチンギス・ハーンの後継者をめぐって争いが起きた原因がここにあった。

このあとテムジンはジャムハの本拠地、ホルホナクで共に過ごすことになる。ここでテムジンがすでに一一歳のときにジャムハと盟友《アンダ》の誓いをしていたことが明かされる。この時の出会いで二人は再び盟友の誓いを行った。『元朝秘史』はここで改めて「盟友」の意味について「盟友である人は、命を一つ〔にし〕、相捨てることなく、互いに命の守りとなること」と説明している。ジャムハとテムジンとの共同生活は一年半に及んだという。しかしその頃ジャムハはテムジンに謎めいた言葉を語る。

山に迫って下馬しよう。我らの馬飼いたちは厩舎に到るがよい。
谷に迫って下馬しよう。我らの羊飼いたちは喉に到るがよい。

テムジンはこの言葉を理解しかね、母ホエルンに尋ねたところ、ホエルンはジャムハは自分たちのことを飽きたのであり、この言葉には含みがあると判断した。これによりテムジンはジャムハのもとを離れることにした。しかしジャムハのもとを離れたテムジンはそれまでのような孤立した存在ではなくなっていた。「その夜は夜通しで〔移動したが〕、夜が明けてみるとジャライルのハチウン・トフラウン、ハラガイ・トフラウン、ハラルダイ・トフラウン、これら三人のトフラウンの兄弟達が夜を徹してやってきた。」（第一二〇節）このあと様々な部族の者が続々とテムジンのもとに合流してきた。その中でバーリン部のホルチの言葉は重要である。彼は占卜者であったが、その彼に神告げが降ったという。それによれば淡黄色の牝牛が来て、ジャムハを回り、その家車とジャムハに触れて片方の角を折った。牛は「自分の角をよこせ。」

とジャムハに向かって吼えて立ち去った。その牝牛は今度は家《ゲル》の下底を上に持ち上げ曳いて、テムジンのあとを追ってきて、「天と地が共に同意して、テムジンが国の主人になるように、と国を載せて持ってきた。」と神告げをした。その後もテムジンの下に降る者が続出し、間もなく側近達に推挙されてチンギス・ハーンの号を称えたのである。この時の即位は（第一次即位）と村上正二も述べているように、この時代の他の史料には記されておらず（『モンゴル秘史1』、二五五頁、注九）、疑問視されている。一七世紀後半に編纂された『蒙古源流』はこの年を、チンギスの二八歳、己酉（一一八九）年としているが、その根拠は不明である。なおこの時テムジンが称えた称号はハン（カン）であり、ハーン（カーン）と呼ばれるようになったのはその死後しばらく経ってからのことである。ただし、モンゴル年代記では基本的にハーン（カーン）と呼んでいるので、本書ではチンギス・ハーンと記す。

第四巻（第一二七節—第一四七節）は先にハーンを称えたチンギス（テムジン）と遅れてハン号を称したジャムハとの対決が大きなテーマとなっている。

テムジンは自らハーンになったことをジャムハに伝えたところ、ジャムハは嫌みを言ったという。しかし間もなく両者の間に大規模な衝突が起きる。それはジャムハの弟タイチャル（『元史』巻一、太祖本紀では禿台察児）がチンギスの傘下にあったジョチ・ダルマラの馬群を盗んだことで、逆にジョチ・ダルマラに射殺されたためである。ジャムハは弟が殺された報復として、一三部族、三万人の兵を集めてチンギスを襲撃した。これに対してチンギスも、一三の団営(küriyen)、三万からなる兵を出してダランバルジュスの草原でこれに対抗した。一般にこれを「一三翼の戦い」と呼んでいる。この戦いの勝敗について『元朝秘史』はチンギスの敗北に終わったとするが、『元史』やほかの文献ではチンギスが勝利したとしている。その意味でこの戦いが実際にはどちらの勝利に終わったのかは必ずしもはっきりしない、というのが大方の見解である。この時ジャムハはチノス部の王子たちを七〇の釜で煮殺したという。このことは、多くの部民がジャムハから離れチンギスに帰属する原因となった。

その後、金の皇帝は王京丞相(『元史』巻一では完顔襄)に命じて金に従わないタタルのメグジン・セウルトゥらを追ってモンゴル東部のウルジャ河にまで来ている、という噂がチンギスの耳に入ると、彼はケレイトのトーリル・ハンに、恨みあるタタルを共に併合してしまおうと提案する。トーリル・ハンはこれを受けてチンギスと共に兵を出し、ウルジャ河の畔でタタル部を打ち破り、メグジン・セウルトゥを殺害した。これに対し、王京丞相はその功績に対してトーリル・ハンにワン(王)・ハン、チンギスにジャウト・フリ(意味不詳)の称号を与えた。トーリル・ハンがオン・ハンと呼ばれるのはこの時からである。ただし『金史』によればこのとき反乱を起こしたのは別な人物で、しかもさほど位の高い者ではなく、この話は「この際におけるチンギス・カンの役割を強調するために脚色したもの」という説もある(村上正二『モンゴル秘史』1、二九二頁、注一三）。

ジャムハの方にも大きな変化が起きていた。「酉の年」すなわち一二〇一年、ジャムハのもとに多くの部族のリーダーたちがアルフイ泉に集まり、「ジャダランのジャムハをハンに推戴しよう。」と牡馬、牝馬を胴切りにして誓い、ケン河とエルグネ河の合流地でジャムハをグル（普き《あまね》）・ハンに推戴した。そしてジャムハをグル・ハンに推戴した諸集団は直ちにオン・ハンとチンギスに対して出陣することを決めた。ジャムハとチンギス、オン・ハンとの戦いはコイテンの地で行われた。このときジャムハ側のナイマンのブイルク・ハンとオイラトのフトハ・ベキは雨を降らせるジャダという方術を知っていて、この方術を行ったところ敵ではなく味方に風雨が降り注ぎ、「天のご加護が得られなかった、我らは。」と言い合って壊滅したという。

チンギスはタイチュート部を追ってオナン河で対陣したが、敵の矢が当たって頸動脈を傷つけられた。これを献身的な介護で救ったのがウリヤンハン部のジェルメであった。彼は塞がった血を吸い、吐いては吸い、血まみれになり、かつチンギスが喉が渇いたというと、敵陣の中をくぐって乳酪（ヨーグルト）を求めてきて飲ませたという。チンギスはこうして一命を取り止めたのであった。この戦いの終わりにタイチュート部のジェベがチンギスに降った。彼こそが矢でチンギスの頸動脈を傷つけた者であったが、彼は、

ハーンから死を賜れば、

手のひらほどの地を汚し、死のう。
お恵みをいただければハーンの前で、
深い水を横切り、
固い白い石を砕いて衝いて行きましょう。

と言ったところ、チンギスはその正直さを讃えて自分の僚友《ノコル》にした（第一四七節）。このジェべはのちにチンギスの「四狗」と呼ばれる功臣となり、一二〇六年にチンギスがモンゴルを統一し、ハーンに即位して功臣達九五名を千戸長に任命した際に、その一人に数えられている（第二〇二節）。なおここではコイテンの戦い時に、ナイマンのブイルク・ハン、メルキトのトクトアの子フト、オイラトのフトハ・べキらとの戦いもあったように記しているが、これはすべてがこの年に起こったものではなく、前後数年間に別々に行われてきたことをこの決戦の年に一纏めにしたものである（村上正二『モンゴル秘史』1、三二七頁）。

第五巻（第一四八節―第一六九節）では年代的に一二〇一年から一二〇三年に起きたことが記されるが、その中で最も大きなテーマはチンギスを支えたケレイト部のオン・ハンの動向で、これまで行動を共にしてきたチンギスとオン・ハンが袂を分かっていく過程が記されている。

最初にタイチウト部を殲滅したことを記したのち、ケレイト部のジャハ・ガムブがチンギスの僚友となったことに関連して、イェスゲイとオン・ハンがかつて盟友となった事情が語られる。それによればオン・ハンが父フルチャフス・ブイルク・ハンの死後、ケレイト部の支配権をめぐって兄弟と争い、弟たちを殺した。そのため叔父のグル・ハンから攻められて逃れ、イェスゲイのところに来たとき、イェスゲイはオン・ハンを援護し、叔父のグル・ハンを河西へ追いやり、オン・ハンに所属していた人々などを彼に戻してやった。このため二人は盟友の誓いをしたという。

一二〇二年の秋、チンギスはタタル部に対する遠征を行った。タタル部は父イェスゲイを毒殺した仇でもあった。チンギスは軍律を整えて、ダラン・ネムルゲスの地で、タタル部の主要集団であるチャガン・タタル、アルチ・タタル、ドタウト・タタル、アルハイ・タタルと戦い、これを殲滅した。さらにチンギスは残ったタタル部民に対する処分を親族の間で行い、車の車軸より背の高い者は皆殺しにする、と決めたが、ベルグテイがこのことをタタルのイェケ・チエレンに漏らしたために、タタル側の抵抗にあってモンゴル側はかなりの人的損失を被ったという。『元朝秘史』はこれら一連の戦闘でタタル部の成人男子を「皆殺し」したように記しているが、これは宿敵のタタル部を制圧したことを強調して記したに過ぎない。その後のモンゴルの西征には多くのタタルの部民が動員されたことは周知の事実である。

その後チンギスとオン・ハンは共同作戦をとり、モンゴリア西部にあったナイマン部のブイルク・ハンへの遠征を行った。アルタイ山脈を越え、現在の新疆ウイグル自治区の北部を流れるウルング河を下り、キジル・バシ湖でブイルク・ハンを捕らえ殺害した。しかし間もなくナイマンの武将コクセウ・サブラクがオン・ハンの背後から急襲し、オン・ハンの子のセングムの妻子、部民、家財を奪い、さらにオン・ハンの部民、馬群、糧食をも略奪して行った。窮地に陥ったオン・ハンはチンギスに救済を求めた。チンギスはこれに応じてボールチュ、ムハリ、ボロフル、チラウン・バートルの四駿馬を引き連れ、奪われたものをすべてオン・ハンに戻してやった。オン・ハンはチンギスに対する感謝と共に自分が老いたことを嘆き、

私は今や老いた。
私は老いて高い所に上ると旧《ふる》くなった、私は。
旧くなって山崖に登れば（死ねば）、
すべての部民を誰が治めようか。（第一六四節）

と言い、チンギスとの間に父子の契りを結び、チンギスを自身の一人息子セングムの兄とした。こうしてオン・ハンとチンギスとの関係は一層緊密になったかに見えた。チンギスはこの関係を一層強めようとして、自分の長子、ジョチの妃としてセングムの妹チャウル・ベキを求め、代わりにチンギスの娘ホジン・ベキをセングムの子トサハに与えることを持ちかけた。しかしながら自尊心の高かったセングムはチンギスを見下し、この申し出を認めなかった。一二〇三年、ジャムハはセングムに讒言をして、テムジン等を攻撃するなら手助けを約束すると申し出

て、チンギスとの仲を引き裂いた。セングムはオン・ハンにジャムハ等の言葉を伝え、チンギスの悪口を言うが、当初オン・ハンはそれを諌めた。しかし執拗に言うセングムの態度に折れて、自分の子となったチンギスを見棄てられないと言いつつも、

〔お前たちが〕出来るようにせよ。

お前たちが取りはからうように。

と言ってセングムに任すことにする。しかしこれはオン・ハン没落のきっかけとなった。セングムはチンギスが妹のチャウル・ベキを求めていることを利用し、婚約の宴を整え、チンギスを招待した。その宴席でチンギスを捕らえる計略であったが、それは事前にチンギスに漏れ失敗した。そこでセングムは翌日チンギスを急襲することを計画するが、それもチンギスに漏れたという所で本巻は終わっている。

第六巻（第一七〇節—第一八五節）ではこれまでチンギスを援護し、行動を共にしたケレイト部のオン・ハンとの対決とそれに対する勝利が記されている。

オン・ハンの攻撃をチンギスは事前に知ったチンギスは陣地を移動したが、ハラガルジト砂漠でオン・ハンとチンギスの軍が衝突する。このときジャムハはオン・ハンと共に兵を進めていた。オン・ハンはジャムハに対してチンギスに対する軍事的作戦を相談する中で、ジャムハに全体の指揮を依頼した。このオン・ハンの申し出に対して、自分の仲間に「オン・ハンは、

テムジンと戦って負けた自分に指揮せよ、と言った。オン・ハンは自分よりはるかに劣っている。」と語ったあと、彼は何故か敵対するチンギスに対してオン・ハンがジャムハに言った言葉を伝えた。そして「かつて私は盟友（チンギス）と戦ったが敵わなかった。オン・ハンは私より劣っている。盟友よ恐れるな。慎め。」と忠告したという。このオン・ハンとチンギスとの戦いにジャムハがオン・ハンに荷担したことは『元史』巻一、太祖本紀にも同様なことが記されているが、ジャムハがオン・ハンの実情をチンギスに伝えたと言うことは記されていない。

このハラガルジト砂漠での戦いはかなり激しいものであり、双方に相当の被害をもたらした。チンギスの先鋒として出陣したマングト部のフイルダルは負傷し、間もなく死んだ。ジャムハの息子セングムも傷ついた。チンギスの第三子オゲデイも傷を負った。この戦いはチンギス側が勝利したとされるが、戦いのあとチンギスが残った兵士の数を数えると僅か二千六百人であったという。チンギスはモンゴリア東部のトゥンゲ河に営地をかまえ、やや落ち着いてから、父子や盟友《アンダ》の関係を結び、本来であれば手を結ぶべき間でありながらチンギスに対して軍事的攻撃を行ったオン・ハン、ジャムハ、セングム等に対して使節を送り、それまでのお互いの関係を振り返りつつ、今回の行動を非難した。オン・ハンに対しては「ハンである父よ」と呼びかけ、自分や父イェスゲイが、オン・ハンの苦境時にいかに援護したかを事細かに述べ、最後に「今、ハンである我が父（オン・ハン）はどのような恨みで私を責めるのでしょうか。あなたはその恨みの理由を〔伝える〕使節を送るように。」と言った。このチンギスの言葉にオン・ハンは「ああ、息苦しい。自分の子（チンギス）から別れるべきか、〔それは〕道理から離れることだ。別れるべきか、〔それは人の〕行為から離れることだ。」と心悩み、自分の小指を切って血を出し、それを小さな器に入れてチンギスに送ったという。チンギスはこの他ジャムハ、アルタン、フチャル、トーリル弟らに使節を送り、自分の思いを伝えた。そして最後にセングムに使節を送って、

衣を着て生まれたのは私であった。
裸で生まれたのはお前であった。
ハンである我らの父は我らを等しく慈しんだのであった。
間に入られたことでセングム・アンダは私を妬んで追い出したのだ、お前は。
今やハンである我らの父の心を苦しめることなく、朝な夕なに出入りして慰めていけ。

と忠告した。しかしチンギスに反感を抱いていたセングムは、

いつハンである父と言うようになったのか。殺し好きの老人と言わなかったか。私をいつ盟友《アンダ》と言っていたのか。（第一八一節）

と言い、チンギスの言葉を「戦闘開始」の言葉として受け取ったのである。チンギスは戦闘の準備をしオン・ハンの動向を探らせたところ、黄金の帳幕を張り、油断して宴を催していると

いうことであった。この知らせにチンギスは兵を動かし、ジェジェエル丘のジェル狭間口にいたオン・ハン等を包囲した。戦いは三日三晩続いたという。オン・ハンの兵は多く投降したが、オン・ハンとセングムは逃亡した。

第七巻（第一八六節―第一九七節）はモンゴリア西部にあったナイマン王国征服のことが主に記される。

ケレイト部との戦いに勝利したチンギスは功臣たちにその戦利品、部民を分け与えたが、オン・ハンの弟ジャハ・ガムブの娘のうち姉をチンギス自身が娶り、妹のソルハクタニ・ベキを末子のトルイに与えた。このトルイとソルハクタニ・ベキとの間にモンケ、フビライ、フレグ、アリク・ブハの四子が生まれ、彼らがのちにモンゴル帝国の指導者として活躍したことは周知の通りである。オン・ハンは逃れたもののナイマン王国の哨兵に捕らわれ、殺害された。こうしてモンゴリアの東部から中央部を制圧したチンギスにとってその西にあったナイマン王国との対決は必然的なものであった。『元朝秘史』は当時ナイマン王国を支配していたタヤン・ハンをひたすら臆病者として描いている。タヤン・ハンは殺害されたオン・ハンの首を切り取らせて持って来させて、それに対して杯を傾け、音楽を奏でて祀ったが、オン・ハンの顔が笑ったように見えた。これを憎んだタヤン・ハンは足で死人の頭を粉々に踏みつぶしたという。これを見た側近のコクセウ・サブラクは「死んだハンである人の首をあなたは切り取り持ってきた。その次ぎにそれを踏み砕いた。何の良いことがあろう。我々の犬の鳴き声は悪くなった。」と言い、さらに「我がハンであるタヤンは軟弱である。鷹狩りをしたり、巻狩りをする他に心も技もない。」と罵った。痛いところをつかれたタヤン・ハンは東方のモンゴルを制圧することで見返そうとした。「天の上には太陽と月が光を持ち輝くがよい、と太陽と月があるのだ。地上には二人のハンがどうしてありようか。我々は行ってそれらモンゴルを連れてこよう。」しかしコクセウ・サブラクはこの言葉を空威張りと見て、「ああ、大言を言ったものだ、あなたは。柔弱なハンよ、よろしいか。〔その言葉は〕お隠しなさい。」と忠告した。しかしタヤン・ハンはモンゴルとの戦いを決め、オングト部長アラクシ・デギト・フリに使いを送り、自分の右手となって出陣することを求めた。しかし彼はこれを断り、タヤン・ハンが兵を出そうとしていることを巻狩りをしていたチンギスに伝えたのである。チンギスはナイマンとの戦いの前に、軍事組織の再編成を行い、自分の傘下にある牧民の数を数え、千戸、百戸、十戸の組織を編成してそれぞれに長を置いた。この他にチンギスを護衛するケシクテン（輪番）の制度を整えたという。

子《ね》の年（一二〇四年）夏の初めの月（五月）の一六日にチンギスの軍はケルレン河を遡り出発した。サアリ草原に到着したモンゴルの軍勢はナイマンの勢力と比較して劣っていたが、ドダイ・チェルビの進言によって、サアリ草原で五カ所に別れ、各人が火を燃やして、その数が実際よりもはるかに多くいるように見せた。ナイマンの斥候はこれを見て「モンゴルの兵士はサアリ草原に満ちるまで下営している。昼の間に増えたのであろうか。星より多い火がある。」と伝えた。これを聞いて恐れたタヤン・ハンは息子のクチュルクに西のアルタイ山脈の麓まで退いて、モンゴルの馬を疲れさせてから戦おう、と言った。しかしクチュルクはこの父の消極的態度に腹を立て、「女のようなタヤンは心が怖じけてこのような言葉を言った。」と罵倒した。

息子や側近に侮辱されたタヤン・ハンは「死ぬべき命、苦しむ身はすべて一つである。そうであるなら戦おう。」とタミル河からモンゴル中央を流れるオルホン河を渡りナフの崖にまで兵を進めた。これに対してチンギスも兵を出した。この時何故かタヤン・ハンと一緒にジャムハも兵を出した。しかしジャムハは心底タヤン・ハンに荷担したわけでは無かったようである。タヤン・ハンは攻めてくるチンギスの軍についてジャムハに尋ねると、ジャムハはタヤン・ハンの臆病さを一層つのらせるかのように説明する。「我がテムジン・アンダは四匹の狗を人の肉で養って、鉄の鎖で彼らを繋いでいる。［中略］自分の鎖を解かれて、今怒りを抱いていた者が喜んでこのように涎を垂らして来ているのではないか。」タヤン・ハンはその「四匹の狗とは誰か。」と尋ねると、ジャムハはジェベ、フビライ、ジェルメ、スベエデイであると答え、さらに彼ら一人一人の能力を説明すると、タヤン・ハンはその説明毎に怯えて後退し、山の上に登ったという。このタヤン・ハンの怯えた様子をジャムハはまたチンギスに伝え、自らはナイマンから離れた。チンギスはナフの崖でナイマン軍を包囲したが、夜ナイマン軍の兵士は逃れようとしてその崖から落ち、積み重なって死んだという。タヤン・ハンも殺害され、ナイマンの人衆もアルタイ山脈の南麓でモンゴル軍の捕虜となった。同じ年の秋（実際は冬という）にサアリ草原でメルキト部のトクトア・ベキと戦い、これを降し、ホアス・メルキトのダイル・ウスンの娘フランを妃とした。彼女はチンギスの第二皇后として、その第二オルドを守ることになる。

第八巻（第一九八節—第二〇八節）では捕らえた盟友ジャムハとチンギスの対話、その死、寅の年（一二〇六）にオナン河の源でチンギスがハーンに即位したこと（いわゆる第二次即位）、そして功臣たちに対する恩賞が主に記されている。

第七巻に続いてメルキト、ナイマンとの戦闘が記され、現在の新疆ウイグル自治区北部を流れるイルティッシュ河の支流、ブドゥルグマ河での衝突でメルキト部のトクトアは流れ矢に当たって死ぬ。ナイマン部のタヤン・ハンの息子クチュルクは破れて逃れ、新疆から中央アジアに領域を持っていた西遼（カラ・キタイ）に逃亡した。ナイマン王国の崩壊時にジャムハの所属の多くはチンギス側に降り、彼は僅か五人の部下と共に逃げていったが、その側近の裏切りにより捕らえられチンギスのもとに連行される。チンギスは裏切った側近を直ちに殺害したあと、盟友のジャムハに対し改めて僚友になることを提案し、ケレイト部のオン・ハンと戦う時にオン・ハンについての状況を、またナイマン部と戦うときにタヤン・ハンについての状況を事前に知らせてくれたことに感謝をした。しかしジャムハはこれを断る。

今ハンである我が盟友は恩赦して私と僚友となろうと言った。僚友となるべきときに僚友とならなかった、私は。今や〔我が〕盟友《アンダ》はすべての国たみ《ウルス》を平定した。外族を併合した、お前は。ハンの位はお前に向かった。天下が今や定まったときに、僚友になっても何の利益になろうか、私は。

そしてジャムハは最後に自分を殺すように願う。

盟友よ、恩賜して〔私を〕殺させるなら血を出さずに殺させよ。死んで横たわれば、私の骨を高い所に〔埋めよ。そこで私は〕永久にお前の子孫の子孫に至るまで加護してやろう。〔これは〕私の祝寿である。

チンギスはジャムハの望む通り、血を流さずに殺し、骨を拾わせた（第二〇一節）。

寅の年、すなわち一二〇六年、オナン河の源で、九本の足のある白い纛（軍旗）を立てて、改めてチンギスにハーンの称号を奉じた、という。『元朝秘史』では先に紹介したように第三巻、第一二三節に、ジャムハと分かれたあと、多くの部民によりハーンに推戴されたことが記されている。その意味で今回の即位は第二次即位とも言われるが、第一次即位については否定的な見解が多く、この一二〇六年こそが正式な即位と考えられている。この時チンギスは多くの功臣たちへの論功行賞を行った。彼は「国を共に建てあった者たちに千〔戸〕を千として〔それぞれに〕千戸長を任命し、恩賞の言葉を述べよう。」と勅し、ムンリク・エチゲ、ボールチュ、ムハリなど九五人を千戸長に任命した。さらにそれらの中で特に功績のあった者にはその功績を具体的に記して、さらに恩賞を与えた。それらはタタル部のシギ・フトゥフ、ホンホタン部のムンリク・エチゲ、アルラト部のボールチュ、ジャライル部のムハリ、バーリン部のホルチ、ウルート部のジュルチデイであり、その中でボールチュ、ムハリ、ホルチは万戸長に任じられている。なおこの時ムハリは国王の称号を得たと記されているが、実際には一二年後の一二一八年のことである（村上正二『モンゴル秘史』2、三四八頁、注五）。

第九巻（第二〇九節―第二二九節）は前巻に続いて功臣たちに対する恩賞が記され、また後半では千戸制の整備や近衛兵制の整備について記されている。

最初にジェルメ、ジェベ、スベゲテイと共にチンギスの四狗の一人バルラス部のフビライに対し、「到れ、と言ったときには大石を砕き、襲え、と言ったときには崖を砕き、白い石を割って砕き、深い水を絶っていた、お前達は。」と讃え、軍事のすべてを統率するように求めている。

これら功臣たちの働きを讃えた中でフーシン部のボロフルに関して興味ある話を伝えている。タタルの部民を殲滅したとき、逃れたハルギル・シラなる者が窮して餓えて戻ってきて、チンギスの母、ホエルンの家に来て施しを求めたとき、その家に入ることを許された。たまたまそこに五歳のトルイが入ってきて出て行こうとしたとき、ハルギル・シラはトルイを小脇に挟んで出て行こうとした。ホエルンは子供がいなくなった、と叫んだ。その時ホエルンの家の東辺に住んでいたボロフルの妻アルタニは追いすがってハルギル・シラの辮髪をつかんだ。ハルギル・シラは持っていた刀を抜こうとしたがアルタニは彼の手をつかむと、刀は落ちてしまった。彼女の声を聞いてジェテイ、ジェルメが駆けつけハルギル・シラをその場で殺害した。この三人がトルイを救ったことで殊勲争いをしたという。チンギスはこれについて最大の殊勲はアルタニにあると判断した。トルイが生まれたのは一一九二年であるから、このことは一一九六年に起きた事件ということになる。夫のボロフルもケレイト部と争ったハラ・ハルジトの戦いで、傷ついたオゲデイを介抱したということで、「九回罪を犯しても罰することのないように」との宣告を受けた。

チンギスが少年の頃タイチュート部に捕らえられた際、これを救ったのがソルハン・シラ親子であったが、そのソルハン・シラには、「メルキト部の地であるセレンゲ〔河〕を営地《ヌトゥク》とし自由にせよ。子孫の子孫に至るまで弓箭をつけて、杯を飲み干して、自由にせよ。九回罪を犯しても罰するな。」と恩賜している。この他多くの功臣たちに、同様に恩賞が与えられた。

こうした功臣たちへの恩賞を記したあと、宿衛制、近衛制の整備、拡充について記している。

それまではチンギスのもとには八〇人の宿衛兵《ケプテウル》と七〇人の近衛兵《ケシクテン》がいただけであった。しかし「今や永遠の天神《テングリ》の力に、〔さらに〕天と地によって大いなる力を加えられてすべての国たみを治めて、私の唯一の手綱に入らせた。」として、十戸長から万戸長の子供とその随従《ノコト》を宿衛兵、近衛兵に入れさせ、宿衛兵二千、近衛兵八千、計一万の衛兵集団を編成した。彼らの地位は千戸長よりも上であり、また彼らの従者も十戸長、百戸長よりも上であった。そして宿衛兵達は不審な者を捕らえたり、勝手に出入りする者を殺害する権限を与えられた。

第一〇巻（第二三〇節—第二四六節）は宿衛兵に対する讃辞と彼らの任務について記され、そのあとモンゴル周辺一帯への遠征が行われたこと、チンギスが母、子供、弟たちに隷属する民の分配を行ったこと、ホンホタン氏のムンリク・エチゲの子で、シャーマンであったテブ・テンゲリを倒したことなどが記されている。

チンギスは宿衛兵に対して讃辞を詠ったが、その最初の部分は次のようである。

雲のある夜、天窓のある私の家《ゲル》を
囲い、臥して〔私を〕安らかに安穏に眠らせて、
この〔ハーンの〕位に就けさせた私の長老ら、宿衛兵《ケプテウル》たちよ。
星のある夜は私の宮帳《オルド》、家を囲んで臥して、
臥所の中に〔いる私を〕驚かせなかった、私の吉祥ある宿衛兵《ケプテウル》は、

高い位に就けさせた、〔私を〕。（第二三〇節）

チンギスはさらに彼らの任務についても指示を与えている。

宮帳の侍女たち、家童たち、ラクダ飼いたち、牛飼いたちを宿営兵が統率せよ。宮帳の家車を整えよ。軍旗、太鼓、矛、槍を宿衛兵が整えよ。食器を宿衛兵が整えよ。我々の飲み物、食べ物を宿衛兵が長《ダルガ》となり〔作る〕ように。濃い肉入りの食べ物を宿衛兵が長となって作るように。飲み物、食べ物が乏しくなれば長となった者、宿衛兵に尋ねよう。（第二三二節）

この他チンギスの巻狩り、鷹狩りにも同行することが求められているが、ただしチンギス自身が出征するとき以外に彼らを兵士として駆りたてることは許されなかった。それはチンギスの「黄金の命を」守り、宮帳を守り、チンギスの家車を守るためである。

『元朝秘史』はこのあとモンゴルの遠征活動について記している。すなわちバルラス部のフビライをカルルクに、スベエテイ・バートルをメルキト部に、ジェベをナイマン部のクチュルク・ハンのもとに、ジョチを「森の民」にそれぞれ遠征させそれらを降伏、あるいは殲滅させた。しかしホリ・トマト部の遠征に派遣したボログル・ノヤンは殺害され、さらにホルチ・ノヤン、フドハ・ベキも捕虜になるという敗北を喫したが、改めてドルベン部のドルベイを派遣してこれを制圧した。この間、ウイグルのイドウト（イディクート）やオイラトのフトハ・ベキが降ってきた。ウイグルのイドウトはチンギスの第五子となって力を尽くそう、と申し出ると、チンギスはこれを善しとして彼を自分の第五子とし、自分の娘、アル・アルタンを与えた。なお『元朝秘史』はこれら一連の遠征を一二〇六年から一二〇七年に起きた事件の中に記しているが、実際にはもっと後に行われたものである。例えばフビライがカルルクに遠征し、その支配者アルスラン・ハンを降したのは一二〇九年から一二一一年のことであり、またスベエテイ・バートルの出征は一二一七年、さらにジェベの遠征でナイマン部が滅んだのは一二一八年のことである（村上正二、『モンゴル秘史』3、七九頁）。

このあとチンギスが母、子供、弟たちに隷属する民の分配を行ったことが記される。それによれば末弟オッチギンと母ホエルンに併せて一万人、長子ジョチに九千人、次子チャガタイに八千人、三子オゲデイに五千人、末子トルイに四千人、弟ハサルに四千人、アルチダイに二千人、異母弟ベルグテイに一千五百人を分け与えているが、母はその少なさに不満で無言であったという。

この巻の最後はホンホタン氏のムンリク・エチゲの子で、シャーマンであったテプ・テンゲリ（最高の天の神の意味、本名はココチュ）との対決が記される。かつてオン・ハンとセングム父子がチンギスを捕縛することを謀って、セングムの妹チャウル・ベキをチンギスの長子ジョチに与えることを認め、その婚約の宴にチンギスを招いたが、チンギスが途中ムンリクの家に立ち寄ったとき、ムンリクはそれが謀であることを伝え、危うくチンギスは難を逃れたという。その功績によりムンリクは千戸長に任じられた。ムンリクには七人の男子がいてその真ん中の子ココチュはテプ・テンゲリと呼ばれ、シャーマンとして大きな力を持っていた。一二〇六年のチンギスのハーンの即位式においてそれを取り仕切ったのも彼であった。このテプ・テンゲリの宗教的権威を笠に着てその兄弟達はチンギスの弟ハサルやオッチギンを侮辱し、さらにテプ・テンゲリはチンギスに対し、

永遠なる天神の勅のハンへのお告げが言うには、一度《ひとたび》はテムジンが国を取るがよい、と言う。一度はハサルが〔取るがよい〕と言う。ハサルを襲わなければ〔どうなるか〕分かりませんよ。（第二四四節）

とそそのかした。チンギスはハサルを捕らえたが、これを聞いた母のホエルンは駆けつけ、チンギスを叱ってハサルを解放させた。その後その宗教的権威によって、多くの人衆がテプ・テンゲリのもとに集まり、またチンギスの末弟オッチギンの属民もテプ・テンゲリのもとに降った。オッチギンはテプ・テンゲリのもとに赴き属民を戻すように求めたが、逆にその兄弟に侮辱を受けて戻ってきた。これを知ったチンギスは危機感を覚え、自分のところにテプ・テンゲリが来たときに、オッチギンと対決させ、ついにこれを殺害させたのである。テプ・テンゲリの遺体を帳幕の中に置いておいたところ、三日目の夜明け、その天窓から出て行った。これ以後ホンホタン部の兄弟は勢いを失ったという。

第一一巻（続集第一）（第二四七節—第二六四節）では金国や西方遠征などによるモンゴル世界帝国の建設、またチンギスの後継者としてオゲデイが選ばれたことが記されている。

未の年（一二一一年）チンギスは金国遠征を開始した。居庸関では金軍の抵抗に遭ったが、陽動作戦によってこれを突破し、都の中都（現在の北京）を包囲した。このとき金のオンギン丞相は金皇帝に、

天と地の運命のとき、大位を失うときが来ました。モンゴル人は非常に力強くやって来て、我々の勇猛な黒契丹《ハラキタト》、女真、糺《ジュイン》の軍の主要な兵士たちを打ち破ってことごとく殺しました。頼みとした居庸関をも奪い取りました。今我々が兵力を整えて出ても、またモンゴルに敗れれば、彼らは我々の各城々に散らばるでしょう。また我々が集めても（引いても）認めず、我々の敵となって伴《とも》とはならないでしょう。（第二四八節）

と申し上げ、モンゴルとの和平を勧めた。金皇帝もこの進言を認め、多くの財物をチンギスに与えて両国の和平が成立した。その帰途、ハシン（タングート）に赴いたところ、ハシン王ブルハンは帰順し、「あなたの右手となって、力を尽くしましょう。」と申し出て、布帛、ラクダなど多くの貢物を差し出した。

その後チンギスは、南宋へ送った使節が金に阻まれたという理由で、戌の年（一二一四年）に再度金国遠征を敢行した。金軍は各地で敗れ、金皇帝は南京（現在の開封市）へと逃亡した。

中都では悲惨な事態になり、残った兵士達は痩せ死んだが、自分たちの間で人肉を争い食べたという。金皇帝は改めて自ら降って、チンギスのもとに自分の子テンゲリとその従者百人を、「チンギス・ハーンの侍衛となれ。」と送ってきた。このためチンギスは軍を撤退させたという。

次いで「サルタウルの民にウクナを頭とする百人の使者たちを阻まれ、殺された」ためにチンギスはサルタウルへの遠征を決意したことが記される。これはチンギスがホラズム王国に派遣した使節、隊商がその国の東境のオトラルで略奪、殺害された、いわゆるオトラル事件のことである。その遠征の前にイェスイ・ハトンはチンギスがこれから多くの戦いによって多くの国たみを征服しようと考えているが、「生まれた生き物に永遠はない。」と言い、もしもの時は彼らを誰に委ねるか、とその後継者を決めるように進言した。しかしこのことは日頃のジョチとチャガタイの不和を表面化させることとなった。チンギスはまず長子、ジョチの考えを聞こうとしたところ、チャガタイがこれを遮って言った。

ジョチが申せ、と言うのはジョチに委せようと言うのですか。このメルキト部の血統の者にどうして治めさせようか、我々は。

この言葉にジョチは立ち上がりチャガタイの胸ぐらをつかみ、自分の力が勝っていることを言い、チンギスの言葉を求めた。しかし事実を言われたチンギスは声もなく座っていた。ここで中に立ったのがバーリン部のココチュスで、チャガタイをなだめた。

チャガタイよ、あなたはどうして急ぐのですか。ハンであるあなたの父は子供達の中であなたに望みをかけていたのです。（第二五四節）

と言って、チャガタイに対する長い讃辞を詠った。チンギスは改めてジョチを自分の長子であることを確認し、今後ジョチに対してそのように言うことを禁止した。チャガタイは父の言葉を受け入れたが、自らその後継者を、「オゲデイこそ穏やかな〔人〕です。オゲデイを〔ハーンに〕と共に言おう。」と弟のオゲデイを推薦した。このチャガタイの意見について、ジョチ、トルイも同意し、オゲデイも迷いつつも、「出来ないとは言えましょうか。出来る限り努力します。」と答え、これによってチンギスの後継者は第三子、オゲデイに決まったという。

西方遠征に先立ってチンギスはタングート（西夏）王ブルハンに出兵を求めた。しかしながらブルハンは「力が足らないのにハンとなるとはどうであろうか。」と言って協力しなかった。チンギスはいつか報復をすることを誓って西征に出かけた。

卯の年（一二一九年）チンギスはモンゴルの本営を弟のオッチギンに任せ、フラン妃を伴って西征に出かけた。当時ホラズム王国の王はムハンマドであったが『元朝秘史』にはその名は記されない。むしろ息子のジャラルディン・スルタン（ジェラール・ウッディーン）が国王として記される。ドーソンの『モンゴル帝国史』においてムハンマドは臆病で優柔不断な者として描かれ、他方息子のジェラール・ウッディーンは最後までモンゴルに抵抗した英雄として描かれている。（佐口透訳、巻一、第六章、第七章）このような事情もあってジャラルディンがホラズム王と見なされたのであろう。モンゴル軍はホラズムのジャラルディンやハン・メリクと戦い、ブハル（ボハラ）、セミスカブ（サマルカンド）、ウダラル（オトラル）の町を陥とした。さらに国王ジャラルディンとハン・メリクをシン河（インダス河）に追いつめたがそこで取り逃がしてしまった。

その後ホラズム王国の都ウルンゲチ（ウルゲンチ）に進軍し、これを陥とした。『元朝秘史』はその年代を記していないが一二二一年のことである。

ホラズム王国を征服した後、各町にダルガチを置いて統治するように命じたが、その時ウルゲンチ城からきたヤラワチ、マスフド親子が町を治める習慣があることをチンギスに説いた。チンギスはこれを受け入れ、子のマスフドにブハラ、タシュケント、ウルゲンチその他の諸城を治めることを命じ、父ヤラワチは連れ帰って金国の民を治めることとしたという。西方遠征に出かけて七年経過した酉の年（一二二五年）にモンゴルのトラ河のオルドに戻った。

第一二巻（続集第二）（第二六五節―第二八二節）ではチンギスの最後の遠征になったタングート遠征と、その帰還途中での死、オゲデイの即位と統治について記される。

戌の年（一二二六年）秋、チンギスはイェスイ妃《ハトン》を伴い、タングート遠征を行った。しかしその途中アルブハの地で巻狩りをした際にチンギスは落馬し大けがをした。このため側近のホンホタン部のトルン・チェルビは、タングートの民は城塞を持ち、定住しているので、けががが治ってから出直すことを勧めた。しかしチンギスは、戻れば彼らは我々を臆病者と見るであろう、として認めなかった。そしてタングート王ブルハンに使節を送り、西征の際に約束を無視したどころか、誹るような言葉を言ったとして非難した。ブルハンは身に覚えのないこととしたが、側近のアシャガムブは、それは自分が言ったことであり、「今、モンゴルが戦いに慣れ、戦おうというなら、私はアラシャイに居住し、天幕の家を持ち、ラクダの荷を持っている。アラシャイを目指し、私のところに来い。そこで戦おう。」と挑発した。けがを押してチンギスは兵を進め、アシャガムブの国たみを「灰のように吹きはらうように掠め取った」。タングート王ブルハンは降伏し、チンギスに黄金の仏像、金銀の器九九個、男子女子九九人、去勢馬、ラクダ九九頭を献上した。チンギスはブルハンにシドルグ（正直な）の名を与えたが、トルン・チェルビに彼を殺させた。

この偉大な「世界征服者」の死について『元朝秘史』の記述は極めて簡略である。「タングートの人々《イルゲン》は約束言を言ったのに守らなかった故に、タングートの人々にチンギス・ハーンは二度遠征をして、タングートの人々を殲滅して戻ってきて、亥の年（一二二七年）、チンギス・ハーンはお亡くなりになった。」（第二六八節）その死亡日時だけでなく、死亡年齢も記されていない。それが「宗教的禁忌によるものか、それが「秘史的」な特徴であるのか、その辺も疑

問である。」（村上正二『モンゴル秘史』3、二六三頁）

次いで子の年（一二二八年）ケルレン河のコデウ・アラルで大集会《クリルタイ》が開催され、チャガタイ、バトら右翼の王子たち、オッチギン・ノヤン、イェク、イェスンゲら左翼の王子たち、トルイら内地の王子たち、王女たち、女婿たち、万戸長、千戸長らが集まり、オゲデイをハーンに推挙したと記している。ただし他の史料によって、実際の大集会は翌年の一二二九年に開かれ、そこでオゲデイがハーンに推されたことが分かっている。

オゲデイはこの時の大集会で、改めて中央アジア、西アジア、東欧への遠征を行うことを決定し、その指揮者としてジョチの子バト、チャガタイの子ブリ、オゲデイの子ギュク、トルイの子モンケを任命した。

さらに卯の年（一二三一年）オゲデイはチャガタイに同意を求めて金遠征を再開したが、その間にオゲデイは病気に罹り口が動かなくなった。そこで巫人、占い師たちに占ってもらったところ、キタト（金朝）の人衆の土地神や水の神が、その人々を〔モンゴルに〕略取され、城塞を破壊されたので祟っている、とのことであった。オゲデイは自分の人民、金銀などを身代わりにして与えようとしたが効き目はない。巫人が改めて占うと、オゲデイの身内のものを差し出せばよい、とのお告げが出た。オゲデイが誰かを呼ぶとトルイがいた。トルイはオゲデイの身代わりになることを決意し、「まことにハーンである私の兄がお亡くなりになれば、多くのモンゴルの国たみは孤児となるでしょう。キタトの人衆は喜ぶでしょう。」と言い、「巫人よ、〔オゲデイの代わりに〕私に呪いをかけよ。」と頼んだ。巫人たちはトルイに呪いをかけ、トルイはその呪水を飲んで亡くなったという。『元史』巻一一五、睿宗、壬辰（一二三二）年五月の条に同じ記述が見られる。モンゴルが金国を征服したのは一二三四年のことであったが、『元朝秘史』には記載がない。

先の大集会《クリルタイ》の決定によって派遣されたバトらによる中央アジア、東欧遠征は順調に成果を挙げていたが、バトからオゲデイに使臣が送られてきた。その使臣を通してバトはオゲデイに概略次のように伝えた。

永遠の天神、叔父の威光によりメゲト（アラン人の国の都）を壊し、ロシアなど一一の国を支配したので、戻ることを決め、別れの宴を張ったとき、自分はその場にいた王子たちより年上であったので先に一、二杯、酒を飲んだ。これに対してブリとギュクは腹を立て、宴席にもつかず、戻ってしまった。そのときブリが言うのに、「バトは我々と同じでありながらどうして先に酒を飲んだのか。髯のある老婆たちと同じであるとして、自分の踵で蹴り、つま先で踏みつけてやるぞ。」またギュクも「それら箙筒を持つ老婆達の胸を殴りつけよう、我々は、彼らを。」と言った。彼らのこうした言葉を御聖断ください。（第二七五節）

後にオゲデイの死後、バトとギュクの対立が顕著になるが、この事件はその前兆となるものであった。このバトの訴えを聞いたオゲデイはひどく怒ってギュクと面会をせず、

この下賤なやつは誰の言葉に従って兄を口一杯〔罵り〕言うのか。唯一の卵は腐るがよい。

まさに兄の胸に敵対したのだ。（第二七六節）

などと叱った。このオゲデイの怒りにモンケ、アルチダイ等がとりなし、ようやく怒りを収めたという。

オゲデイは宿衛兵《ケプテウル》、箭筒兵《ホルチ》、当番兵《トルガウト》などケシクテン制について改めて布告を出し、

ハーンである父（チンギス）の勅により、以前どのように行っていたのか。今もそのように行うように。（第二七八節）

と勅し、それぞれの任務について再確認した。次いで税制について指示をした。

父チンギス・ハーンが苦労して築いた国たみを苦しませないように。彼らの足は地面に、手は大地に置かせて楽しませるように。

として、一般の牧民からは羊群毎に毎年二歳の羊一頭を出させること、また百頭の羊毎に一頭の羊を出して貧しい者に与えるように命じた。さらに王族たちの集会時には国たみから飲食物を取り立てないように指示した。さらに駅站の整備について兄チャガタイと相談し、モンゴル本土から西方のバトのところにまで至る駅站の設置を命じている。

オゲデイは最後に自分の治世について四つの事績と四つの過ちを述べている。そのうち四つの事績とは、一、金国の征服、二、駅站の整備、三、水のない地に井戸を掘ったこと、四、諸々の城塞に先鋒軍《アルギンチ》、鎮守軍《タンマチ》を置き、民を安楽にしたことを挙げている。四つの過ちとは、一、葡萄酒に溺れたこと、二、オッチギン叔父の国人の娘を連れて来させたこと、三、マングト部のドゴルフ・チェルビを暗殺したこと、四、狩猟のとき自分に有利になるように柵を作って獣が兄弟のところに行くのを遮り邪魔したために、兄弟から怨まれたことを挙げている。これらの過失の後の二つについては傍証する記述が無い。

奥書は極めて簡単で、すでに紹介したが、改めて紹介すると次のようである。

大集会に集まって子の年七月に、ケルレン河のコデエ・アラルのドロガン・ボルダク（七つの峰）のシルギンチェクと〔欠文〕の間にオルド（宮居）が営まれている時に書き終えた。（第二八二節）

この第二八二節はその読み方についていくつかの見解があり、『元朝秘史』の編纂年代について考察する上で最も重要な部分であるが、これについては前節で紹介した。

『元朝秘史』はモンゴルの歴史だけでなく、言語や当時の社会、経済研究にとって極めて重要な史料になっていることは言うまでもない。また『元朝秘史』は一七世紀以降のモンゴル年代記に大きな影響を与えたが、それは後章で紹介する。

第二章　チベット仏教のモンゴルへの再流入

明初、洪武年間に明とモンゴルや東北地方との間でやりとりした書簡はウイグル式モンゴル文字で行われており、その一部が『華夷訳語』という形で漢字音訳され、明の通訳の教科書として使われていた。『華夷訳語』はその後何回か編纂し直されている。当然明とモンゴル政権との間での書簡のやりとりは多くの場合モンゴル文で行われたことは疑いがない。例えば『英宗実録』巻三六一、天順八年正月乙丑の条に、当時モンゴルのハーンであった麦児苦児吉思（馬児古児吉思）汗からの書簡について、「礼部奏するに、昨、迤北《いほく》麦児苦児吉思《マルコルギス》可汗の番文を訳出す」と記され、また『孝宗実録』巻一四、弘治元年五月乙酉の条に「是より先、北虜小王子部落を率いて大同近辺に潜住す。（中略）是に至りて番書を奉じて貢を求む。書辞悖慢、自ら大元大可汗と称す。」、『世宗実録』巻三一三、嘉靖二五年七月戊辰の条に「虜酋俺答阿不孩《アルタンアブハイ》、有印番文一紙を遁至す。」、『神宗実録』巻二〇四、万暦一六年一〇月癸卯の条に、「北虜順義王撦力克《チュルケ》等、及び河西套虜都督同知卜失兎《ボシヨクト》等番表を進め、馬及び鞍轡弓矢等物を貢す。」など、「番書」、「番文」、「番表」という表現で記されている。

明との間に対立が続いた時代に、モンゴル側から明に対して漢文の書簡を出すのは困難であったようである。これについて、一五七一年にアルタン・ハーンと明との間に和議が成立した頃のこととして、『万暦武功録』（巻八、「俺答列伝下」）に次のような記述が見られる。

虜酋たちは番経の字（この場合はモンゴル字か）を習っているけれども文芸（漢字のことか）を知らない。臣下と手紙を書く毎に皆漢人の手を借りていた。しかし多くの場合群姦（悪賢い連中）の影響を受けて、いつも書いてあることと口で伝えられたことと相反しており、（手紙は）信頼するに足りなかった。

ここでいう「群姦（悪賢い連中）」とは明から逃れ、アルタンの下にいた白蓮教徒の有力者たちを指していると思われる。彼らの手を通して漢訳され明に送られる書簡と、口で伝えられたこと、すなわちアルタンからの使節が明の役人に直接言うことと内容が異なっていたという。そこで明からモンゴル文に習熟した者がアルタンのもとに派遣されることとなった。同書は続けて次のように記す。

是の時、順義王（アルタン）は甚だ（明からの）恵みを被り、美徳を蒙ることが多く、心

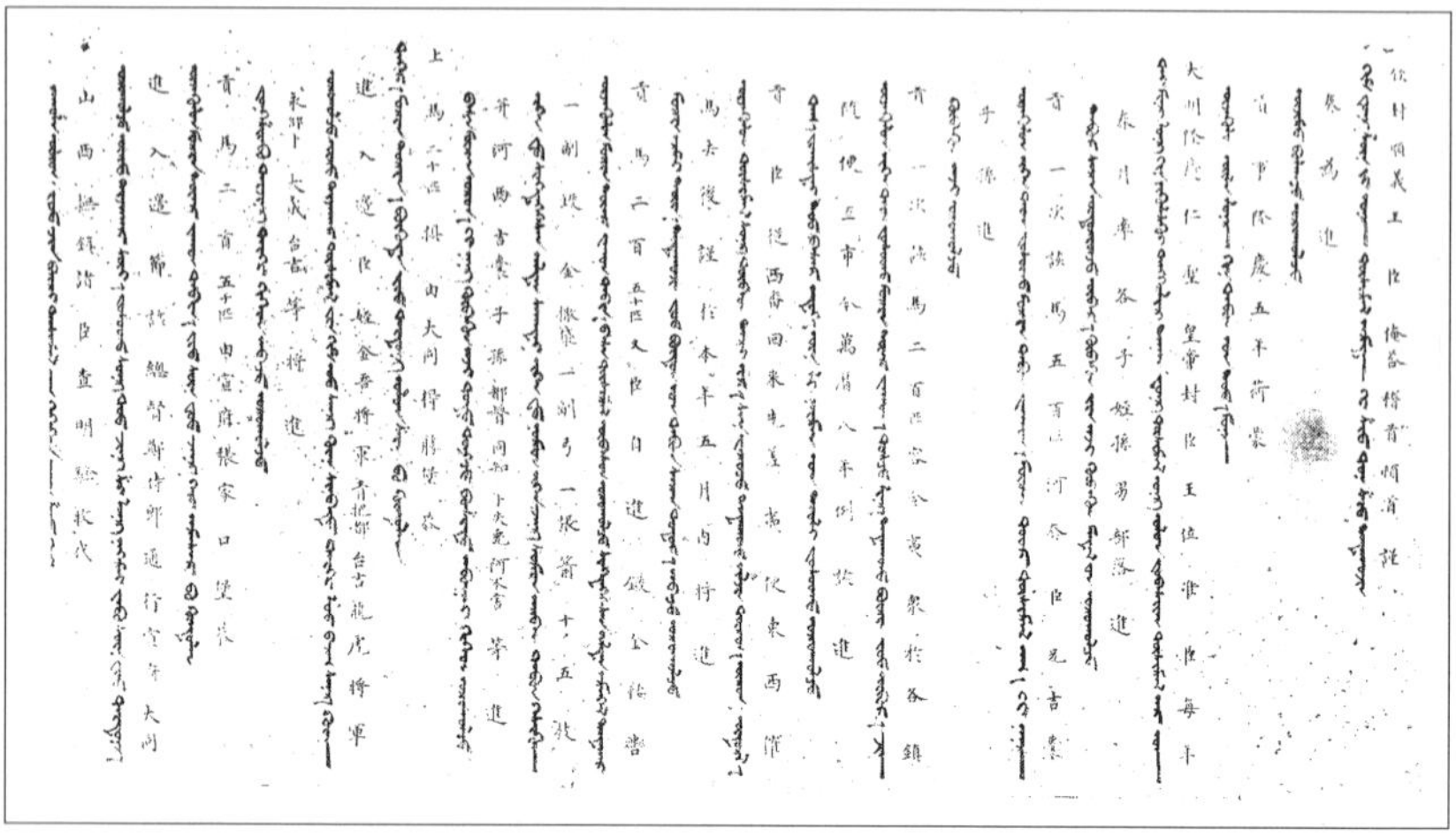

万暦９年のアルタンの表文（Позднеев, 1895）

を正し、行いを変えることを願った。毎年上表文を奉じ、臣と称するが、思うに漢字を知らない。詔書（漢文の）はしばしば下るが、それを知る者がいないかのようである。すなわち訳者と胡字（モンゴル字）を習った者を求め、入り交じり書くことを習わせれば、表文を書くことが出来るようになる。ここに於いて戎部は四夷邸にはかり、韃靼の訳者叢文光を派遣した。制置使の所に至り、翻訳が終わると次の者に伝えて北京に帰還することを通例とした。〔モンゴルからの〕貢期が迫る毎に、毎年訳者を派遣し行かせた。〔叢〕文光が持参した字譜、忠孝経は皆番字であった。

これによればアルタンからの表文は、明から派遣された、モンゴル語に通じた役人が書いていたという。

しかしながらこれらのモンゴルから明に送られてきた表文(書簡)は現物がほとんど残されていない。僅かに万暦八(一五八〇)年七月二五日付のアルタンから万暦帝に送られてきた表文が残されている(Позднеев, 1895)。(図版参照)この表文には漢文とモンゴル文が記されているが、本文は漢文の方で、モンゴル文は個々の漢語に翻訳や音訳を付しただけで、モンゴル語としての意味は通じない(ibid., 376)。このことはアルタンと明との和解以来、歴代の順義王から多くの「表文」が明に送られてきているが、その多くは漢文で記されていたことを推定させる。

一四世紀末から一六世紀末までの間に、モンゴルにおいて『元朝秘史』のようなまとまった歴史書は編纂されなかった。しかし一六世紀後半にモンゴルにチベット仏教が再び浸透したことはモンゴルの文化だけでなく、政治、社会を大きく変えることになった。この時チベット仏教の再流入に関与した重要な人物は、モンゴル側ではトゥメトのアルタンとオルドスのホトクタイ・セチェン・ホンタイジであり、チベット側ではゲールグ派のダライ・ラマ三世であった。

一五世紀後半にモンゴルはダヤン・ハーンによって統一されたが、一六世紀半ばには統一が崩れた。その中で台頭したのがダヤン・ハーンの孫でトゥメト王国を支配したアルタンである。アルタンは明と交易をめぐって対立したが、その後一五七〇年一〇月、彼の孫ダイチン・エジェイが明に投降する事件をきっかけに明と和議を結んだ。この点については次章で詳しく紹介する。明はアルタンを順義王に封じて、形式的に明皇帝の臣下とし、代わりにアルタンの求めていた交易を許したのである。これより早く、オルドスのホトクタイ・セチェン・ホンタイジは一五六六年に青海に対して遠征を行ったが、そこでチベット仏教の僧侶と遭遇し、彼はチベット仏教に帰依することになった。ホトクタイ・セチェン・ホンタイジはアルタンに対してチベット仏教の信仰を勧め、アルタンもこれに応じた。

当時チベットにおいては多くの宗派が存在し、チベット内で勢力争いを行っていた。これらの宗派のいくつかはその後ろ盾を求めてモンゴルの王公たちに接近した。ゲールグ派は一五七一年、アセン（アシン）・ラマをアルタンのもとに派遣し、ゲールグ派への支持を求めた。アルタンはこれに同意し、ゲールグ派の指導者ソナム・ギャムツォとの会見を約束した。両者の会見は一五七八年、旧暦五月一五日、青海のチャプチャルにおいて行われ、ソナム・ギャムツォはアルタンに対して仏法を説き、殉葬、斎戒日における殺生、狩猟の禁止、シャーマニズムの放棄、僧侶に対する暴力の禁止などを求めた。アルタンはこれに応じ、ゲールグ派の施主となることを表明し、ソナム・ギャムツォにダライ・ラマ（三世）の称号を贈った。これに対してダライ・ラマもアルタンに「梵天転金輪大法王」の称号を贈っている。またダライ・ラマはこのときホトクタイ・セチェン・ホンタイジらモンゴルの王公にも仏教的な称号を与えている。

このようなチベット仏教の再流入に伴って、チベット人僧侶や大量のチベット語の文献（その多くは経典であるが）がモンゴルに入ってきた。アルタンは明と和議を結んだ直後の一五七一年、明に対して仏典と僧侶を送るように求めている。明はこの要求を認め、翌年に金字経三部、旧金字経四部、四字経五部を作成、またチベット人僧侶をアルタンのもとに送っている。このときすでにアルタンのもとには九人の「番僧」、すなわちチベット人僧侶がいたという。このときの様子については『万暦武功録』巻八、俺答列伝下にやや詳しく記されている。

是より先、俺答《アルタン》は金〔字〕の番経数部及び喇嘛番僧一人を求めた。この件は祠祭司に委ねた。ここに於いて僧録を咨《はか》り、金字経三部を得た。順天府に行き、また墨字経を造り、大率十部になった。その喇嘛僧、星吉蔵卜《センゲツァンボ》、堅参札巴《ゲンツェンタクパ》及びその弟子の領占班麻《リンチェンバドマ》、星吉堅剉《センゲゲンツェン》を遣わし往かせた。堅参札巴がかつて西番に使いし、経典に兼ね通じていたからである。〔王〕崇古は俺答が俛《つと》めて仏を喜ぶよう幸《こいねが》い、番僧に慈教を闡揚させ、善心を啓発させようとした。そこで撫賞金を取り、禅衣褊衫を作り、棁《せつ》金を市《あがな》い、米麪、茶菓、菜蔬、及び紅黄の紙箚、貢器具を用意した。さらに漢人の僧八人に法器（仏具）を陳列させ、番僧が虜中に至ってお経を読むようにさせた。是において通事の人金奉と珊瑚が共に虜営に到着した。二人の僧は地蔵十王の神像及び心経、華厳経、金剛経、観音経などのお経を出した。（中略）俺答はすでに僧侶が到着したことを聞き、人々を引き連れて、四〇里余りのところで出迎えた。膜拝《ぼはい》して（両手を上げ地に伏して拝する）穹廬に迎え入れた。胡中の（モンゴルにいた）番僧哈望噴児刺、夷僧公木児把実《クムルバクシ》、大都把実《ダイドバクシ》、黄金把実《アルタンバクシ》、恰打児窖《キャダルハン》らと入り交じったが異なるところはなかった。俺答はその子や若い孫、及びその部衆一万人余りを率いて日夜手を合わせ仏に礼拝した。

『万暦武功録』はさらに次のようにも記す。

俺答はもともと番経（チベット語の経典）及び漢経を知らなかったのでまた韃靼経（モンゴル文経典）を求めた。漢はまた太鼓や音楽でモンゴルの使節を陽和邸に迎え、銀牌、綵布を賜ったことは通例のようであった。（中略）〔王〕崇古はまた祖宗朝に、弘化、闡教《せんきょう》諸寺を洮河諸処に勅建し、金字蔵経を写して与え、法王仏子に封じて、それらに西域を分かち統制させ、その俗によって教えを立てた例を引いて、賢明なる詔を下すように要請した。詔して関係当局にはからせた内外の経廠（経蔵）を調べ、韃靼経を与えた。そこで堅参札巴らの僧に官位を賜い、禅衣、座具、僧冠を与えた。たまたま経廠が焼けて時間が経っていた。礼部尚書が協議するには、番僧はただもともとの経典を習得しているだけで、虜字（モンゴル字）を知らない。だから番経を与えるのがよい、と。番僧の堅参札巴、星吉蔵卜、哈望噴児剌には覚義〔の位〕を、またその弟子の領占班麻、星吉堅剉や公木児把実、公実把実、大都把実、黄金把実、恰打児漢に都綱〔の位〕を授けた。

ここで問題になるのは「韃靼経を給す」の文で、このときアルタンに対してモンゴル文、すなわちモンゴル語訳された経典が与えられたとも読める。同様な記述は『明神宗実録』（巻六、隆慶六年一〇月庚申）にも見られるが、そこでは「虜王」すなわちアルタンが「韃靼番字経」を求めたものの、「経典の給す可き無し」と記されている。この点について佐藤長はモンゴル語の仏典は当時存在するはずはなく、それを「給すべきなし」というのは当然であること、この場合アルタンが求めたのはチベット文の経典であったこと、チベット仏典であれば永楽八年に永楽版カンギュルが北京の番経廠で印刷されており、他のチベット経典も開版、印刷されていたこと、そして「番経を虜酋順義王に頒送す。王崇古の奏に従うなり。」（『明神宗実録』巻一一、万暦元年三月己亥）とあって、アルタンにはチベット仏典が送られたこと、等を述べている（佐藤長、一九八六、三二六頁）。

チベット仏教が再流入した一六世紀後半におけるチベット語仏典のモンゴル語訳についてはかなり明らかになっている。その議論の中で特に注目を浴びたのが、チベット大蔵経すなわち『カンジュル（カンギュル）』のモンゴル語訳についてである。すなわちこれがいつ、誰の命によってモンゴル語訳されたのかについて問題とされた。この『カンジュル』がすでに一部が元朝時代にモンゴル語訳されていたという見解もある（Бира, 1978, 168）。ただ元朝時代に『カンジュル』が翻訳されたとしても、それ以後三〇〇年もの激動の時代にどうしてそれがモンゴリアで保存し得たであろうか。しかもチベット仏教に対する関心がほとんど失われていた時代にである。この点についてハイシッヒは次のように述べる。

中国に君臨した歴代のモンゴル人皇帝が一三世紀にやはりラマ教をとり入れた後、この一一〇〇点をこえる作品の大集成のモンゴル語訳を命じたといわれる。この大事業が当時、ほんとうに実行にうつされたことがあるかどうかには疑問の余地があり、少なくともこの集成の当時のモンゴル語訳は片割れすら伝存していないのである。(ハイシッヒ、一九六七、一五七頁)いずれにせよ、今日存在するモンゴル語訳『カンジュル』は元朝時代に訳されたものではなく、もっと後に翻訳されたものである。

現在モンゴル語訳された『カンジュル』に含まれている経典の奥書の多くにモンゴル最後の大ハーンとされるリグダン・ハーン(リグダンの呼称にはリクダン、リンダンなどがあるが、本書では史料の引用以外はリグダンと呼ぶ)の名が見られ、彼の命によって訳されたことが記されている。例えばタントラ(秘密経)の部、第一巻、第一一、Čoγtu yeke mudr-a-yin dusul neretü yeke yogini-yin dandaris-un qaγan-u auy-a ejen(『吉祥大法印のしずくという名を持つ大ヨーガのタントラのハーンの巨大なる主』)という経典の奥書には次のように記されている。

慈しむお心により普《あまね》き国たみを繁栄させ養う者、
巨大な力によりよそ者の敵を戒め治める者、
清浄なる信仰により教え、仏法を広める者、
どれでも望まれたことをすべて自ずと成就する者、

力ある尊き天の化身は、
車輪あるチャクラワルティ（金輪王）と同じ礼儀持ち、
深き知恵持つ者となり明晰なる理知を持つ、
人の中で最も力持つ者、リンダン・ホトクト・ダイミン・セチェン・ハーンが生まれて、
根元を誤らなかったオチル・ダラから共に奉じた、
巫述を誤らなかったマハー・ヨーガの思弁を持ち、
一族を誤らなかったサキャの後裔、
空にある太陽のごときシャルバ・ホトクトと出会って、
いと尊き教えを太陽のごとく昇らせて、
まさにその国たみを金剛乗の道に導き、
平和にして安寧なる政治により楽しませて、
抵抗する敵どもを一斉に六〇度打ち勝つその道理に、
尊き教えを一層広めるために、
その豊かな理知によりよく究め判断して、
如来のお言葉ガンジュル経を、
そのように考えて訳せと述べおっしゃったとき、（中略）

表示することなく太陽のごとき理知持ち
甚だ学あるパクパ・ホトクトに頼って、
少ししか学ばなかった不足した言葉の能力でクンガ・オエセルは、
信仰に従い〔経典を〕訳したのである。（Ligeti, 1942, 5、Касьяненко, 1993, 27-28）

このようにリグダン・ハーンを最大限に賞賛し、その命のもとにクンガ・オエセルが経典を翻訳したと記されている。モンゴル語訳『カンジュル』の相当数の経典の奥書に、リグダン・ハーンの命によって訳されたことが記されている。なおリゲティの紹介したテキストではリグダンの称号の部分で「ダイミン（大明）」が「タイ・ユワン（大元）」になっている。『カンジュル』がいつ翻訳されたかについて、例えば一八一七年に内モンゴル、シリンゴル盟、アバガナル左翼旗出身の「老いぼれ老人ナタ Arkiy-a ebügen Nata」によって書かれた比較的新しい歴史書『アルタン・エリケ』には次のように記されている。

リグダン・ホトクト・ハーンの御世にマイダリ法王ジョニ・チョルジより「秘密乗の灌頂」などを受け、教えを保護して、またサキャのバンシャンシラブ・ホトクトと邂逅し、また「秘密乗の灌頂」を受け、またオチルト・チャガン・ホタという宮殿を建てて、それにシャカムニの像をお招きし、多くの寺廟を一夏に完成し終えた。また仏の教えの化身である「カンジュル」なる宝をモンゴル語に翻訳させた大いなる恩ある者であった。その由はと言えばまさにこのホトクト・ハーン様がすべての衆生の利益と喜びが生じるために、仏の宝石のようなお言葉を太陽のようにモンゴルの地に広がるがよいと、モンゴルの言葉に翻訳するようにおっしゃった。そしてそれらを翻訳する尊き学者、翻訳者たちが一一三のカラムリに集まるとき、蒼き、斑点のような集まった空に太陽と月のように、金と銀の文字で記し、運命ある衆生の愚かさの暗闇を明るくし編纂したことは大いなる奇蹟である。翻訳した尊き学者、翻訳者はホトクト・バンディタ・マンジュシュリ法王、クンガオドセル、如来法光サムタン・サキャ、ダルハン・ラマグンデン・グーシ、この二人をはじめ大変多くの翻訳者が翻訳したのである。その時は第一一番目のラブジュン sayitur yaruysan の第二の土の龍（戊辰、一六二八年）の一一月の二一日から始めて、次の年（一六二九年）の夏の中の月（五月）の満月の日に終えたという。（Čoyiji, 1991, 109-110）

『ボロル・エリケ』にもこのことについて記されているが、「グン・ダラ・スヴァディ・ツァル・メルゲン・マンジュシリ・バンディタとシディトゥ・アナンダイを始め、三五人の賢き翻訳者達により、比類なき仏の汚れなき良きお言葉であるカンジュルをチベット語からモンゴル語に翻訳して」（Mostaert, 1959, vol.V, 329）と、三五人の翻訳者達が『カンジュル』のモンゴル語訳を行ったとする。しかしこの「一六二八年から一六二九年の短期間に」、そして「リグダン・ハーンの指示によって」翻訳されたということには問題があることは早くから多くの研究者によって指摘されている。モンゴル語訳された『カンジュル』は後に清朝の康熙帝の時代、一七二〇年に北京において木版本が印刷された。全一〇八巻、総枚数は四万八葉に達するという。『アルタン・エリケ』はこれだけ膨大な経典を僅か半年で翻訳し終えたとしているが、これに関してハイシッヒは、

この数字は、リクダン・ハーンの三五人の翻訳者が一六二八年から一六二九年の短期間に一人あたり幾ページの印刷面を翻訳せねばならなかったかを算出する手がかりを与えてくれる。一人あたり二二八七印刷面になる。これは写本のページ数にすればもっと多くなるだろう。そしてこれらの人のおのおのが一六二八—一六二九年の短期間にこの巨大な仕事をほんとうにやりとげられるだろうか。（ハイシッヒ、同、一五九—一六〇頁）

と疑問を投げかけ、一年あまりでこの事業を遂行したということを疑ってみる根拠が十分あるとしている。同氏によれば『カンジュル』のモンゴル語訳写本から、『カンジュル』の一部分は一六二八—一六二九年に先立つ数十年前に翻訳されていたのであり、三五人の翻訳団は一つ以上の校訂委員会であって、自力で全翻訳をやりとげたのではない、述べている（同、一六一頁）。そして「リクダン・ハーンの校訂委員会の一六二八—一六二九年の仕事は、委任者の名を抹消し、その代わりにリクダン・ハーンをはめこむだけに限られたのだと考えられる。」、「一六二八年、一六二九年にはすでにリクダンとトゥメトの間に戦火がまじえられた。リクダ

ンが武力をもってしてはモンゴル人大衆をこれ以上とどめることができなくなったとき、宗教的宣伝を通じてかれらの歓心を買うために、カンジュール翻訳を横取りして、自分のてがらにしたという疑念はこうしていっそう深まってくる。」（同書、一六八頁）とさえ述べている。ハイシッヒの見解はもっともであり、一六二八年よりかなり前に、トゥメト王国において翻訳が行われていたのである。

この問題の解決の重要な鍵を与えたのは『アルタン・ハーン伝』である。そこにはまずゲールグ派の指導者ダライ・ラマ三世（ソナム・ギャムツォ）から派遣されたアシン・ラマがアルタンに対しチベット仏教への帰依を求めた際に、チベットには仏の説いた『カンジュル（カンギュル）』、『タンジュル（テンギュル）』があること、それをモンゴルに持ってくれば、モンゴルに仏の教えが広まり、衆生の愚かさは消え、アルタンは転金輪王のようになって、西方浄土に生まれ変わるだろう、と述べたと記されている（珠栄嘎、一九九一、二四二―二四三頁）。同書には『カンジュル』がモンゴルにいつもたらされたかについては記されていないが、モンゴル語訳されたことについての記述が見られる。

その後ナムダイ・セチェン・ハーン、ジョンゲン・ハトン、ホンタイジは、
いと尊きボグダ・ハーンの政治を仏法の通りに行わせて、
等しく仏陀の説いた一〇八のカンジュル書をモンゴルの言葉で、

その時にシレゲトゥ・グシ・チョルジ、アユシ・アナンダ・マンジュシュリ・グシ等と、
驚嘆すべき〔右翼〕三万戸の訳者、賢者らにより、
壬寅（一六〇二）年より、丁未（一六〇七）年に至るまで、
すべての書物をすべて完全に訳させて、
驚嘆すべき妥当なる冊にしたのである。（珠栄嘎、同、三二九頁）

これによれば、『カンジュル』は一六〇二年から一六〇七年の間に、シレゲトゥ・グシ・チョルジらを中心にしてチベット語からモンゴル語に翻訳されたという。なお、『蒙古源流』には、

その後その（オルドスのボショクト・ジノン）五九歳の癸亥（一六二三）年に、アリク・ダライ・チョルジに金〔字の〕カンジュルを書かせて完成し、カバ・チャガン・ホトクトに散華させて成就した。（Urga. 87v）

と記されているが、これは恐らくモンゴル語訳ではなくチベット文の金字『カンジュル』のことであろう。

このように一六世紀末からチベット語文献（歴史編纂物を含む）のモンゴリアへの導入やチベット語経典のモンゴル語訳が行われたが、このことはモンゴルの知識人に対し大きな影響を与えたことは疑いがない。モンゴル人自身の手になる新たな歴史的著作の編纂はここから始まったのである。

第三章　『チャガン・テウケ』

一、『チャガン・テウケ』について

チベット仏教の再流入の影響を受けて、始めてモンゴル人の手によって編纂されたのが『チャガン・テウケ（トゥーフ）（白い歴史）』である。『チャガン・テウケ』には多くの写本があり、様々な表題が付されている。そのいくつかを紹介すると、Arban buyantu nom-un čaγan teüke neretü-yin sudur（『十の功徳を持つ仏法の白い歴史という名の経』）、とか Qoyar yosun-u dörben törö-yin arban buyan-tu nom-un čaγan teüke（『二法の四つの政治の十の功徳を持つ仏法の白い歴史』）、あるいは Erten-ü boydas-un bayiγuluγsan dörben yeke törö-yin kičiyenggüi arban buyan-tu nom-un čaγan teüke neretü sudur orosiba（『古の聖者等のうち立てた四つの大いなる政治の勤勉なる十の功徳を持つ仏法の白い歴史という名の経』）等である。これには「歴史 teüke」という表題がついてはいるが、モンゴルの歴史を記したものではない。基本的にモンゴルへのチベット仏教の導入や、チンギス・ハーンに対する祭祀、モンゴルの政治体制について触れたもので、その意味ではいわゆるモンゴル年代記の範疇には入らない。この史料について始めて紹介したのはブリヤート人のモンゴル学者ツェワン・ジャムツァラーノであるが、彼は一九〇九年から一九一〇年にかけて内モンゴルを旅行し、その際オルドスにあるエジェン・ホローに立ち寄って文献調査を行ったが（このときの旅行の報告書はかなり後になってŽamtsarano, 1961として公表されている）、その際に彼は一本の『チャガン・テウケ』を書き写してロシアに持ち帰った。彼は『一七世紀におけるモンゴル年代記』（Жамцарано, 1936, Žamtsarano, 1955）の中で『チャガン・テウケ』がこの時代のものとしては最も古い史料であり、この後に編纂された年代記にも影響を与えていることから、これを一連のモンゴル年代記と同等に扱っている。また『チャガン・テウケ』についてその内容など概略的紹介を行い、その編纂年代について検討を加えている。

この『チャガン・テウケ』の全容を始めて紹介したのはドイツのモンゴル学者ハイシッヒである。彼は『モンゴルの親族と教会史の著作（I）一六―一八世紀』（Heissig, 1959）を著したが、その中でモンゴル国立中央図書館蔵の『チャガン・テウケ』の全文のファクシミリ版を公表した。この写本は科学委員会の初代委員長であったジャミヤン公によって発見されたものである。この写本は筆跡から見て比較的新しいものであるが、三部に分けられている。

同じドイツのモンゴル学者ザガスターは『チャガン・テウケ』についての専著を著した（Sagaster, 1976）。そこではハイシッヒの公表したモンゴル国立中央図書館所蔵の写本を底本に、旧ソ連東洋学研究所レニングラード支部（現ロシア科学アカデミー東洋学研究所サンクトペテルブルク支部）所蔵の三種類の写本との異同を比較するとともに、ドイツ語訳と詳細な注釈を付している。

中国に所蔵される『チャガン・テウケ』の写本については、一九七九年に刊行された『全国蒙文古旧図書資料聯合目録』によって明らかにされた。この目録は極めて不完全、不正確なものであったが、そこには五種類の『チャガン・テウケ』の存在が示されている（三二八頁）。その後内蒙古社会科学院の留金鎖は『チャガン・テウケ』の校訂本を刊行した（Liu Jin-suo, 1981）。氏はその中で内蒙古自治区には八本の写本が存在すること、そのうち七本は内蒙古社会科学院が所蔵し、一本（ū本）は内蒙古図書館が所蔵していること、ただし内蒙古図書館のものは内蒙古社会科学院から移管されたものと述べている。氏の校訂本はこれら八種の写本（底本、a, e, i, o, u, θ, ū本）を利用しているが、底本としたのは一九五八年、当時の伊克昭盟（現在の鄂爾多斯《オルドス》市）、ウーシン旗のワンチャクラブタンの家からもたらされた最も古い写本である。なお氏に依ればこれらの写本のうちu本、θ本の二本はo本を写したものであるという。

ところで『チャガン・テウケ』にはもう一つ重要な写本が存在することが知られていた。それはモンゴル国、ウラーンバートル市にあるチベット仏教寺院、ガンダン寺所蔵の写本である。この写本はバルダンジャポフにより二〇〇一年になってようやくそのファクシミリ版が公刊された（Балданжапов, 2001）。氏はこの著作においてガンダン寺所蔵本や留金鎖によって公表されたワンチャクラブタン所蔵本、さらにはハイシッヒによって公表されたモンゴル国立中央図書館所蔵本とロシア科学アカデミー東洋学研究所サンクトペテルブルク支部所蔵の三種の写本、モンゴル国立中央図書館所蔵の二種の写本、計八種の写本をそれぞれラテン字転写し、写本間の異同を示している。もちろん未公開の『チャガン・テウケ』の写本が存在することは否定しないが、これによってその全容がほぼ明らかにされたと言ってよかろう。

井上治（一九九二）によればその記述内容から、『チャガン・テウケ』のテキストは大きく二種類に分けることができるという。すなわち内蒙古社会科学院蔵で留金鎖が公表したテキストの底本の系統（井上のいうα本）とハイシッヒが公表したモンゴル国立中央図書館蔵本の系統（同じくβ本）である。井上の研究が発表された時にはまだガンダン寺所蔵本は公開されていなかったが、バルダンジャポフの公表した八種類のテキストのローマ字転写比較表を見ると、多少の出入りはあるが、これは内蒙古社会科学院所蔵本と同系統であることは明らかである。

二、『チャガン・テウケ』の編纂者

『チャガン・テウケ』の編纂者と編纂年代についてジャムツァラーノは自らオルドスで写してきたテキストをもとにこの問題を検討し、それは「明らかにフビライ皇帝支配の時代、すなわち一三世紀のものに主として基づいている」と指摘した。この他そこに記されているチンギス・ハーンの祭祀に関する記述を紹介し、『チャガン・テウケ』は、「恐らく、四季に従ってチンギスの祭祀を行うための特別な組織、八白室 naiman čaγan ordo ger が創建されたフビライの治世（一二六〇―九四）の間に編纂されたのである。」と結論した（Žamtsarano, ibid., 55）。ところが、彼の言によれば、その著作（『一七世紀におけるモンゴル年代記』）の活字組が終わった後に、モンゴル人民共和国科学研究委員会所蔵の写本の写しを入手したが、そこには自分が利用したテキストには無い、次のような文章が記されていることを知った。

「十の功徳を持つ仏法の白い歴史」といわれるこれを、最初フビライ・チャクラワルン・セチェン・ハンが編纂したものを、ホトクト・チョクチャスン・ジルケン・ダイチン・セチェン・ホンタイジが預言者となり悟って、スンチュ Süngčü という名の町から出して、ウイグル人のブラナシリ・ウイジュン国師の古い経典と合わせて、吉兆よく共に結合させて調べ編纂するには、（以下略）（ibid., 50, n.1）

しかしジャムツァラーノはすでに著書の活字組が終わっていたということで、この記述については注の中で紹介しただけで詳しい検討は行わず、「ホトクタイ・セチェン・ホンタイジによるこの新しい版はかなり省略されている。例えばチンギスの祭祀の規定が省略されている。」とだけ述べるに留まった。しかしこの文章から、『チャガン・テウケ』は二回に亘って編纂されたものであること、すなわち最初はフビライ・ハーンが編纂したが、それからはるか後に、すなわち一六世紀後半になって、ホトクタイ・セチェン・ホンタイジが預言してスンチュという町からそれを発見し、ウイグル人のブラナシリ・ウイジュン国師の著作と付き合わせて再編纂した、と読み取れる。そしてこの文章は『チャガン・テウケ』の成立年代、著者に関する最も信頼できるものとして多くの研究者に受け入れられた。例えばザガスターは一二七二年から一二八〇年の間に、フビライの命令によって編纂された、と主張する（Sagaster, 1976, 58-59）。またビラも「後のホトクタイ・セチェン・ホンタイジの編纂の基礎となった、その最初のテキストはフビライが即位した一二六〇年より早くなく、パクパ・ラマが亡くなった一二八〇年より遅くない。」と述べている（Бира 1978, 92）。

しかしながらその後『チャガン・テウケ』の重要な写本が公表されるとともに（Liu Jin-suo, 1981、Балданжапов, 2001）、それらには従来知られていない『チャガン・テウケ』の第一次編纂年代らしきものが記されていることが判明した。例えば内蒙古社会科学院所蔵本のいくつかには次のように記されている。

二法 qoyar yosun を等しく誤り無く行わせることの大綱 tobčiy-a、「十の功徳を持つ仏法の白い歴史」といわれるこれを、最初フビライ・チャクラワルン・セチェン・ハーンが編纂したものを、後にホトクタイ・チョクチャスン・ジルケン・ダイチン・セチェンホン・タイジが預言者となり悟って、スンジュという町から出して、ウイグルのビラナシリ・ウンチュン国師の古い経典と合わせて、吉兆よく共に結合させて調べ〔書いた。či(čai)-sün の初年 terigün on に〕編纂するには、（以下略）（Liu Jin-suo, 1981, 72-73）

ガンダン寺所蔵本は全体としてはほぼこれと同じ記述をしているが（Балданжапов, 2001、32）、カッコ内の、年代を示した文章は欠けている。また同じ文章はジャムツァラーノ将来本（ロシア東洋学研究所サンクトペテルブルク支部所蔵の F237、ザガスターの紹介するD本）、ハイシッヒがファクシミリ版で紹介した、モンゴル国立中央図書館所蔵本（井上の言うβ本）にも欠けている。その意味で「či(čai)-sün の初年 terigün on」という年代はジャムツァラーノ、ザガスター、ビラらの検討の対象にはならなかったのである。しかし留金鎖はこの「či(čai)-sün」に注目し、これが元朝の文宗（ジャヤガト・ハーン）の年号、「至順」にあたるとし、至順元（一三三〇）年に『チャガン・テウケ』が編纂された、とする見解を示している（Liu Jin-suo、ibid., 5)。氏はさらにホトクタイ・セチェン・ホンタイジがそれを探し出したという町スンジュ Sungju（別な写本ではスンチュ Süngčü）について検討し、現在の内蒙古自治区、赤峰市の西南部に位置する松州に比定している。ただホトクタイ・セチェン・ホンタイジはこの時代実力者の一人ではあったが、その活動領域はやはりオルドスを中心とした地域で、東の赤峰地域にまで勢力を持っていたとは考えられず、また元朝時代の地名が一六世紀後半においても同じように呼ばれていたという証拠もなく、その意味でこの地名比定は信頼できない。井上治はこれを粛州と比定している（井上治、一九九二、三五二頁、注一〇）。ただこれらの地名比定はそれほどの意味を持つものではない。

しかしながらこの「スンジュから出した」という記述は皮肉なことに『チャガン・テウケ』の成立年代を考える上で重要なヒントを与えることとなった。すなわちこの記述は『チャガン・テウケ』が埋蔵経的性格を持つものであることを意味しているからである。井上はこの点についてウォストリコフ（Востриков, 1962）の埋蔵経典に関する見解、すなわち埋蔵経典とは大抵はその発掘者自身の著作である、とする見解を踏まえ、『チャガン・テウケ』の奥書に、『チャガン・テウケ』が過去の高名なフビライの作品として伝えられていること、ソンジュ（スンジュ）から発見されたと記している点、ビラナシリ（ブラナシリ）の古い書やウラーン・テウケ（赤史）、シラ・ビチク（黄冊）などを利用して編纂した、と記していることなど、埋蔵経典と見なされる十分な条件がみられることから、「α本は埋蔵経典的体裁を持つ著作であり、実際の著者はフビライではなく、セツェン・ホンタイジであると見做すことができる。」と結論している。井上はα本とβ本の関係について、α本が『チャガン・テウケ』の原本に当たり、のちにそれを一部要約したり、オルドスにあるエジェン・ホローにおけるチンギス・ハーン祭祀関係の記述を加えたのがβ本であるという。そして最終的結論として、

これらからα本並びに本来の『チャガン・テウケ』の性格を述べるならば、一六世紀末にチベット仏教をモンゴルの地に導こうとした中心人物であるセツェン・ホンタイジが、モンゴル民族の仏教帰依の歴史的必然性と根拠を示すことを目的として、一六世紀末に書いたフビライ史であると言える。

と述べている。「フビライ史」というのは誤解を与える表現で、フビライがうち立てた仏法を原理とする理想的政治とはどのようなものであったかを想像して記したもの、と言うべきであろうが、氏の言うことは基本的に正しい。恐らくはホトクタイ・セチェン・ホンタイジ自身の考える仏法に基づく政治体制を、フビライに仮託して示したものと言えよう。つまり『チャガン・テウケ』に記される「フビライが編纂した」、「至順元年に編纂した」という文章は信用できず、やはり一六世紀末に、ホトクタイ・セチェン・ホンタイジの手によって編纂されたものと見ねばならない。一九八〇年代前半に内蒙古大学を訪問したとき、同大学の故リンチン教授は「チャガン・テウケはフビライの時代のものではありません。ホトクタイ・セチェン・ホンタイジが編纂したものです。」と語られたが、残念なことにそれを文章にされることはなかった。

いずれにせよ一三六八年、元朝政権がモンゴリアに後退したあと、ホトクタイ・セチェン・ホンタイジが活躍するまでの二〇〇年近い激動期に、こうした文献が漠北において伝承していたとは考えにくい。

三、『チャガン・テウケ』の内容

ジャムツァラーノは自身が写してきたテキストをもとに『チャガン・テウケ』の内容を次のように概略している。

チャガン・テウケの内容はチンギス・ハンの祭祀、国家の官職、フビライ帝の法令、そして彼の政治的綱領に密接に関係している。冊子は三部に分かれているが、我々はそれを四部に分けるべきと考えている（Žamtsarano, ibid., 50）。

すなわち第一部にはフビライによって定められたチンギス・ハーン祭祀の規定、第二部には国家や寺院による完全無欠な政府の支配の短い説明、第三部にはフビライがパクパ・ラマを彼の告白者（帝師）にした後に発布された法令、第四部にはいくつかの教えが記されている、と説明している（ibid., 50-51）。確かにジャムツァラーノが写した写本やハイシッヒによって公刊された写本は三部に分けられているが、ほとんどの写本は分巻されていない。

先にも紹介したように『チャガン・テウケ』のテキストは記述内容からみて大きく二系統に

分けられるが、同じ系統のテキストでも相当記述が異なっている。基本的にはセチェン・ホンタイジが編纂に関わったとされる原典の内容を中心に紹介するが、ただし井上の言う後人が書き加えをしたとされるβ本（モンゴル国立中央図書館所蔵本）の第二章の冒頭にその内容について要領よく記した文章があるので、まずそれを紹介してみたい。

上天の命により生じて世界を支配し生まれた天の如きソト・ボグダ・チンギス・ハーンは蒼きモンゴル国を始め、南贍部洲にある三六一の言葉持つ者たち、七二一の氏族等の五色四夷国の一六の大国を一つの政治に入らせて、古の共戴帝 Olan-a ergügdegsen qaγan より以来、強力なハンらが誤り無き法により民、国を治めたことを思って、それに倣って最も尊き仏の教えに頼って、小王らをその力に入れて、真に二法を誤り無く実行した後、フビライ・チャクラワルン・セチェン・ハーンは五色四夷国のすべての国、家を安寧にするために、チベットの三人の転輪王の法を基にして、誤り無き二法を新たにし行わせたことにより、またそれに倣ってうち立てた、尊き教えの根源、法主ラマと、大政の尊き世界の強力なハーンと、真の仏法の政治が絹の結び目のように弛むことなく、重きハーンの政治が金の軛《くびき》のように壊れることなく、真の二法を等しく誤ることなく行わせることの大綱〔を記したもの、それが〕、『十の徳ある仏法の白い歴史 Arban buyan-tu nom-un Čaγan teüke』である。（Heissig, 1959, facsimile, 3r-3v）

ここに記されている五色四夷国 Tabun öngge dörben qari ulus について『チャガン・テウケ』は後ろの方で、

真ん中にある〔衆生を〕導く尊き蒼きモンゴル、東のソロンゴトとビテグト、南の中国とケリイェト、西のネパールとサルタグル、北のタジクとチベット。(Liu Jin-suo, 1981, p.86、以下『チャガン・テウケ』はこれによる。)

と説明している。ただし後章でも紹介するように、年代記によって五色国の意味するところは異なっている。

『チャガン・テウケ』に貫かれている思想は仏法の実践と仏法に基づいた政治を行うことである。それと共に『二法 qoyar yosun』に基づいた政治の実行が強調されている。その「二法」について次のように説明している。

何より最初に二法が何かと言えば、仏法の政治たる真言と経典と、世俗の政治である平和と安寧である。(ibid., 76)

二法とは仏法の規範と世俗的規範であり、それによる支配が基本であるとする。その二法による支配の根源は古代インドに求められている。

昔、人衆生《ひとしゅじょう》が数限りなく年を取るときに、ホトクト・サマンダバダリ菩薩の化身、共戴マハーサマディという名のハーンがインドの金剛座のマガダ国の真の二法の四つの大いなる政権をうち立てたのであった。そのように後に人衆生が一〇〇歳の寿命となるときに、[現在のシャカムニ仏の劫《ごう》の中で]カシュミールのカシュミール国、クシャンのモンゴル国、ジャガン山（白山）ソロングス国（朝鮮）、リのサルタグル国、トゥングンのナンキヤト国（中国）、インゲのチベット国、シングンのネパール国など南贍部洲に所属する一六の大国すべてそれぞれが二法により行ううちに、特にインドのスダダニ・ハーンのアルダシディという名の王子がハーンの政治を后らに頼った時に、古のマハーサマディ・ハーンがうち立てた二法を一層精選し、素晴らしく、驚異にうち立てたのであった。後に如来カニシュカの国の主、キルグワという名のハーンは真に二法を実行したのであった（ibid., 73-74）。

と記し、二法による統治が遍く行われたと記している。さらにこの二法による支配はチベットにおいても行われたことを記した後、次にモンゴルにおける二法の統治について述べる。

その後クシャンのジャド・モンゴルの地に、持金剛 Včirbani の化身、テムジンという名の王子が生まれて、丈夫らの主 eres-ün ejen という一二人の大王らを僧になし（その力に従え）、南贍部洲をその力に入らせて先人のうち立てた二法を等しく治めたのち、集会の主 qural-un ejen、ソト・ボグダ・チンギス・ハーンの名は天に鳴り響き、南贍部洲すべてに遍く聞かれたのであった（ibid., 75）。

チベット仏教が定着した時代に編纂された史料には、チンギス・ハーンがチベット仏教と接触し、それを受容したとする記述が多く見られるが、もちろん事実ではない。その後モンゴルの支配者の中にチベット仏教と接触しそれに帰依する者が現れるが、その代表的人物はフビライである。このフビライの政教一致の統治〔二法〕について次のように記される。

そのソト・ボグダ・チンギス・ハーンは大サキャ・セチェン・クンガ・ニムボという名のラマから「我がのちの子孫たちが一族の中に尊き運を持つ生まれのある者となって二法の政治を等しく行うことの出来る一人の子が生まれるがよい。」と予言を受けたことにより、それから三代経つそのときに、文殊菩薩の化身、フビライという名の者が生まれて、千転金輪王とてすべてに有名になり、サキャのホトクト・パクパ・ラマ・ロト・ゲンツェンという者にサン・シン大王国師の称号を差し上げ、ラマに頼った。それより四つの大都を建てて完成し、五色四夷国の大国にこのように勅するには、「昔インドの地にマハ・サムバディ王がうち立てて、シャカムニ仏が新たにし治めて行わせたのちに、そのチベットの三人の転輪王に入って、〔二法を〕残すことなく完全に等しく実行したことから、またモンゴルの地にソト・チンギス・ハーンなる我が祖父が〔二法を〕見事に行って、国や人々を治めたのであった。今や私はそのように二法を等しく実行するぞ。」と言った。(ibid., 75-76)

そしてこの二法を実行する者について、その称号とそれに伴う職掌について詳細に語られる。その一部を紹介すると次のようである。

仏法の道理を治め、行わせる者と言えば、政《まつりごと》の主、ハーンに灌頂の四つの河を誰か流す（注ぐ）ことが出来れば法主国師 nom-un ejen güsiri という。

海の如き経典と真言を残り無く誰か悟ることが出来ればチョエジ（法主）・ラマとすべての者に奉じられる。

百万の経典を誰か障害無く悟れば、果て無き知恵を持つ阿奢梨という。

四つの灌頂の導きを誰か悟れば、尊き楽しませる者、宝石あるラマという。

四つのタントラの根源を誰か完全に説くことが出来れば師《バクシ》のうちの最も尊い師、サミ（sami？）という。

一〇万の経典を深く繊細に誰か精通すれば一〇の困難なお言葉（無量寿経）の能者サンデイン（瞑想者）という。

すべての仏法を誰か吉兆に治めることが出来れば尊き聡明な知恵あるシャリミリ（寺院の小ラマ）、という。

四人の客を誰か招いて去らせることが出来れば大いなる力持つ真言行者尊きシャビという。（ibid., 77）

このような文章が長々と記されるが、ハーンについて次のようにも記される。

世界の秩序を支配して行わせる者といえば、暗い闇に迷った衆生の中で、千の金輪を驚異的に回して、仏法の支配たる真言と経典とを妨げることなく、それぞれを実行することが出来れば、最勝転輪王という。きれいな帽子、着物、帯、靴などを身につけて、ガラスの台の上に滑ることも〔何かに〕頼ることもなく上って、すべての大国を穏和に、荘厳に治めて世界の政治、平和な、簡便な二法を妨げることなく実行できれば、重厚なる尊き政《まつりごと》のハーンという。(ibid., 80)

そしてこのハーンの政治を実行する官職が列記される。

そのように総じて集め語れば、三人の国師、三人のホンジン、四人の太師、六人の侍衛、七人の宰相、九人のオルルクら。(以下略)(ibid., 82-3)

全部で七〇種以上の官職が記されるが、翻訳しにくいものが多く、ここでは省略する。こうした官職名が多く記されるのも、『チャガン・テウケ』の特色であるが、それらは決して元朝時代の支配体制を説明したものではない。


『チャガン・テウケ』はこうした支配者の行うべき政治についても規定している。

そのように総じてハンである者は外の三つの大いなる行為、四つの大いなる政治、六つの大いなる故事、七つの大いなる柄 bing (Sagaster, 1976, 125)、九つの大いなる徴がある。

(ibid., 84)

次にそれらの内容について記されるが、一部を紹介すると次のようである。

そのうち三つの大いなる行為が何かといえば、第一に二つの世界に救済者である安寧の尊き行為、第二に人々を治め理解する者である喜びの尊き行為、第三は国を守る行動の種々の尊き行為である。四つの大いなる政治が何かと言えば、第一に大乗の法である喜びの政治、第二に秘密乗の法である真の政治、第三にハーンが行う者たる平和な政治、第四に役人たちが行う大いなる誠の政治等である。(ibid., 84)

そしてこれらの政策を実行する役割を持った職掌について以下のように説明する。

それにより、大いなる行為を三人のホンジンが治めよ。四つの大いなる政治を四人のタイシ tayisi が治めよ。六つの故事を六人の侍衛が治めよ。七つの大いなるビン bing を七人のジャイサンが治めよ。九つの徴を九人のオルルクが治めよ。五色四夷国 Tabun öngge dörben qari ulus を十戸長、五十戸長、百戸長、千戸長、万戸長、大万戸長が各々のアイマク、国をそれぞれ支配せよ。(ibid., 86)

そして最後に、

総じて二つの政治(二法の意味)によって行わなければ、功徳と罪、白と黒、重きと軽き、真実と嘘、良きことと悪きこと、喜びと苦しみ、これらの区別が分からないので、真の仏法の政治が絹の結び目のように壊れないように、重きハーンの政治が金の軛のごとく壊れないように、二法を混合することなく、それぞれ努めるがよい。(ibid., 86)

さらに『チャガン・テウケ』は仏法の遵守についても規定している。

そのように仏法の政治が無いなら、国、アイマク(部)は破壊することになる。そのためラマと弟子〔の区別〕無く、僧侶と俗人〔の区別〕無く、勝手な政治を行う。仏法の政治である真言と経典をそれぞれ学んで、最上の茶、うまい物を持ってくること、栄養良きパンと清浄な食物に頼って、純粋なる僧侶の政事により行われること、真言行者は秘密乗の道を実現し、尊き徴を示した後、五種の供物(花、線香、灯明、香、食物)を絶やさず、教えの邪魔者を取り除くようにするがよい。自分のラマなる師に頼れば菩薩の道を得る。功徳あるハーンに頼れば世界の国は平和になる。ラマなる師を自分の頭に捧げよ。父母を自分の肩に担げ。保護神なる仏を自分の心に思え。すべての衆生を可愛い子供のように思え。清浄なる戒律を努めて守れ。四つの施しを絶つことなく与えよ。仏のお言葉、仏法を努めて学べ。四無量(慈悲喜捨)を真に努めよ。四客(「もろもろの仏」のこと、Балданжапов, 2001, 97, n.127)を招け。三宝を信仰せよ。秘密真言の誓いを守れ。一族の者を多いと思うな。敵をただ一人でも用心せよ。富む者も貧しき者も平等に考えよ。二つの障害(煩悩、所知)を無くせ。二つの集会(福徳と知恵)を行え。十悪をやめよ。十善

> を始めよ。五毒を消せ。五つの知恵を修行せよ。総じて三つの学ぶべき事を学べば戒律という。仏法の功徳を永遠に長く行えば、教えの中心となる。四生（胎生、卵生、化生、湿生）、六種衆生を輪廻の苦しみから救えば海の果てに渡る者である賢き船頭という。（ibid., 89-90）

以下このような文言が多く記される。

『チャガン・テウケ』はこうした仏法を拠り所とした政治を行うこと、さらに仏法を忠実に実践するよう規定するとともに、ジャムツァラーノが紹介しているようにチンギス・ハーンの祭祀についても規定している。その祭祀規定に関して、『チャガン・テウケ』のバリアントの一つ、ハイシッヒが公刊したモンゴル国立中央図書館蔵の第一部には次のように記されている。

> その後ジャド・モンゴルの地にテムジン・ソト・ボグダ・チンギス・ハーンが生まれて、南贍部洲にある三六一の言葉を持つ七二一の姓を持つ一六の大国を五色四夷国となし、世界を定めたことは大きな奇蹟である故に、千の金輪を回す者フビライ・ツァクラワルン・セチェン・ハーンは黄金の御身（チンギス・ハーン）のあらゆる者の信仰の対象である八白室を建てて、絹の〔ような〕大いなる規則を定めた。〔すなわち〕このあらゆる者の信仰の対象の祭祀、供物を規則通りに管理する役人の長、ホンジン、第二のイルガクチ・タイシ ilγayči tayisi、ジャイサン、四〇人の神官 ger-ün noyad、四人のダルハト darqad、

祀るべき四時の祭祀の祭典に必要とすることなどを一二オトク・オルドス万戸に強く命じ、祀るように定めた。(Heissig, 1959, facsimile, 1v)

そしてチンギス・ハーンの祭祀に対して過ちを犯した者についての罰則が記されている。例えば、

ホンジン、タイシ、ジャイサンらを始めとするすべての任務を持つ者たちが、六一の任務を誤れば、彼らの馬を取れ。ホフル qoqur、侍衛らが何か金銀の器を壊せば、前のように叱って、ラクダを罰として三〔掛ける〕九を取るがよい。失えばラクダ一〔掛ける〕九を取るがよい。無くした者を〔八〕白室の辛い任務につかせよ。木製の供物の物を壊せばラクダ一〔掛ける〕九を〔罰として〕取るがよい。神官の罰をハーンとジノンが取るがよい。(ibid., 1r-2v)

のように記している。ただしこれらの記述は井上も指摘しているように内蒙古社会科学院蔵本には記されていない。

先の記述の中で「四時の祭祀」のことが出てくるが、これについては本文中でより具体的に説明されている。

また四時の祭祀を行うようにと言って、春の終わりの三月、龍の二一日に、チンギス・ハーンが自分の九九頭の雌馬を縛って、白いサチュリを行ったことにより、春のその白い畜

群の祭をその日に行う。

夏の真ん中の馬の月（五月）一六日に、世界の支え、広大な大きな釜を置いて、その九九頭の白い雌の初乳、〔家畜の〕子を出したことにより、夏の祭はその日に行う。

秋の最後の犬の月（九月）の一二日に子馬の脛の留め具を折り畳んだことにより、はづな、口籠の祭はその日に行う。

冬の中の鼠の月（一一月）の初三日にチンギス・ハーンは鞭を作ったことにより、冬の紐を奉じる祭をその日に行う。（ibid, 87-88）

内蒙古のオルドスにあるチンギス・ハーン廟（エジェン・ホロー）を中心に各所でチンギス・ハーンやその一族に対する祭祀が行われてきたが、モンゴルの学者リンチンはその祭祀の資料を多く収集している。その一つでかなり古いものと思われる「大祭の由 Yeke quirm-un yosun」というものがあり、そこにはチンギス・ハーンに対する祭祀の次第が詳細に記されているが、この四季の祭祀を「四大祭 Dörben yeke qurim」と呼んでいる（Lintchen, 1959, 92-93）。現在でもエジェン・ホローでは毎月の祭りの他、正月、夏（五月一五日）、秋（八月一二日）、冬（一〇月三日）の大祭があるという（Sayinjirγal, Saraldai, 1983, 22-117）。これによって少なくとも一六世紀後半に行われていたチンギス・ハーン祭祀がほぼそのまま伝えられてきたことが分かるのである。

第四章 『アルタン・ハーン伝』

一、『アルタン・ハーン伝』の発見

一九五〇年代、中国、内蒙古自治区において積極的なモンゴル文献の収集が行われ、貴重な資料が大量にフフホトの研究機関にもたらされた。その結果、内蒙古社会科学院と内蒙古図書館は世界的にも有数のモンゴル語写本所蔵機関として知られるようになった。ここに紹介する、通称『アルタン・ハーン伝』もその頃に集められたもので、現在は内蒙古社会科学院に所蔵されている。同社会科学院の珠栄嘎によれば『アルタン・ハーン伝』は、一九五九年、内蒙古自治区の錫林郭爾盟の西烏珠沁旗の王府で発見されたという。原本は貝葉経タイプの写本で五四葉からなる。天下の孤本であり、現在のところ内蒙古社会科学院以外に写本は存在しない。『アルタン・ハーン伝』の存在を外部に初めて伝えたのは当時のモンゴル人民共和国の研究者であった。それは一九六四年にインドのニューデリーで開かれた第二六回国際東洋学者会議において、モンゴルの代表から伝えられたという。これはそれ以前にモンゴルの研究者がフフホトを訪問した際にこの年代記についての情報を得て、その際に少し写真を撮っていったことによる。その後モンゴルから三巻本の『モンゴル人民共和国通史』の第一巻が一九六六年に刊行されたが（Нацагдорж, 1966）、その引用文献に『アルタン・ハーン伝』は **Алтан хааны төрөл үеийг ухуулагч эрдэнэ тунамал нэрт шастир**（『アルタン・ハーンの一族、時代を説明する者、宝石の透明な、という名の伝』）という書名で示されている。

中国からこの『アルタン・ハーン伝』についての情報が発せられたのは、一九七九年に刊行された八省区蒙古語文工作協会小組辦公室編『全国蒙古文古旧図書資料聯合目録』においてで、「Altan qaγan-u erdeni-yin toli neretü quriyangγui čadig（阿拉坦汗伝）」という表題で記されている（三一〇頁）。

その内容について最も早く紹介したのは内蒙古社会科学院の留金鎖であるが（Liu Jin-suo, 1979）、一九八四年に同じ内蒙古社会科学院の珠栄嘎がその全文のテキストを写真版と活字版で公刊したことによりその全体が明らかになった（Jürüngγ-a, 1984）。一九八七年、筆者はそのテキストをローマ字転写し、さらに日本語訳と注釈をつけて公表した（森川哲雄、一九八七）。珠栄嘎も一九九一年にその修正した活字テキストと漢訳、注釈を付して『阿拉坦

アルタン・ハーン伝

汗伝』を公刊した（珠栄嘎、一九九一）。さらに一九九八年には吉田順一編『アルタン＝ハーン伝』が公刊されたが、テキストのローマ字転写、日本語訳、注釈とともに、原写本の鮮明な写真版も付された（吉田順一、一九九八）。『アルタン・ハーン伝』に対する関心はヨーロッパのモンゴル学者にも広がり、二〇〇一年にはコルマル＝パウレンツによりドイツ語訳注が（Kollmar-Paulenz, 2001）、また二〇〇三年にはエルヴァールスコク により英語訳注が公刊された（Elverskog, J., 2003）。またこの間、中国のダルマバザルによる研究（Darmabazar, 2002）、台湾の黄麗生による研究（黄麗生、一九九七）なども出されている。

『アルタン・ハーン伝』は他の年代記と異なり、全体が三九〇余りの韻を踏んだ四行詩からなっている（節の区切り方には諸説あるが、本書では珠栄嘎（一九九一）に従う）。日本の俳句や和歌は五－七－五、あるいは五－七－五－七－七のように決まった音の数で韻を踏むが、モンゴルの詩の場合は頭韻を踏み、かつ偶数行（多くの場合四行）の組み合わせからなる。例えば同伝の冒頭部分には次のように記されている。

m̲ingγan gerel-ün čoγ-iyar badaraγči üjesküleng bey-e-tü
m̲aγad esru-a-yin egesig-iyer nom-i daγurisqaγči jarliγ-tu
m̲asi tonilqu-yin činar-tu amurliγsan gün narin sedkil-tü
m̲anglai ilaγuγsan ündüsün blam-a-nar-tur jalbarimui. yeke ačitu
千日光と共に広がる麗しき身を持ち、
確かなる梵天の楽音により仏法を讃える者のお言葉を持ち、
大いに解脱する性質を持ち、平静なる深き繊細な心を持ち、
最勝者根源であるラマたちに合掌。大いなる利益ある、
d̲eger-e tngri-yin jaγaγ-a-bar törögsen
d̲egedü törö yosun-i tuluγuračа bayiγuluγsan
d̲elekei yirtinčü dakin-i erke-dür-iyen oroγuluγsan
t̲emüjin suu-tu činggis qaγan kemen aldarsiγsan
上天の命により生まれ、
尊き政治、道理を初めからうち立て、
世界をその力に従えて、

テムジン・ソト・チンギス・ハーンと有名なり、
ṯabun öngge ulus-i erke-dür-iyen oroyulju
ṯangsuy-a yirtinčü-yin törö yosun-i töbsidkejü
ḏegedü saskiy-a-yin küngga sningbo lam-a-yi jalaju
ṯerigün burqan-u šasin-i delgeregülügsen ajiyu.
五色国をその力に従えて、
見事に世界の政治、道理を平穏にして、
尊きサキャ・クンガ・ニンボを勧請して、
最初の仏の教えを広めたのであった。（第一節―第三節）
このように行の冒頭の語の最初の音が四行、あるいは二行ずつ同じになっている。『アルタン・ハーン伝』はほとんどすべての文が、こうした詩からなっていて、普通の文章というのは無い。この点が『アルタン・ハーン伝』の最大の特徴である。

二、『アルタン・ハーン伝』の編纂年代と編者について

『アルタン・ハーン伝』の編纂年代と編者とは密接に関係があるのでこれを併せて考察してみよう。同伝には編纂年代についても編者についても記述はない。しかし同伝の末尾に以下の

ような興味ある記述が見られる。
根源の尊きラマたちに合掌せん。
至聖アルタン・ハーンの名声を少し聞いて、
ウラン・タンガリク・ダユン・キヤの編纂したものから編纂して、
さらにまたすべてに知られるようにと考えて書いた、私は。
天のごとき聖アルタン・ハーンの善行の伝を、
完全にすべて書くことは困難であるけれども、
弟たち、子供たち、黄金の一族が見て精進するがよいと、
あれこれ聞いたことを冊子になし完成した、私は。（三九一―三九二節）

ここには『アルタン・ハーン伝』を編纂した目的と、編纂した「私 bi」が一人称で記されている。これによれば著者である「私」は、ダユン・キヤ Dayun kiy-a の書いたものを参照して『アルタン・ハーン伝』を編纂したという。ダユン・キヤという人物は『アルタン・ハーン伝』にしばしば登場する人物で、アルタン・ハーンの側近の一人である。ダユン・キヤ自身が編纂したものが何であるかは不明である。ここに言う「私」についても具体的な名が記されず、明らかでない。

『アルタン・ハーン伝』に記されている最も新しい年代は丁未年、すなわち一六〇七年である。

それは『カンジュル』のモンゴル語への翻訳が完成した年とされる。
その後ナムダイ・セチェン・ハーン、ジョンゲン・ハトン、ホンタイジ三人は、
尊きボグダ・ハーンの政治を仏法の通りに行わせて、
等しく仏陀の説いた一〇八〔巻の〕カンジュル書をモンゴルの言葉で、
その時シレゲトゥ・グシ・チョルジ、アユシ・アナンダ・マンジュシリ・グシ等と、
驚嘆すべき〔右翼〕三万戸の訳者、賢者等により、
壬寅（一六〇二）年より丁未（一六〇七）年に至るまで、
すべての書物をすべて完全に訳させて、
驚嘆すべき妥当な冊子に為しおいたのである。（第三八〇節）

「仏陀の説いた一〇八〔巻の〕カンジュル書をモンゴルの言葉で」「訳した」というのはチベット語大蔵経、『カンジュル（カンギュル）』をモンゴル語に翻訳したということである。これがいつモンゴル語に翻訳されたかについて議論のあることは前章で触れた。要は、『アルタン・ハーン伝』では『カンジュル』のモンゴル語訳が一六〇七年に完成したこと、そしてこれが同伝の記す最も遅い紀年であるということである。このことから多くの研究者は『アルタン・ハーン伝』がこの年に編纂された、と見なしている。

しかしながら『アルタン・ハーン伝』にはその年に編纂したとは記されておらず、またそこ

に記されている最後の紀年が、その編纂年であるということは必ずしも言えない。ここで一つ問題にしたいのはこの年代記が何を目的として編纂されたかということである。その目的について編者である「私」がアルタン・ハーンの「善行の伝」を記し、その子孫や一族がそれを見習って精進することであると述べていることはすでに紹介した。ただこの点に関してもう一つ注目されるのが本文の最末尾の記述である。

転輪王アルタン・ハーンの孫、
比類無き信仰を大いに持つオンボ・ホンタイジは、
チャガン・ダラ菩薩が勧請してきた尊者阿閦《あしゅく》に似せて、
限りなき種々の宝石で作らせて、
宝石のごとき尊者釈迦牟尼の東側にある、
梵天転輪王アルタン・ハーンの子ブダシリ・ホンタイジである自分の父が、
尊き三界の善逝者の像を建てた寺に、
種々の能力持つ工匠らにより尊者阿閦の像を立てて、
第二の区別無き召寺の前（南）に廟を建てて、
すべてに成就した種々の供物により祀って、
正月の初八日より二〇日に至るまで祝福の波羅密陀を、

幸いある僧達の聚会により讃えて、
ゲゲン・ハーンがどれほどの后を娶ったか、
どれほどの息子、娘を生んだか、
常に大いに障害無く政治、法をうち立てたことを、
大いなる国の分裂した政権を統合したことを、
それら多数の行いからあれこれ聞くことによって集めて書いたのである。（第三八一―第三八四節）

ここに記されるブダシリ・ホンタイジとはアルタンと三娘子、すなわちジョンゲン・ハトンから生まれた子で、さらにオンボ・ホンタイジはその子にあたる。この文章をどう解釈するかが問題である。詳しい経過を述べるわけにはいかないが、淵源は一六世紀半ばに遡る。当時アルタンは明に対して交易を求めていたが、明はこれを拒否し続けた。この結果アルタンは明北辺に侵入略奪を繰り返し、このため明が受ける損害は甚大なものがあった。特に一五五〇年秋、アルタンは明の首都北京にまで侵入し、これを包囲、交易を要求した。この事件は庚戌の年に起きたことから「庚戌の変」と呼ばれる。この圧力に屈して明は一時的に「馬市」を開いてアルタンとの交易を認めたが、この時はすぐに閉じてしまった。これから約二〇年明は毎年のようにアルタンの侵略を受けた。明にとってもう一つの問題は多くの白蓮教徒が迫害を逃れてア

ルタンのもとに走り、一方で農耕を行うと共に、アルタンの明侵略を手助けしていたことである。ところが一五七〇年に事態が急展開する。アルタンの愛孫ダイチン・エジェイが大同に走り明に降ったのである。この事件のきっかけとなったのはアルタンが、オルドスという人物が娶ろうとしていた女性が美人であったのでこれを奪って自分の妃（三娘子）としたことである。これに対し、オルドスが怒り、アルタンを攻めようとしたが、アルタンは代わりにダイチン・エジェイが娶ろうとしていた女性をオルドスに与えた。ダイチンはこれを怒って明に降ったという。このダイチン・エジェイの引き渡し交渉の結果、両者は和議を結ぶこととなり、明はアルタンに朝貢と定期的な交易（馬市）を認め、また順義王の称号を贈ったが、アルタンは代わりに明に対する侵略をやめ、白蓮教徒の指導者を明に引き渡すことを約束した。

アルタンは戻ってきたダイチン・エジェイにバイシン（板升）の所有権を与えた。バイシンとは当時フフホトを中心にして作られた城壁で囲まれた耕地ならびにそこで耕作する農民を意味する。しかし様々な経緯を経てその所有権は三娘子（ジョンゲン・ハトン）の手に帰す。アルタンは一五八二年に亡くなり、第二代順義王にはその長子センゲが継承した。しかし北アジアの遊牧社会の習慣で、男子は父の妻で直接自分の母でない女性と結婚すること、またその妻（后）が夫（ハーン）の財産を管理することが一般的であった。順義王となったセンゲは経済力を握る三娘子と結婚したが、この結婚は三娘子の望むところではなかった。三娘子はその後センゲの子で第三代順義王となったナムダイ・セチェン・ハーン（チュルケ）と三回目の結婚をする。そのナムダイ・チュルケ・ハーンが一六〇七年に亡くなると、第四代の順義王の継承について三娘子はブダシリの子で、彼女の孫にあたるオンボ・ホンタイジを強く推したのである。他方そのライバルはナムダイの子、ボショクトであり、両者は争うこととなる。ボショクトにとっても第四代順義王の継承のためには、すでに老いていたが経済力を握る三娘子との婚姻は必要であった。この争いの調停を行ったのは明の役人で、双方を説得し三娘子とボショクトの婚姻にこぎつけた。万暦三九（一六一一）年五月一一日のことである。ボショクトが第四代順義王を継承したのは万暦四一（一六一三）年六月九日であったが、ナムダイの死後すでに六年の年月が経過していた。またこの間順義王の継承をめぐって争った三娘子はそれ以前の万暦四〇年六月二日に亡くなっている。こうした一七世紀初めにおけるトゥメト王家内の順義王の継承をめぐる争いが、この『アルタン・ハーン伝』の編纂と関係があったとみたい。すなわち先に紹介した同伝本文末尾の文章は、順義王の継承をめぐる争いの中で、三娘子と孫のオンボ・ホンタイジ側からの、アルタン・ハーンの正当な継承者ということの主張であると考える。とすれば『アルタン・ハーン伝』は第三代順義王ナムダイの死んだ一六〇七年から三娘子がボショクトと結婚した一六一一年までの間に編纂された可能性が強いこと、また編者はオンボ・ホンタイジに近い人物であると推定される。ただしその具体的な名前は分からない。

三、『アルタン・ハーン伝』の表題について

『アルタン・ハーン伝』の本来の表題について種々の議論がある。現存する『アルタン・ハーン伝』の唯一の写本の表紙には Erdeni tunumal neretü sudur orosiba（『宝石の透明なという名の経典』）と記されている。しかしながらこれは後の書写者が自分の判断で付けた表題のようで、本来の表題ではない。モンゴル年代記にはしばしば書写者が自分で考えた表題を付すことがあり、この点は先に『チャガン・テウケ』について紹介したときに述べた。

『アルタン・ハーン伝』の表題と思われる記述はこの他に二カ所ある。すなわち、本文の最後、奥書の前に記されている、

（一）Čakravarti Altan qaγan-u töröl-i uqaγulqui erdeni toli neretü quriyangγui čadig tegüsbe（転輪王アルタン・ハーンの一生を理解させる宝石の鏡と名付けた簡略な伝は終わった）

と奥書の最後に記されている、

（二）Čakravarti Altan qaγan-u tuγuji（転輪王アルタン・ハーンの伝記）

である。この点について（一）よりも、（二）を支持する方が多いようである。確かに本文の末尾に年代記の表題が記される例は一般的である。しかし年代記の表題は「～は終った」という表現で示されていることも多い。例えば前章で紹介した『チャガン・テウケ』は「古の聖なる善者がうち立てた四つの大いなる政治の Arban buyan-tu nom-un Čaγan teüke（一〇の功徳

ある仏法の白い歴史）という名の経は終わった」（Liu Jin-suo, 1981, 100）とか、後節で紹介する著者不明の『アルタン・トプチ』も「モンゴルのハン等の行いを奉じた Qad-un ündsün-ü quiryangyui Altan tobči（ハン等の根源の簡略なるアルタン・トプチ）という名の史書は終わった。」というように記している。これらからすれば、本来の表題は（一）の方であると見るべきである。

四、『アルタン・ハーン伝』の内容

a、ダヤン・ハーンまで

『アルタン・ハーン伝』は後章で紹介する年代記とはかなり記述内容と形式を異にしている。一般的にモンゴル年代記は次のような構成をしている。すなわち（一）インドの王統、（二）チベットの王統、（三）モンゴルの始祖からチンギス・ハーンまでのモンゴルの王統、（四）チンギス・ハーンの事績、（五）チンギス・ハーンから元末までの王統、ハーンの事績、（六）チベット仏教のモンゴル導入、（七）明代モンゴルのハーンの系譜、事績、モンゴル仏教史、（八）一七―一八世紀のチンギス・ハーン家の系譜、等である。しかしながら『アルタン・ハーン伝』はこのような構成をとらない。すなわち（一）、（二）、（三）のインドからチベット、そしてモンゴルの始祖からチンギス・ハーンまでの王統や、その王等の事績については全く記していない。さらにチンギス・ハーン、オゲデイ・ハーン、フビライ・ハーンの事績は仏教の振興に貢献したことについて簡単に触れるだけで、見るべき記述はほとんど無い。その後の元朝皇帝についても同様で、最後にトガン・テムル（ウハガト・ハーン、順帝）の時に、上天の命によってフビライが建てた黄金の宮殿その他を失ったことを短く記している。

その後の時代についても、トゴン・テムルからボルホ・ジノンまでの王統については一切記していない。この間の時代について「それより以来、何人かのハンの御世が経過する間に、苦しんで世の政治、仏の教えが定まらなくて、ハンと庶民は疑い、善悪を互いに区別しないで暮らす時に、その時にボルジギンの黄金の一族が衰えた」と評している。ここまでの記述はある意味で前文のようなものである。その後にボルホ・ジノンからバト・モンケ（ダヤン・ハーン）が生まれたことが記されるが、『アルタン・ハーン伝』の言うなれば本文はここから始まる。

b、ダヤン・ハーンについて

明代モンゴルの中興の祖ともいわれるダヤン・ハーンの紀年については史料上の混乱があり、未だに不明な点が多い。すなわちダヤン・ハーンはいつ生まれ、どのような活動をし、いつ亡くなったのかについて、多くの議論がなされてきた。これらについて『アルタン・ハーン伝』は従来の史料にはない重要な情報を与えている。例えばダヤン・ハーンの死亡年についてである。これについて『アルタン・ハーン伝』は次のように記している。

アルタン（右）とその妃（Позднеев ,1895）

> 征討した国をその力に従えて、
> 太平なる大いなる政権を支配して暮らすうちに、
> 丁丑（一五一七）年にその四四歳の時に、
> ダユン・ハーン Dayun qayan は無常の道理によりお亡くなりになった。（第三二節）

ダヤン（ダユン）・ハーンが在位三八年、四四歳で死亡したということは『アルタン・トブチ』などで知られていた。しかし死亡した年について丁丑（一五一七）年であるという記述は他のどの史料にも見られないものであった。この点について『蒙古源流』は七四年在位、その八〇歳の癸卯（一五四三）年に亡くなったと記しているが、それが事実ではないことについては早くから指摘されている。ここではその議論は省略するが、現在ではその生没年について『アルタン・ハーン伝』から導き出される一四七四年生まれ、一五一七年死亡という見解を支持する研究者が多くなっている。

c、アルタンの生誕とその活動

『アルタン・ハーン伝』の主要なテーマはアルタン・ハーンの事績であり、極めて詳細で、豊富な記述が見られる。まずアルタンの誕生について次のように述べる。

二聚を集めた功徳の力により、
すべての敵を抑えて自分の従者となす者、
完全に衆生を二つの種により治めさせた者、
化身アルタン・ハーンの生まれた事情を語ろう、私は。
菩薩アルタン・ハーンは火の幸いある雌の兎の年（丁卯、一五〇七／一五〇八）年の、
一二月三〇日、丑の日に、
ボドン・ハトンから男子と女子の双子が生まれた時、
すべての大いなる国たみは喜んで、誕生の宴を行い、
種々の喜ばしい宴により互いに楽しんで、
父母等みんなで喜んで、
平穏なる政道を奉じるがよい、と祝福して、
宝石のごときアルタン、モングンと姉と弟に名付けたのはそのようであった。（第二三一—第二五節）

ここにアルタン（金の意味）が姉モングン（Möngün 銀の意味）と双子で生まれたと記されるが、これについては他の史料には全く見られないものである。アルタンは兄メルゲン・ハラ・ジノンの生存中は彼と行動を共にすることが多かったが、一五二四年から一五三八年まで行われたモンゴル左翼三万戸の一つウリヤンハン万戸に対する遠征活動もそうであった。一五三八年の最終的なウリヤンハン遠征の結果、その首領であるトロイ・ノヤン、ゲレバラト・チンサン、エルトゥネイらが降伏し、ウリヤンハン万戸は解体するに至った。この勝利を祝してオルドスにある八白室の前で儀式が行われ、当時の大ハーンであったボディ・アラクにゴデン・ハーンの称号が、兄メルゲン・ハラにメルゲン・ジノン、アルタンにソト sutu（英明なる、の意）の称号がそれぞれ与えられた。

この間アルタンは兄メルゲン・ジノンと共に明に対する遠征を行い、一五三二年には大同、一五三六年には銀川、一五三七年には平虜城、さらに一五四一年には長城を越え中国内部に侵入し、多くの戦利品を獲得した。これら一連の遠征活動を『アルタン・ハーン伝』はアルタン等の誇り高い活動として記している。こうした表現は、「略奪」を受けた明側の記録とは一八〇度異なることはいうまでもない。

一五四二年、兄メルゲン・ジノンが三七歳で死去すると、アルタンはダヤン・ハーンの直系でチャハル部の大ハーンをも凌ぐ最大の実力者となる。その頃アルタンは西方遠征を行い、青海―甘粛地方にあったシラウイグルを降した。『アルタン・ハーン伝』はこのアルタンの功績をモンゴル全体が賞賛し、オルドスの八白室の前で、当時の大ハーンであったボディ・アラク・ハーンがアルタンにトゥシェトゥ・セチェン・ハーンの称号を与えたと記している。従来『蒙古源流』の記述によってアルタンにハン号を与えたのは次のダライスン・ハーンであると考えられていたが、これにより我々は全く異なった事実を知ったのである。

明代の中国は白蓮教徒の活動が活発な時代であったが、同時に彼らは明政権による厳しい弾圧を受けることとなった。これら弾圧を受けた白蓮教徒が一六世紀以降、多数長城を越えてアルタンのもとに降り、その手足となって活動したことが知られている。このことについてモンゴル側の史料で記しているのは『アルタン・ハーン伝』だけである。そこには次のように記されている。

戻って下馬したのち、すぐに辛亥（一五五一）年に、
異国の中国の白蓮教徒であるラバ（丘富）、イバン（趙全）、ビチゲチ（李自馨）は、
ハーンであるエジェン（アルタン）の名声を聞いて、またサチャスラフ・ドンバン、
黒き中国のリノケチ・タタルガらの官人らが降ってきた。
〔彼らが〕「昔失ったあなたの大いなる政権を取って、
尊き大ハーンであるあなたの臣下にしてください。」と言った時、

宝のごとき菩薩、アルタン・ハーンはまた〔明に〕出馬して破壊して、限りなき戦利品を多く取ったのである。（第七六―第七七節）

このアルタンのもとに走った白蓮教徒たちはバイシン（板升）で耕作を行っており、「穀物、多くの種、果物を植えさせ、美味なる食物をモンゴルの地に植えた」のである。しかし白蓮教徒の有力者はアルタンの明侵略に荷担したことから明から大きな恨みを買い、のちアルタンと明が和解する時にアルタンから明に引き渡されることとなる。

d、アルタン・ハーンと明との和解

アルタンの明北辺への侵略は数十年に及ぶものであったが、一五七〇年秋に起きたアルタンの孫、ダイチン・エジェイが明に降った事件を契機にアルタンと明が和議を結ぶことになる。この事件についてはすでに紹介したのでくり返さないが、明はダイチン・エジェイの引き渡しを認める代わりに明への侵略をやめることを約束させた。翌年明はアルタンに順義王の称号を与え、明皇帝の臣下であることを認めさせ、また見返りとして彼が求めていた明との交易を許した。明の史料は、この事件はあくまで明側が主導権を持ち、アルタンを服従させたという表現をしている。

しかしながら『アルタン・ハーン伝』の見解は全く逆である。この事件について『アルタン・ハーン伝』の記述を紹介してみよう。一五七〇年、ダイチン・エジェイらが大同付近の平虜城で明に降った後、アルタンは大軍を率いてこの城を包囲し、ダイチン・エジェイを取り戻そうとした。これに対し明はアルタンに講和を求め、ダイチン・エジェイを戻す代わりに互いに和睦し、両国の政治を和合し、代わりに称号、恩賞を与えるという提案をした。しかしアルタンは側近達と相談し、「詭計の多い中国をどうして信用できようか。」と、明に使節を派遣してその真偽を確かめると共に、アルタンの長子、センゲに出陣させて明王室のウラーン・ゲル（赤い家の意味。何を示すかについては不詳）を焼いたという。明の官人たちは恐れて、ダイチン・エジェイは無事であること、アルタンに称号を与え、交易を認め、中国とモンゴルとの和平を行うことを約束しウラーン・ゲルを焼くことをやめるように求めた。これに対しアルタンは使節を送りダイチン・エジェイが無事に暮らしていることを確かめさせたが、その使節は明の役人に対して次のように言ったという。


　総じて八〇万戸中国（Nayan tümen Kitad）は〔数が〕多いと驕るな。

大いなる和平も時輪のように廻るという保証はない。

変わることのない和平が定まれば外も内も喜ぶであろう。

大ハーンのお言葉により息子（ダイチン・エジェイ）を出すならば安寧であるぞ。

〔さもなくば〕四〇万戸モンゴルは各自催促して出馬して、
お前たちの四角の町、城を粉砕して、

お前たちの政治を〔奪い〕取って昔のようにしよう。
それ故にダイチン・エジェイを出せ。太平の大いなる和平を結ぼう。（第一一〇—第一一一節）

この言い方からみると、ダイチン・エジェイの身柄を明に拘束されながらも、アルタンの側は極めて強気である。こうしたアルタンの強硬な姿勢が通り、明はダイチン・エジェイをアルタンのもとに返し、和平を結ぶことにしたという。辛未（一五七一）年四月、明はアルタンに順義王の称号を贈り、その他の有力者にも将軍などの称号や多くの財宝を与えたが、これについても「ハーンを始め〔右翼〕三万戸の官人たちは〔明に〕思ったことを何でも述べた時、驚嘆するような称号、宝物を数えられないほど多くの種類を、満足するまで気に入るように、どんな望んだ物を、年月断つことなく、〔明は〕出して与えた。」と記している。すなわち『アルタン・ハーン伝』はアルタンと明との和平は、ダイチン・エジェイが明に降付したことをきっかけとしたことは認めるものの、アルタンのイニシアティブのもとに結ばれたのだと主張するのである。

e、アルタン・ハーンとダライ・ラマ三世

アルタンの晩年の活動において最も重要なのはダライ・ラマ三世との邂逅とチベット仏教への帰依である。このことについては多くの史料が語っていることであり、大体のことは分かっているが、『アルタン・ハーン伝』はより詳細に記している。アルタンがチベット仏教に帰依するようになった経緯について、『蒙古源流』はオルドスのホトクタイ・セチェン・ホンタイジが重要な役割をしたと記している。しかしながら『アルタン・ハーン伝』にはこのことに関してホトクタイ・セチェン・ホンタイジはほとんど登場しない。すなわち同伝によれば一五五八年、アルタンはシラウイグル遠征の際にチベットの商人と戦って降伏させたが、その時千人のラマの命を救ったという。しかしその後しばらく仏教との接触は無かったが、アルタンは元の時代に「パクパ・ラマとフビライが作り上げた比類無き仏法の教えと政治について考え、日々それを忘れず、夜も眠らず、その心に〔仏法を〕望んで暮らしていた。」とする。一五七一年、チベットからアシン・ラマがやって来て、アルタンに仏法について説いたが、まず三宝、六種字、八支戒について説明している。同伝は、翌年以降のこととして、再びアシン・ラマがアルタンに説法したことを伝える。すなわち、かつてインドで作成された一二歳のシャカムニ像が天に五〇〇年、インドの金剛座に五〇〇年、中国に五〇〇年ずつ鎮座して御利益を与えた後、現在チベットのラサにそれがあること、ラサのガンダン寺にいる観世音菩薩の化身、ダライ・ラマ（ソエナム・ギャムツォ）がアルタンと会見し、東方に仏法を広めたいという意思を持っていること、仏達、ダライ・ラマら僧侶達を援護し、カンジュル、タンジュルなどの経典をチベットからもたらせば、フビライのように有名になって、西方浄土に生まれ変わる、と述べた。アルタンはこのアシン・ラマの話を受け入れ、ダライ・ラマとの会見を希望したという。

アルタンはダライ・ラマを招くために使節をしばしば派遣し、また青海地方のチャプチャルに寺（明はこれに仰華寺という名を与えた）を建てている。両者の邂逅は一五七八年旧暦五月一五日にそこで実現した。これについては『ダライ・ラマ三世伝』や『蒙古源流』にも詳細に記されている。その経過については『ダライ・ラマ三世伝』が最も詳細に記しているというが、『アルタン・ハーン伝』ともども相補うものがある。同伝はチャプチャル寺でダライ・ラマとアルタンが邂逅した時、ダライ・ラマはアルタンに次のように述べた。

尊き三宝らの加護により、
比類無き仏の教えを広めるために、
恐れることもなく、疲れることもなく、
等しく安寧に互いに会った、我らは。（第二〇九節）

このダライ・ラマのお言葉を記した後、『アルタン・ハーン伝』の編者はこの両者の出会いを感動を込めて記している。

施主と帰依処が互いに邂逅したぞ。
常にお互いに心の望みが合致したぞ。

さらに大いに喜びある法会により互いに楽しみあったぞ。
見たり聞いたりした衆生は共に喜び合い、互いに驚きあったぞ。（第二一〇節）

この時様々な儀式が行われ、またダライ・ラマはアルタンを始めモンゴルの貴族達、従者達に説法を行った。そのお礼にアルタンはダライ・ラマに金百両で作ったマンダラ、銀千両で作った釜、玉、水晶などの宝石、金銀、衣服や金の鞍と馬勒を付けた駿馬を奉じた。そしてトゥメト出身の一〇八人を僧侶にし、モンゴル全土が仏法に帰依したとしている。またそれまで信奉していたシャーマニズムを放棄することを約束した。この両者の邂逅のときに多くの称号が与えられているが、ここではアルタンがダライ・ラマに「持金剛、善き吉祥の、功徳ある海Včir-a dar-a sayin čoy-tu buyan-tu dalai」の称号を奉じ、ダライ・ラマがアルタンに「あまねき梵天、大いなる力持つ転輪法王Qotala ersun yeke küčün-tü Čakravarti nom-un qaγan」の称号を賜ったことだけを紹介しておく（第二二五節）。なおいわゆるダライ・ラマの称号はこの時以来称えられるようになったと言われる。このときのゲールグ派の管長であったソエナム・ギャムツォは三代目であったので、一般にダライ・ラマ三世と呼ぶ。ダライ・ラマ三世はアルタンとの別れの際に、自らは四川の理塘（Nilom tala）に行き寺廟の建設をすること、アルタンはモンゴルの地に戻り仏法を広めること、そして自分の代わりにマンジュシリ・ホトクトを派遣することを述べている。両者は生きては二度と会うことはなく、ダライ・ラマ三世がモンゴルの地に行ったのはアルタンの死後のことであった。

f、アルタン・ハーンの死

『アルタン・ハーン伝』はそのあとアルタンの死について述べる。アルタンの身体に変調を来したのは一五八〇年のことであったという。このとき仏法をよく理解していなかった大臣、官人たちはすでに放棄したシャーマニズムを再び信奉したが、マンジュシリ・ホトクトは「三宝、ラマ、本尊、護法神」に祈り、急いで善い行い（治療行為か）を行ったところアルタンは回復し、大臣等は再び仏法を信仰した。しかし失望したマンジュシリ・ホトクトはアルタンに対してモンゴルの人々は仏法に対する信仰心が薄いと不満を述べ、チベットに戻りたいと訴えた。これに対しアルタンはマンジュシリ・ホトクトを引き止め、仏法を理解しなかった者を罰し、さらに多くの宝石でシャカムニ仏を建立した。マンジュシリ・ホトクトはモンゴルの地に留まることを決意し、これによって「大いなる国たみ（モンゴルの人々）は偽りの道理無き信仰を得て、（中略）完全勝者である仏の教えに真実帰依した。」という。（第二七〇節）

しかしアルタンは間もなく死を迎える。そのとき異常な現象が起きたという。

天地の前兆、時が変わって、
天の明るい光ある太陽と月が羅喉に翼を取られて、
天の龍が叫ぶ時でないのに叫んで、

大地は六種により揺れ動いて、
〔いつもは〕見られぬ帚星、彗星が現れて、
風も雨も、時節よく、程よくは降らず乾いて、
激しい災害となって星翼は落ちて、
種々の悪い兆しの夢、徴が多くなって、
すべての大いなる国たみの心は安まらないうちに辛巳年に
黄河のところで一二月一九日の寅の日に、
ハンであるエジェンはその七五歳の時、酉の刻に、
驚嘆すべき仏の座に座して天界にお出ましになった（お亡くなりになった）。（第二七三―第二七五節）

アルタンの死に妃や子供たちが悲しんだことに対してマンジュシリ・ホトクトは彼らを慰め、すべての者は無常で亡くなるという本性があること、仏陀もフビライも世を去り無常の姿を示したこと、アルタンもそれを理解し三宝を信仰したこと、遺された者が仏の法と功徳を実行し、それにより政治、道理を実行すれば御利益がある、等と語った。この御言葉に気力を取り戻したアルタンの妃、子供たち、官人たちはアルタンに対する法会を行ったという。

g、アルタン・ハーンの後継者

アルタンが亡くなった後、壬午（一五八二）年にその長子センゲ・ドゥグレン・ホンタイジがオルドスの八白室の前でハーンの位に就いた。彼は明から第二代順義王に封じられている。センゲが即位後行った最初の事業はダライ・ラマ三世のモンゴリア招請であったが、これについては『アルタン・ハーン伝』も『蒙古源流』も詳しく記している。ただしその記述内容は同じではない。『アルタン・ハーン伝』ではこのダライ・ラマ三世のモンゴリア招請に関わった人を具体的に記しているのが特徴である。センゲの命を受けてダライ・ラマ三世を迎えに行った使節は青海のクンブム寺で会っている。一五八五年、ダライ・ラマはモンゴルの地にやってきたが、途中オルドスを経由した。そこではオルドスの有力者、ホトクタイ・セチェン・ホンタイジとオルドス万戸長ボショクト・ジノンの招請を受け、彼らやオルドスの人々に祝福を与えたという。このあとダライ・ラマはチャガン・ハダ（白い岩の意味）という所でオルドスの人々に見送られ黄河を渡ってトゥメトに入った。この時ダライ・ラマをセンゲ、その妃ジョンゲン・ハトン、一二トゥメト万戸の人々が出迎え、フフホトまで同行したという。ダライ・ラマはフフホトで盛大な出迎えを受け、シャカムニ寺（大召）に宿をとった。

ダライ・ラマ三世がフフホトにやってきたその年の九月二九日に、彼を招いたセンゲ・ハーンは六五歳で死去した。彼の後を継いでその子ナムダイ・セチェン・ホンタイジがハーンの位を継承したという。このことは『アルタン・ハーン伝』のみが記している。同伝はナムダイのハーン即位の翌年の一五八七年になってダライ・ラマはナムダイ等にたいして、アルタンを荼毘に付さずに埋葬したことを批判し、改めて荼毘に付させたとしている。他方『蒙古源流』はトゥメトにやって来た直後にそのことを指摘した、と記しているが、話の前後関係からは『蒙古源流』の方が筋が通っている。それはともかく、アルタンの遺骸を荼毘に付した時、

空の色は汚れなく澄み、明るくなって、
五色の虹が立って花の雨が降った。

素晴らしい驚嘆するほどの前兆がすべての者に見られた。

五善逝の種字が出た。

等しくすべての大いなる国たみは一層大いに讃え、互いに驚きあった。（第三二八—第三二九節）

という。

ダライ・ラマ三世は内蒙古滞在中の一五八八年にハラチンのジガスタイという地で亡くなった。その翌年の正月、ダライ・ラマ三世の転生者としてセンゲ・ハーンの第五子スムブル・セチェン・チュグクルとその妃ビグチュク・ビギジから生まれた子が認定された。これがダライ・ラマ四世で、彼がチベットに出発したのは一六〇二年のことである。

アルタンの死後から一七世紀初頭におけるモンゴルにおける仏教に関するユニークな記述は仏典のモンゴル語訳が多く行われたというものである。すなわち一五九二年から一六〇〇年まで足かけ九年をかけて、「すべての基である般若経を訳して冊子になし」、さらに一六〇二年から一六〇七年にかけてシレゲトゥ・グシ・チョルジ、アユシ・アナンダ・マンジュシリら右翼三万戸の翻訳者によって、一〇八巻からなるチベット語の『カンジュル（カンギュル）』をモンゴル語に翻訳したという。『カンジュル』のモンゴル語訳の問題についてはすでに紹介したが、この『アルタン・ハーン伝』の文章によってそれが一七世紀初頭に、フフホトにおいて翻訳されていたことが明確になったのである。

h、奥書

『アルタン・ハーン伝』は以下のような奥書で終わっている。

常に菩提道のマンダラを完全に聞いて、
特に聡明にして慈悲をかける千日光により明るくして、
勝者仏の教えを十方に広める者、
帰依処、聖なる太陽の如きラマたちに合掌しよう。
清浄な二衆の世界に大乗の種を、
清浄になった空と、慈悲を垂れる水で詰め込ませて、

平穏な三乗の白蓮華の花を開かせる者、
比類無き利益を成就する者、カルバラバス仏に叩頭しよう。
語って比較することの出来ない智慧の自性に、
常に生まれる障害無き空のように、
それぞれ悟る者、智慧の行に、
真の三界の勝者、般若波羅密陀であるあなたに叩頭しよう。
尊き聖なる勝者等の父マンジュシリ、
等しく慈悲を垂れる者の主となった饒王仏、
反逆者や罪〔をなす〕敵を制する者、執金剛、
それら三救世菩薩を讃え叩頭しよう。
先のすべての生まれ毎に、
優れた功徳と智の衆を集めた力により、
智慧の力の巨大なことを完全に悟って、
モンゴル国の主となり生まれ、
十方の敵たちをその力に入らせて、
有名なボグダ・セチェン・ハーン（フビライ）のうち立てた通りに、

比類無き政権、教えを基からうち立てた、
浄土にいる天の子、アルタン・ハーンの名声の故事を、
根源の尊いラマたちに合掌し、
至聖アルタン・ハーンの名声を少し聞いて、
ウラン・タンガリク・ダユン・キヤの編纂したものから編纂して、
さらにまた皆に知られるのがよいと考えて書いた、私は。
天のような聖《ボグダ》アルタン・ハーンの善行の伝を、
完全にすべて書くことは困難であるけれども、
弟たち、子供たち、黄金の一族が見て精進するがよい、と、
あれこれ聞いたことを完成し、冊子にした、私は。(第三八五―第三九二節)

『アルタン・ハーン伝』には、間もなくモンゴル民族の運命を決定づける清朝の陰は全く見られない。明との関係においてはモンゴル側に主導権があったように記している。もちろんこれはモンゴル語史料に一般に見られる傾向であるが、『アルタン・ハーン伝』では特に顕著である。編者の関心は基本的にアルタンとモンゴルにおけるチベット仏教の浸透にあった。『アルタン・ハーン伝』の記述は、恐らくアルタンと直接接触した人、あるいは同時代の人からの伝聞に依拠したものが多いと思われ、その意味でもその史料的価値は極めて高い。

第五章　著者不明『アルタン・トプチ』

一、著者不明『アルタン・トプチ』について

一七世紀になるとモンゴル人による歴史編纂事業が多く見られるようになった。一つの特徴は『アルタン・ハーン伝』のような、一人の傑出した人物の伝記を描くものではなく、通史としてのモンゴル年代記が多く記されるようになったことである。その嚆矢をなすものが著者の明らかでない『アルタン・トプチ』である。フルタイトルはMongγol-un qad-un ündüsün quriyangγui altan tobči（『モンゴルのハン等の根源、簡略な黄金の概要』）である。『アルタン・トプチ』と呼ばれる年代記にはこの他ロブサンダンジンによる『アルタン・トプチ』（ロ氏『アルタン・トプチ』）やメルゲン・ゲゲンの『アルタン・トプチ』があり、これらと区別するために、著者不明『アルタン・トプチ』と呼ばれる。著者に関して小林高四郎は、

何にせよ、恐らく十七世紀初葉の学識ある内蒙古の喇嘛であったことは、動かし難い推測であろう。［中略］瞥見したところ、語法の上に内蒙方言の痕迹を認めうるし、史実もそれが内蒙の某地で述作されたことが推測される。（小林高四郎、一九四一、九頁）

と述べているが、これ以上のことは不明である。

この『アルタン・トプチ』を初めて紹介したのはシベリアのザバイカリエ出身のブリヤート人ラマであり学者であったガルサン・ゴムボエフである。彼はカザン大学を卒業後、サンクトペテルブルク大学に招かれモンゴル学の研究を行った。彼は一八五八年に『アルタン・トプチ』のモンゴル文テキストを活字によって紹介すると共にそれにロシア語訳を付した（Гомбоев, 1858）。一般にこれを「ゴムボエフ本」と呼ぶ。彼が刊行したテキストのもとになった写本は冊子本で、ジャムツァラーノによれば、一九世紀の写本であり、明らかに北京からもたらされたものという。ただし「ゴムボエフ本」の評判は芳しいものではない。もとの写本には多くの誤記があった上に、ゴムボエフ自身も誤ったスペルや読み方をしているからである。そのいくつかについてはジャムツァラーノが紹介している。ウラディーミルツォフも「ガルサン・ゴムボエフの翻訳も亦決して正確でないことを指摘する必要がある。『アルタン・トプチ』の蒙古語原本も、学識あるラマ僧の非常な努力にも拘わらず、優秀な版とすることは出来ない。」と記している（ウラディーミルツォフ、一九四一、三七頁）。当時のロシアにはゴムボエフが利用したテキストとは別に、「カザン聖職者アカデミー」所蔵の写本があった。これはニコライ・ヴォスネセンスキーという人物によって北京からもたらされたもので、一八二七年五月二八日という日付があり、おそらくその時に入手したのであろう。冊子本であるが、ジャムツァラーノの評価では写本の質としてはこちらの方が良いという。

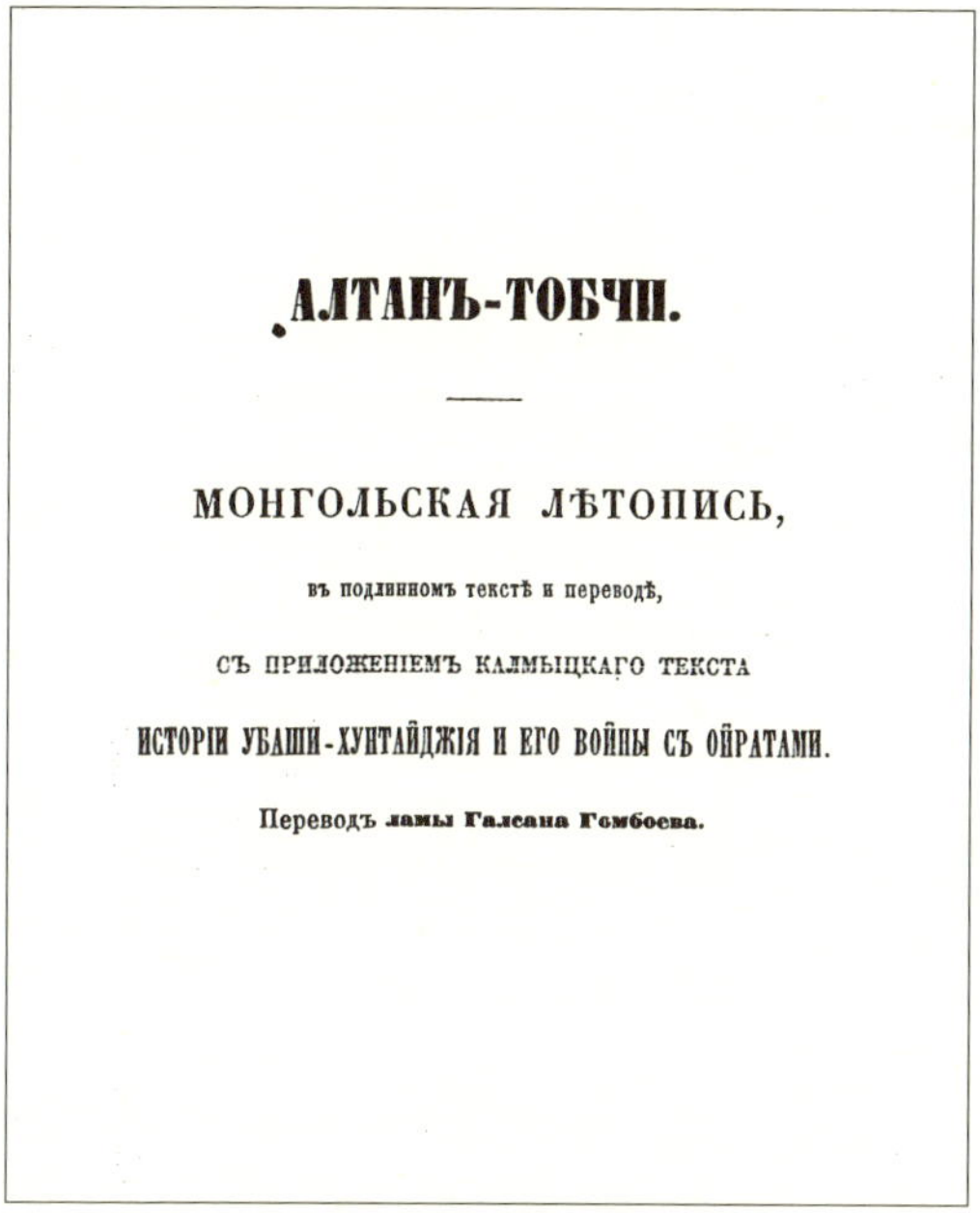

АЛТАНЪ-ТОБЧИ.

МОНГОЛЬСКАЯ ЛѢТОПИСЬ,

въ подлинномъ текстѣ и переводѣ,

съ приложеніемъ калмыцкаго текста

ИСТОРІИ УБАШИ-ХУНТАЙДЖІЯ И ЕГО ВОЙНЫ СЪ ОЙРАТАМИ.

Переводъ ламы Галсана Гомбоева.

『アルタン・トプチ』ゴムボエフ本

なおこのゴムボエフ本はポズドネーフの『蒙古文選』(Позднеев, 1900) にもその最初の部分が採録されている。

『アルタン・トプチ』のモンゴル語テキストはこれ以後長い間刊行されなかった。次にこれが出版されたのは一九二五年のことである。すなわち北京の蒙文書社（Mongɣol bičig-ün qoriy-a）から Čingɣis qaɣan-u čadiɣ（『チンギス・ハーンの伝記』）の表題で刊行された（北京版Ⅰ）。このテキストの刊行について郭冠連（一九九八）や喬吉（一九九四）が紹

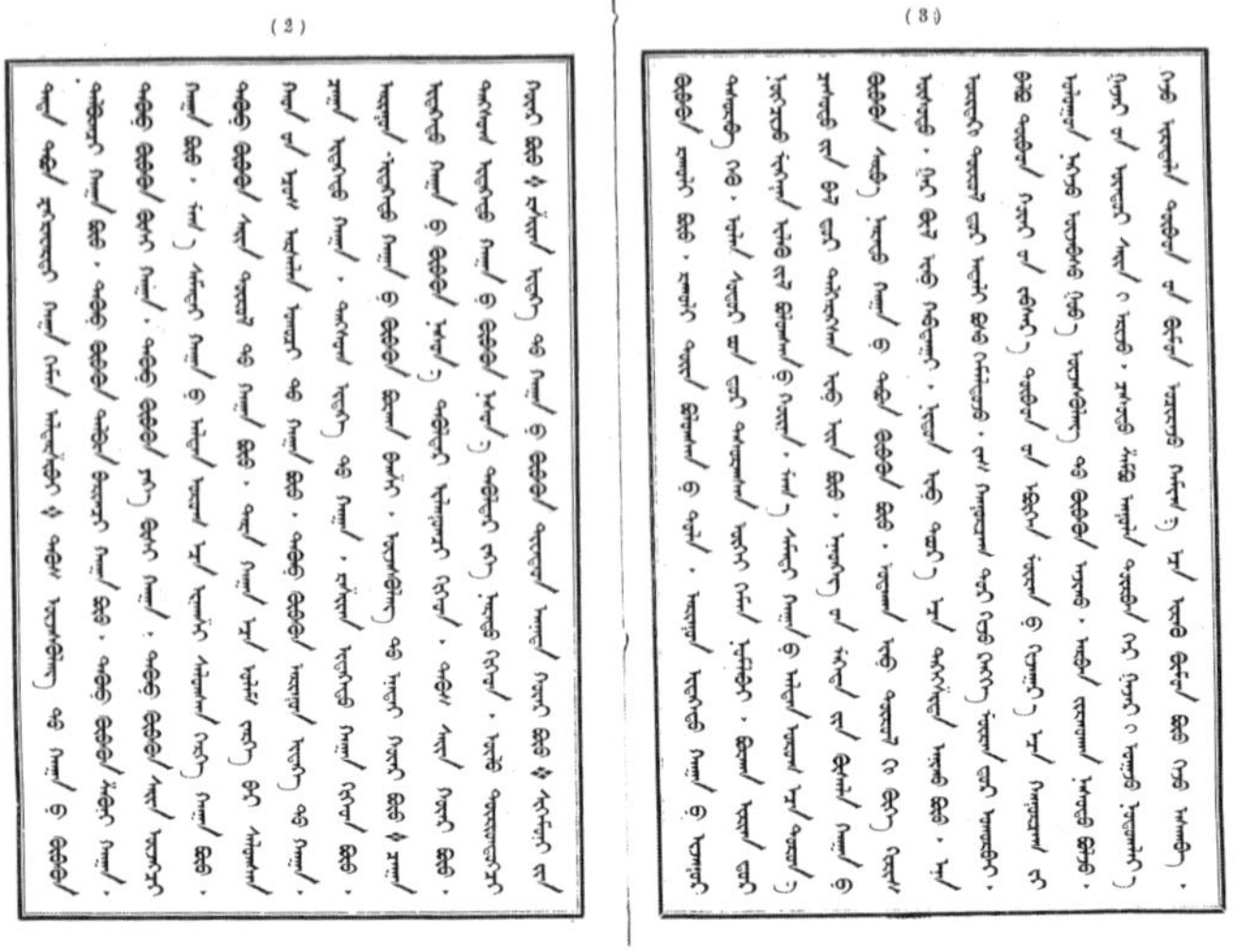

『アルタン・トプチ』北京版Ｉ

介しているが、両者の見解には少し異なるところがある。ただそれをまとめるとおおよそ次のようになる。この『アルタン・トプチ』の原本は内蒙古のハラチン王旗の王府にあったが、民国四（一九一五）年に同じハラチンのバヤン・ビリクトゥ（漢名汪国鈞）なる人物が協理塔布嚢（tusalayči tabunang）の希里薩喇（Sirisayra）の助けを得てこれを見つけた。バヤン・ビリクトゥはこれを書写し、さらに自ら序文を記した。また本文の上部の空白部に、王府所蔵の歴史書を参考にして多くの覚え書きを書き記した。そして本文の前にBoyda činggis qayan sudur（『聖チンギス・ハーン経』）という表題を付した。この書写本は二部からなり、第一部は『アルタン・トプチ』であり、第二部はチンギス・ハーンの事績についてのいくつかの伝承からなっていた。バヤン・ビリクトゥの死（一九二一年）後、その学生であったテメゲトゥ（漢名、汪睿昌）がそれを刊行した。すなわちここに言うČinggis qaγan-u čadig である。これとバヤン・ビリクトゥの原本を比較すると序文と校訂の記述が無いだけで、内容は基本的に同じであるという。現在ハラチン王府が所蔵していた原写本が現在どこにあるのか明らかになっていない。Čiŋggis qaγan-u čadig は一九四〇年に、『蒙文蒙古史記― Mongol chronicle Čiŋggis qagan u čidig, including Altan tobči』として北京の文殿閣から再版されたが、初版のチンギス・ハーンの肖像とその事績を記した最初のページと、最後の奥付は省かれている。

これとは別に同じ蒙文書社から一九二七年に Boγda čiŋggis qaγan-u čidig（聖チンギス・ハーン伝）の表題で第二版が公刊された（北京版Ⅱ）。この北京版Ⅱは単なる北京版Ⅰの再版ではなく、テメゲトゥが校訂を加えたもので（『喀喇沁本蒙古源流』、七頁）、両者には語彙の出入り、相違などが多く見られる。小林高四郎はこの北京版Ⅱのモンゴル文テキストと、それに日本語訳と注釈を付して、『アルタン・トプチ（蒙古年代記）』の表題を付して公刊した（外務省調査部、一九二九）。北京版Ⅱは一九四〇年に張家口で再版が出されている（Bawden, 1955, p.3）。

このハラチン王府所蔵の写本と関連する『アルタン・トプチ』のテキストがもう一つある。『喀喇沁本蒙古源流』と呼ばれるものがそれである。このテキストも内蒙古のハラチン右翼旗王府にあった。中見立夫（二〇〇〇）によると、このモンゴル語写本の原本を満鉄大連図書館が借り出し、ハラチン右翼旗のバヤン・ビリクトゥに依頼してその書写と漢訳を依頼したという。この仕事は一九一八年六月二三日に終了したが、満鉄大連図書館は汪国鈞の作成した稿本をいくつか青焼き写真にして日本の研究機関に寄贈した。バヤン・ビリクトゥの作成した稿本はモンゴル文とその間に漢訳を施したものであり四巻からなっている。ただし今日、原本も、バヤン・ビリクトゥ作成の稿本も行方が分からず、その青焼き写真のみが残されている。この『喀喇沁本蒙古源流』は実に奇妙なテキストで、四巻と付録からなるが、前半部（第一、第二巻）は殿版『蒙古源流』の第一巻から第四巻の初めまで、すなわち器世界の成立からチンギス・ハーンの死までを採録し、後半（第三、第四巻）はオゲデイ・ハーンからリグダン・ハーンまでの『アルタン・トプチ』の文章を採録している。その付録は通称「チンギス・ハーン行軍記」であるが、この作品は後で述べるロブサンダンジン『アルタン・トプチ』に採録されている文章の内容とほぼ同じである（Bawden, ibid, 5）。すなわち『喀喇沁本蒙古源流』とは『蒙古源流』の前半部分と『アルタン・トプチ』の後半部分がくっつけられたものである。この『喀喇沁本蒙古源流』は藤岡勝二によってローマ字転写と『アルタン・トプチ』に関する部分のみ日本語訳が施された。しかしながらこの訳業は藤岡の生前には日の目を見ず、その死後、服部四郎の手によって文求堂からファクシミリ版で公刊された（藤岡勝二、一九四〇）。

なお近年中国から何種類かの『アルタン・トプチ』のモンゴル文テキストが公刊された。留金鎖は張家口版を（Liu Jin-suo 1980）、朱風、賈敬顔は北京版Ⅱを（朱風、賈敬顔、一九八五）、ブラクは北京版Ⅰを底本にしている（Bulay, 1989）。しかしこれらはそれ以前に公刊されたテキストを底本としており、独自の写本に基づいたものではない。

これに対し近年これまで全く知られていなかった『アルタン・トプチ』の新しい写本が公刊された（ゴビ・アルタイ本）。これはゴビ・アルタイ・アイマクのホロル Khorol の所蔵していたものであるが、一九八三年にその甥のバトメンドの手に渡された。そして一九九七年にバトメンドからモンゴル国の文献研究者チョイマーに研究のために渡されたものである。チョイマーはその後これについて研究を進め、二〇〇二年に研究、原文のラテン字転写、語彙索引とともに写本のカラー写真を付して公刊した（Чоймаа, 2002）。これは八三葉からなっており、葦ペンで書かれたかなり古い字体の、貝葉経タイプの写本である。その本文は基本的に墨字で書かれているが、ほとんどの頁に一行から二行朱書きされている。朱書きの部分は、ハーンや高僧の名が記されている行に多く見られるが、必ずしもそれが原則になっているわけではない。その記述内容を見ると、今まで知られていたゴムボエフ本や北京版に無い文章が相当量存在している。それは特に前半部分、中でもチンギス・ハーンの祖先やチンギス・ハーン自身の事績を記した部分に多く見られる。ただし後半の一四世紀後半から一七世紀初めまでの歴史を記した部分には北京版と内容的に相違はない。個々の語彙に関してみると、この新しい写本は奇妙なことにゴムボエフ本に似ている。

二、編纂年代について

この著者不明『アルタン・トプチ』がいつ編纂されたかについては本文に記載が無く、そのため種々の説が出されている。第一の説は一七世紀のごく初頭に編纂されたというものである。この説の根拠にされるのが、その最後に記されている文章である。

その後マングス・メルゲン・タイジがハン位に即かずにお亡くなりになった。その子リンダン・ホトクト・ハーンが辰（一六〇四）の年に一三歳のときに大位に即いた。ダライ・ラマがラサにお出ましになった後、ダライ・ラマの命によりマイダリ・ホトクト法王がモンゴルの地にお出ましになり、ダライ・ラマの座に座した。六大国に広めたツォンカバの教えをまた一層広めた。その後マンジュシリ・ホトクトがモンゴルの地にお出ましになり、また教えを太陽のように広めた。（北京版I、一二六頁、以下著者不明『アルタン・トプチ』は特に記さない限り北京版Iによる）

モンゴル最後の大ハーン、リグダン・ハーンは一六〇四年に即位し、その後三〇年の在位を経て一六三四年に、青海のシラ・タラ地方で亡くなった。しかしここにはリグダン・ハーンの死については記されていない。またここに記されるダライ・ラマとは四世（ヨンダン・ギャムツォ）のことである。彼はアルタン・ハーンの孫、スメル・タイジの子として生まれ、ダライ・ラマ三世が内蒙古で亡くなった後、第四世として認定された。彼がモンゴルからチベットへ行ったのは一六〇二年のことで、翌一六〇三年にラサに到着している。他方、その代わりとしてマイダリ・ホトクトがモンゴルの地に来たのは、『蒙古源流』によれば翌一六〇四年のことである。ここに記されている内容はほとんど一七世紀初頭までのものであり、従って第一の説は著者不明『アルタン・トプチ』はリグダン・ハーンが即位して間もなく編纂されたとする。

第二の説はそれよりは遅く、一六二〇年代から一六三〇年頃までに編纂されたというものである。その根拠は『アルタン・トプチ』に記される、明の歴代皇帝ついての記述である。すなわちここには明の初代皇帝、洪武帝から天啓帝までの皇帝の名前とその在位年が記されている。それを記した最後の部分は次のように記されている。

万暦帝は四六年在位した。泰昌帝は一ヶ月在位した。大明朱天啓帝は［二六年］在位した。洪武帝以来天啓帝に至るまで二五七年在位した。（六二頁）

北京版Ⅰ、Ⅱ、『喀喇沁本蒙古源流』にはカギ括弧内の二六年、という記述はあるが、ゴムボエフ本、ゴビ・アルタイ本には無い。もちろん天啓帝が二六年間在位したというのは誤りで、一六二一年から一六二七年の七年間である。またどのテキストにも明最後の皇帝、崇禎帝（一六二八—一六四四年在位）に関する記述はない。いずれにせよここでは「洪武帝から天啓帝まで二五七年在位した」という記述が注目される。すなわち明の建国は一三六八年のことであるから、二五七年間支配したということは、そこから一六二四年という年が導き出される。一六二四年は天啓四年にあたる。これにより第二の説はこの『アルタン・トプチ』が天啓帝の在位年間、一六二一年から一六二七年までの間に編纂されたという可能性がある、というものである。この明の皇帝の系譜はすべての写本に記されていて、原著者の記述であることは疑いがない。ただここに記されている明の皇帝の在位年数には誤っているものもあり、その意味で「二五七年」という数値には十分な信頼を寄せることは出来ない。

第三の説はこれよりはるか後に編纂されたという見解である。その根拠は一つには後章で紹介するロ氏『アルタン・トプチ』と比べると、著者不明『アルタン・トプチ』の記述は簡略であり、後者は前者を節略したものであること、また著者不明『アルタン・トプチ』にはチンギス・ハーンから一七世紀後半に活動したチャハル王家のブルニ親王の名が記されているが、彼が親王の称号を受けたのは康熙八（一六六九）年のことであること、従って著者不明『アルタン・トプチ』の成立はそれ以降のことである、というものである。いずれの説も問題があるが、第一の説については明の皇帝に関する記述、特に天啓帝の在位年が考慮されていない。また第三の説については、チンギス・ハーン以来ブルニ親王までの系譜は北京版Ⅰ、Ⅱのテキストしか記されておらず、またそれが極めて不自然な箇所に挿入されていて、後人の書き加えと考えられること、また後でも触れるようにむしろロ氏『アルタン・トプチ』に大幅な書き加えを行ったものとみられる、等々のことから支持出来ない。第二の説では洪武帝から天啓帝まで二五七年在位したという記述は問題であるが、天啓帝の後の崇禎帝（在位一六二八―一六四四年）について言及が無いこと、第六章で紹介する『蒙古源流』（一六六二年編纂）には崇禎帝のことが記されていることから考えると、著者不明『アルタン・トプチ』が天啓帝時代に編纂されたと見ることが可能である。その意味で第二の説が妥当と考える。

三、その構成と内容

次いでその構成と内容について簡単に紹介してみたい。その内容は基本的に大きく五つに分けることが出来る。すなわち、

一、インド、チベットの王統
二、チンギス・ハーンの祖先
三、チンギス・ハーンの事績
四、オゲデイ・ハーン（太宗）からウハガト・ハーン（順帝）までの事績

五、ビリクトゥ・ハーン（昭宗）からリグダン・ハーンまでの事績のようにである。以下これに沿って紹介することにする。

（1）インド、チベットの王統

その冒頭に、

尊き菩薩らの生まれ持つ者、徳を持つ者、尊きハン等の根源が、インド、チベットより発したことを、あれこれ集め述べよう。（一頁）

と記されているが、モンゴルの王統がチベットやインドの王統に繋がるという、この本地垂迹説は『蒙古源流』などその後の多くのモンゴル年代記に踏襲されていく。

その最初のインドの王統について次のように記している。

インドの最初はマハー・サマディ王である。その子は妙高王、その子は善王、その子は頂生王、その子は自乳という者で四洲（東勝身、西牛貨、南贍部、北倶盧）を支配する者、金輪王、その子は妙王で三洲を支配する者、銀輪王、その子は最妙で二洲を支配する者、銅輪王、その子は具妙で一洲を支配する者、鉄輪王である。その子は厳妙王である。それらは五チャクラワルティ（転輪）王と有名になった。（一―二頁）

インドの王統についてはさらに記されているが、『蒙古源流』に比べるとかなり簡略化されている。それはともかくこのインドの王統はチベットの王統に繋がったと記す。

インドのマハ・サマディ王の黄金の一族から東の雪のある〔地〕の麓に広がったのはこのようである。インドのマガダ〔国〕のクシャラ王の子、シャルバという名の王には五人の子がいた。その末子は生まれつき青い犀の髪の毛を持ち、手足は扁平で、目は下から上に閉じるのである。「この子は昔の親族とは違う。」と相談して銅の箱に入れてガンジス河に投げた。ネパールとチベットの間で、チベットの老人が河の岸から箱を得て開けてみれば、見目麗しい子供がいた。一六年経って、高い、善い土地を探して、雪のあるシャンボ山の四つの異なった地を知って、「営地としよう。」として来れば、チベットの人と出会った。〔彼らは〕「どこから来た人なのか。」と尋ねた。〔子供は〕上方を示した。「子供は天からの命を持つ者である。我らのチベット国には王がいないのである。」と、その首の上に奉じて連れて戻った。チベットの最初の、首に坐持つ王（ニャチ・ツェンポ）がそれである。（三―四頁）

『アルタン・トプチ』はこれをチベットの最初の王であるとし、その後極めて簡単なチベットの王統を示す。そしてその最後に次のように記す。

その子ダライ・ソビン・アルタン・サンダリト王、その子は兄がボロチュ、第二がシバグチ、末子がボルテ・チノアである。互いに仲違いして、ボルテ・チノアは北方のテンギス・ダライを渡ってジャドの地に営地をなして暮らして、モンゴルの族となった。その子はバ

タイ・チャガン。(四頁)

以下バタイ・チャガン(バタチハン)からチンギスまでの系譜が記される。以上のように『アルタン・トプチ』はモンゴルの支配者はチベットから来たこと、またチベットの支配者はインドから来た、と記している。このような考え方はその後書かれた年代記にも継承されていく。

(2) チンギス・ハーンの事績

著者不明『アルタン・トプチ』はチンギス・ハーンの祖先、あるいはチンギス・ハーンの初期の事績については『元朝秘史』とかなりよく似た記述をしている。しかしながら『元朝秘史』の記述と比べるとその記述は簡略になっている。例えばチンギス・ハーンの生誕について『アルタン・トプチ』の文章は次のようである。

ウゲレン(ホエルン)・エケよりタタールのテムジンを捕虜にして戻ってくる時に一人の男子が生まれた。彼にテムジンの名を与えた。ウゲレン・エケからハサル、ハジホ、オチュホの四人の息子が生まれた。(一二頁)

名前の表記は別として、先に示した(本書四二頁)『元朝秘史』の記述に比べていかに省略されていることが分かる。他方『元朝秘史』とほぼ同じ記述をしている部分も見られる。例えばテムジンが婚約者であったボルテとの結婚が実現したことを記した箇所である。テムジンは九歳の時にホンギラトのデイ・セチェンの娘ボルテとの間に婚約が成立していたが、それから間もない父イェスゲイの死とその後テムジン一家を襲った困難のために、二人の結婚は遅れた。『アルタン・トプチ』は二人がようやく結ばれたことについて次のように記している。

> そこに到着した後テムジンとベルゲテイはデイ・チェチェンの娘ボルテという娘を、〔テムジンが〕九歳であるときに出会って、戻って来て以来離れていた。ケルレン河を下り探しに行った。チグチャルとチョゴルホ〔山〕の間にデイ・チェチェンのホンギラトはそこにいた。それからテムジンを見て喜んだ。デイ・チェチェンが言うには、「タイチュートとお前たち兄弟が共に仲が悪くなったと知って、心配し、絶望していた。今やっと〔お前たちと〕出会った、私は。」と言って、ボルテ・ケルジンというその娘を一緒にさせて出した。出して連れて来る時、デイ・チェチェンはケルレン〔河〕の営地のジョルノグトで身体が熱病に罹り戻った。（一九―二〇頁）

この記述は、デイ・セチェン（チェチェン）が熱病に罹ったという記述以外は『元朝秘史』とほぼ同じである。

しかしこのあと、テムジンは父イスゲイ（イェスゲイ）と盟友関係にあったケレイトのオン・ハーンに援護を求めて、黒貂の皮衣を土産として持って行ったことを、

> それからセングル小河から移動して、ケルレン河の源の、ブルギという岸に営地をなし暮らした。ジュデイ・エケ（ボルテの母）がくれた黒貂の皮衣を父イスゲイ・エジェンへの

引き出物であった〔として〕、我が父の盟友、ケレイトのオン・ハーンに届けて、その皮衣を着せて、自分の家に戻って来た。戻ってきた後、ハンの大位に即いた。（二〇一二二頁）

と記しているが、『元朝秘史』に比べると、『アルタン・トプチ』の記述は極めて短い。しかもケレイトのオン・ハーンのもとから戻ってきて「ハンの大位に即いた」というのはあまりに唐突である。

著者不明『アルタン・トプチ』が伝えるような、『元朝秘史』をかなり節略した記述はその後の年代記にも継承されていく。ただし『アルタン・トプチ』は『元朝秘史』を直接引用したのではない。この点についてビラは、

その内容が多かれ少なかれ一七—一八世紀の多くのモンゴル年代記に反映しているという事実は、この作品が単に書かれた形だけでなく、人々の記憶の中に、語り手の叙述の中に口述の形で残されていたことを証明している。この故に『アルタン・トプチ』がいろいろな史料、とりわけ『元朝秘史』の口承に基づいて編纂されたことは十分可能である。(Бира, 1978, 213-214)

と述べている。ただし後でも紹介するように、『アサラクチ史』は『元朝秘史』の四分の一程度、また ロ氏『アルタン・トプチ』は三分の二程度を伝えており、単に『元朝秘史』の一部が口承のみで伝えられたわけではない。

著者不明『アルタン・トプチ』はこの後『元朝秘史』とは離れて、チンギス・ハーンに関する独自の伝承をもとにその事績を記している。まず次のように始める。

> 天からの命により生まれたのがテムジン・チンギス・ハーンである。仏が涅槃に入ってから三二五〇年余りの年が経った後、一二人の悪いハンらが生まれて、すべての衆生を苦しめている時に、彼らを征伐するために、仏に予言を与えられてチンギス・ハーンが生まれたという。五色四夷国を始め、南贍部洲の三六一氏族、七二〇の言葉を持つ人々の貢物、税を取って、平穏にして、転輪王のように有名になった。（二一頁）

『アルタン・トプチ』はこのあとチンギス・ハーンの再度の即位について記す。

> 英明なるチンギス・ハーンは黒い蛇の年（辛巳、一一六一年、正しくは壬午、一一六二年）生まれである。その四五歳の丙寅（一二〇六）年にオノン河の源に九つの足のある白い纛を立てて、ハーンである大位に即いた。（同）

この後のチンギス・ハーンの活動についていろいろ記されるが、ほとんど伝承に基づいたものである。おおよその内容を紹介すると次のようである。

・弟ハサルとの仲違い
・タイチュート部の謀略
・ハサルとベルグテイの驕りに対するチンギスの懲らしめ

・金に対する遠征
・ソロンゴスに対する遠征とフラン妃を娶ったこと
・アルガスン・ホルチの怠慢行為に対する懲らしめ
・タングート国王シドルグの服従と裏切り
・天から降ってきた甘露を弟たちが求めたが喉を通らなかったこと
・タングート遠征の開始
・タングートの探哨の捕縛と老巫女の殺害
・シドルグとの対決
・シドルグの妃グルベルジン・ゴアを娶ったこととチンギスの発病

これらの中からいくつか興味ある話を紹介してみよう。まずはタイチュート部の謀略である。かつてイェスゲイが亡くなった後、困難な状況下にあったテムジン一家はタイチュート部に襲撃され、テムジンは捕らえられ、危うく命を落とすところであった。テムジンにとってはタイチュート部は長年の宿敵であった。『元朝秘史』では一二〇一年のジャムハに対するケレイト部のオン・ハーンとの共同作戦でタイチュート部を誅滅したという。しかし『アルタン・トプチ』は『元朝秘史』とは異なった次のような伝承を記す。

タイチュートのチルゲル・ボケは悪事をしようと、自分の家に穴を掘り、その上にフェルトを敷いて、「同族として生まれた我々は他人ではない、一つである。互いに争って暮らすのであろうか。」と、エジェン（チンギス）を自分の家に招くときに、母オゲレン・ハトンがおっしゃった。「毒を持つ敵を少ないと、毒ある蛇を小さいと考えるな。〔彼らは〕信頼出来ないと思う。」と言った。聖《ボグダ》エジェンがおっしゃった。「弓上手のハサルよ、お前は矢筒を守れ。力士のベルゲテイよ、お前は見張りであれ。ハチュグ（ハッチギン）よ、お前は馬を守れ。」と言った。「理性あるオチュギン（オッチギン）よ、お前は私の側に座れ。」と言った。「如何なる事が〔起こるか〕分からない。」とおっしゃった。エジェンは家に入った後、フェルトの真ん中に座ろうとするとき、オッチギンはエジェンの体を引っ張って、敷物の端に座らせた。一人の婦人がやって来たとき、左側の鐙を切って取って行くのをベルゲテイが見て、その婦人の左足を切って棄てた。それからブリ・ボケはベルゲテイの肩を下に斬りつけた。そのように〔状況が〕悪くなったときにハサルは矢を数えた。ベルゲテイは皮袋に入ったアイラクを叩いて、ホルチンのトクタホイの、子を産まない白い雌馬にエジェンを逆の左手で乗せた。〔その功績により〕トクタホイをダルハンとした。それよりダルハト氏となった。見ていて鐙を切られた、とハチュグを叱った。（二二三―二二四頁）

チンギスとタイチュートに関するこのような伝承は『アルタン・トプチ』に初めて出てくる

もので、その後『蒙古源流』などにも同じような話が伝えられている。

この話のすぐ後に、ハサルとベルゲテイ（ベルグテイ）が自分の功績を誇り、傲慢な態度でいたことをチンギスが懲らしめた、という話を記している。

聖エジェンは「タイチュートとの戦いでベルゲテイは私を尊重しないかのように、左手をつかんで馬に乗せた。」と怒った。それに対しハサルとベルゲテイは、「このエジェンの采配、お言葉は由が無いものだ。ハサルの弓、力士ベルゲテイの力により五色四夷国をその力に従えたのだぞ。」と言い合い暮らしているのをエジェンが知って、「彼らの傲慢さを抑えよう。」と、身分の低いみすぼらしい老人となり、一本の長い黄色の弓を持って、「要りませんか。」と尋ね、行った。それよりハサル、ベルゲテイ二人は、「このような見たこともない者よ。どこから来たのか。」と尋ねた。その老人が言うには、「私は貧しい者です。弓を売って暮らしています。」と言った。それからその二人は「この弓を買え、というのか。」とバカにした。そこでその老人が言うには、「悪いものだとしても引いて〔ご覧なさい。引けるかどうか〕知りたいものだ。」と言った。そこでベルゲテイは〔弓を〕とって引いたが〔引くことは〕出来なかった。その老人は引いて〔見せて〕ハサルに与えた。ハサルは〔力一杯〕引いたが引けなかった。それから老人は青い、額と鼻梁の白いラバに乗った白髪交じりの人となって、その長い黄色い弓に金の矢をつがえて岩を射抜いた後、「聖エジェンの弓上手のハサルと力士ベルゲテイという弟はお前たち二人であるのか。大言を吐くうちに大いに噛まれると言うことだ。」と叱った。それからその二人の弟は恐れて、「エジェンの徴はこれであるぞ。」と言い合った。その後彼らのそのような言葉は止まった。（二五―二六頁）

この後『アルタン・トプチ』はチンギス・ハーンのソロンゴト（ソロンゴス、本来は朝鮮を意味する）遠征と、その遠征中にフラン妃を娶ったことを記している。フランはもともとホアス・メルキト部のダイル・ウスンの娘である。『元朝秘史』によれば「子の年」すなわち一二〇四年のメルキト遠征時にダイル・ウスンからチンギスに差し出された、という。しかし『アルタン・トプチ』の記述はこれとは全く異なっている。

チンギス・ハーンによる西方遠征（一二一九―一二二五年）はモンゴルが世界帝国に発展する大きな事業であったが『アルタン・トプチ』はこれにほとんど関心を持たず、僅かに、サルタグルのスルタン・ハーンを殺してその国を征服して下馬した。その戦にフラン妃を連れて出馬したという。（三五頁）

と記しているだけである。逆にその最後の遠征になったタングート（西夏）遠征（一二二六―一二二七年）についてはやや詳しく記すが、史実とはかけ離れた伝説が中心である。チンギス・ハーンがタングート遠征を行ったきっかけは、それより以前にタングート王がチンギス・ハーンに服従し、その右手となって、貢物を差し出す約束をしたが、西方遠征の際にチンギスが兵を出して従うように命じたにも拘わらず、それを拒否したため、と言われる。『アルタン・トプチ』はチンギスがタングート遠征を決定した時、タングート側に異変が起きたことを伝える。「天よりの命持つエジェンである、私は。タングートの民のところに遠征しよう。」とおっしゃった。〔タングートの〕シドルグ・ハーンの黒い鼻柱を持つ、淡黄色のコベレンという犬は予兆を知る、という。聖エジェンは九脚の白い纛を招いて〔それを〕突き刺して、三年間（三度）出馬し、下馬した。その犬が「平安、平和、安らか、安泰、幸福」と吠えれば、敵はない。遠吠えをして吠えれば敵となる〔者〕がいるのであった。その犬はエジェンが出馬するのを知って三年間（三度）遠吠えをして吠えた。「私の犬は老いぼれて予兆〔の力〕が無くなったのだ。」と悟らずに暮らした。（三七頁）

かくてチンギスはタングート遠征を決行する。その遠征途中でチンギスはハンガイ山で巻狩りを行った。その際チンギスは、その巻き狩りでボルテ・チノアとホーア・マラルが捕らえられるがそれを殺してはならない、と命ずる。ボルテ・チノアとホーア・マラルは『元朝秘史』の冒頭に出てくる、モンゴル部の始祖であるが、何故これがここに再び登場するのか不思議である。巻狩りをすると果たしてボルテ・チノアとホーア・マラルが捕まえたがそれは殺さず逃した。その際に灰青色の馬に乗った者を捕らえたが、その人物はチンギスがタングート遠征に出発したというのでシドルグが送った斥候であった。その斥候はチンギスの問いに対してシドルグはいろいろなものに変身する能力を持っていると答えた。タングート国境でモンゴル軍の進入を邪魔した老いた呪詛者を殺害したあと、チンギスとシドルグの一騎打ちになる。シドルグ・ハーンが蛇になった（変身した）時に、エジェンはガルディ鳥になった。〔シドルグ・ハーンが〕虎になった時に、エジェンはライオンになった。子供になった時に、エジェンは老人になって〔シドルグ・ハーン〕を捕らえた。（四一頁）

捕らえられたシドルグはチンギスに不吉な予言をする。

私を殺すな。金星を捕まえて〔あなたのために〕敵を無くそう。彗星を捕らえて災害を無くしましょう。私を殺せばあなたの命に悪い。殺さなければあなたの後裔に悪い。」とこのような言葉を申し上げた。（同）

チンギスはその言葉に拘わらずシドルグを殺害した。そのときシドルグはチンギスに対して、自分の妃グルベルジン・ゴアを娶るなら、その黒い爪から始めてその体を十分に調べるように、という奇妙な言葉を残した。チンギスはシドルグの妃、グルベルジン・ゴアを娶ったが、彼女は大変な美人であるという評判であった。しかしグルベルジン gürbeljin とはモンゴル語でトカゲの意味であり、シドルグの言葉と併せてチンギスの命運が危ういものであることを暗示している。

聖エジェンはグルベルジン・ゴア妃を娶った。グルベルジン・ゴア妃の色香をエジェンはじめすべての国たみは賞賛し合った。グルベルジン・ゴア妃が言った。「この私の色香はあなたの軍のほこりで汚れた。これより以前はもっときれいであった。今、水で洗えばもっと美しくなるだろう。」と言った。この言葉に聖エジェンは「水で洗え。」と言って遣《や》った。その妃は河の岸で飛んでいる青い雲雀を捕まえて、尾に手紙を書いて、「私はこの河で死にます。私の体を下流で捜さないで下さい。上流で捜して下さい。」と自分の父のところに遣った。自分の娘の言葉通りに捜して、河の上流で捜して〔その遺体を〕得て埋葬した。埋葬する時に各人、袋に入れ土をかけて埋めた。その岡をテムル・オルホ Temür olqu という。その河をハトン・ゴルという。（四二一—四二三頁）

ハトン・ゴル（Qatun-i youl 妃の河の意）とは黄河のことで、現在でもモンゴル人は黄河をそのように呼ぶ。テムル・オルホという丘は現在どこを指すのか分からないが、一七世紀のオルドスに住むモンゴル人にとっては周知の場所であったのであろう。いずれにせよこのグルベルジン・ゴア妃にまつわる伝説がこれらの地名の由来になったという。なお『蒙古源流』もチンギスのタングート（西夏）遠征について同様の伝承を記しているが、その内容はかなり異なっている。例えば『アルタン・トプチ』ではグルベルジン・ゴア妃の遺体が見つかったというが、『蒙古源流』は見つからなかったとし、真珠を縫いつけた靴下の片方だけが見つかったとしている。

（3）チンギス・ハーンの死と挽歌

「そのタングート国を征服して、シドルグ・ハーンを殺して、霊州を壊して、グルベルジン・ゴア妃を娶って、その遠征で六盤山で夏を過ごしている時に」（四三頁）チンギスは発熱し、間もなく死を迎えることになる。そのときチンギスは側近に殉死を求めたという。北京版Ⅰでは「これら我がすべての大臣よ、私と共に死ね。」と命じたと記しているが、ゴビ・アルタイ本では「私の妃のうちボルテゲルジンよ、死ね。私の大臣のうちボゴルチとムフリよ、死ね。」となっていて、対象が限定されている（Чоймаа, 2002, 31b）。これに対して側近の一人、ソニトのギルゲデイ・バートルが諫めた。

宝石のようになったあなたの政権は低くなるぞ。
愛しいあなたのボルテゲルジン・セチェン・ハトンは死ぬぞ。
あなたのハサルとベルゲテイは争うぞ。
一緒にし集めたあなたの多くの人々はどこかに散らばるぞ。
高くなったあなたの政権は低くなるぞ。
永遠に、固く出会ったあなたのボルテゲルジン・セチェン・ハトンは死ぬぞ。
あなたのオゲデイとトルイは孤児になるぞ。

競い集めたあなたの多くの人々は他人のものになるぞ。（四四頁）

このような内容の詩が長々と続き、結局チンギスは殉死の命令を撤回する。『アルタン・トプチ』はチンギスの死について、丙亥年の七月一二日に六七歳で亡くなったとしているが、この丙亥は丁亥（一二二七年）の誤りである。なお『元史』巻一、太祖本紀では太祖二二（一二二七）年七月己丑（一二日）に六六歳で亡くなったしており、『蒙古源流』も同じである。チンギス・ハーンの死亡年齢については諸説あるが、それについての議論はここでは省略する。

チンギスの死後、その遺体が二輪の車で故郷のモンゴルの地に運ばれた時、先のソニトのギルゲデイ・バートルはその死を悼んで次のように歌ったという。

飛ぶ鷹の翼となり行ったのか、あなたは、我がエジェン（御主人）よ。
音を立てる車の荷物となったのか、あなたは、我がエジェンよ。
襲いかかる鷹の翼となり行ったのか、あなたは、我がエジェンよ。
回る車の荷物となったのか、あなたは、我がエジェンよ。
さえずる鷹の翼となり行ったのか、あなたは、我がエジェンよ。
うなりをたてる車の荷物となったのか、あなたは、我がエジェンよ。（四六頁）

このように悲しんで歌った時、車はムナ山の沼地に入ると車が動かなくなったという。そこで再びギルゲデイ・バートルが詠った。

蒼き永久の天からの命により生まれた駿馬のような我が聖エジェンよ。
大いなるその人々を捨てて来た、あなたは、その尊き一族に。
平穏にうち立てたあなたの政権、
生まれ、うち立てたあなたの国、
生んだあなたの妃たち、息子たち、
生まれたあなたの土地、河はそこにあるぞ。
清浄にうち立てたあなたの政権、
貢物を取り、うち立てたあなたの国、
愛すべきあなたの妃、息子たち、
黄金のあなたの宮殿はそこにあるぞ。
巧みにうち立てたあなたの政権、
共に出会ったあなたの妃たち、息子たち、
先に集めたあなたの大いなる国たみ、
あなたの一族、同胞はそこにいるぞ。
増大したあなたの国たみ、
〔身体を〕洗ったあなたの河、

あなたの多くのモンゴルの国たみ、
オノンのデリグン・ボルダクに生まれたあなたの土地、河はそこにあるぞ。（四七頁）
このような歌が長々と歌われ、最後に、
ハラグナ山を暖かいから、
妃グルベルジンを美しいから、
異国タングートの国たみが多いからと、
愛しきその古きモンゴルの国たみを捨てるのだろうか、あなたは、我がエジェンよ。
惜しむべきあなたの黄金のお命が尽きたなら、
宝石のようなあなたの御遺骸を運んで戻りましょうよ。
あなたの妃ボルテゲルジンにお見せしましょうよ。（四八頁）

と詠って、チンギスの霊に対し故国、モンゴルへ戻ることを求めた。このギルゲデイ・バートルの願いが効いたのか、その遺骸を乗せた車は動いたという。

その遺骸の行き着いたところについて『アルタン・トプチ』は次のように言う。

すべての永遠なる大いなる陵墓をそれより作って、
ハン、大宰相らの支えとなって、
すべての国たみの拠《よ》り所となって、

すべての永遠なる支え、八白室（Naiman čayan ger）となったぞ。（同）

ここに記される八白室はチンギス・ハーンの霊を祀る場所として、現在は内蒙古のオルドス、エジェン・ホローにあり、ダルハトと呼ばれる人々によって今でも祭祀が行われている。ただし内蒙古に移ってきたのは一五世紀半ばのことで、それ以前は外モンゴルにあった。チンギス・ハーンがどこに埋葬されたのかは現在でも不明で、いろいろな説がある。『元史』巻一、太祖本紀は起輦谷、すなわちケルレン渓谷に埋葬したと記しており、それを認める研究者も多いが、具体的な場所は依然分からない。これについて『アルタン・トプチ』は、

真の御遺骸を、ある人はブルハン・ハルドンに埋葬したという。ある人はアルタイ山の北、ケンテイ山の南にあるイェケ・オトゥクという名の地に埋葬したという。（四九頁）

と記していて、一七世紀初頭にはすでに諸説あり、はっきりした場所は分からなくなっていたことを示している。

（4）チンギス・ハーンの後継者

『アルタン・トプチ』はこの後モンゴル帝国第二代のオゲデイ・ハーンからトゴン・テムル（順帝）までの事績を記す。モンゴル帝国の建設にチンギス・ハーンはカリスマ的役割を果たしたが、その後継者の役割も決して小さなものではなかった。しかしながら『アルタン・トプチ』はその後継者については極めて冷淡な扱いをしている。すなわちほとんどその事績を記してい

ない。例えばオゲデイ・ハーンについては次のようである。

その後（チンギス・ハーンの死後）三年経過して、丑の年（一二二九年）にオゲデイ・ハーンが、その四三歳のときにケルレンのコデゲ・アルラン（コデゲ・アラル）で大位に即いた。一三年経過して丑の年（一二四一年）に、その五三歳のときにオテク・フランでお亡くなりになった。オゲデイ・ハーンは未年生まれであった。（四九頁）

オゲデイ・ハーンについての記述はこれだけである。以下のハーン（皇帝）についてもほとんど同じである。例えばフビライはチベット仏教を導入したことで他の年代記では比較的詳細に記されているが、ここではそのことは全く記されず、ただ「申の年に四五歳で上都で即位し、三五年経過して午の年の正月二二日に八一歳で大都でお亡くなりになった。チェチェン・ハーンは巳年生まれであった。」としか記されていない。これに反して順帝トゴン・テムルについてはかなり記している。ただしそれは順帝の治績についてではなく、明の朱元璋によって政権を奪われたことが中心である。その概要を紹介すると以下のようである。

トゴン・テムルの時代、ジュルチト・エブゲンにジュゲ（朱）という名の子が生まれた時虹が立った。トゴン・テムルの側近はこの子がいつか害を及ぼすだろうから直ちに殺すように求めたが、トゴン・テムルは殺さなかった。その子が成長した後、国の東の地域を支配させた。その後ジュゲは弟のブハと企んで西の地域を支配している役人をトゴン・テムルに誣告し、失脚させて国の全土をジュゲとブハが支配した。その後ジュゲとブハは税金を集めてきましょうと言って行ったが、三年戻らなかった。怒ったトゴン・テムルは戻ってきても彼らを町に入れないように門番に命じた。そのときトゴン・テムルは不思議な夢を見た。多数の兵を擁する敵が来て町を囲んだ時、恐れて町の中を歩き回ったが出口が見つからない。しかし西北の方に行くと一つの穴が見つかり、その穴からハンの位とすべての国人を棄てて出る、と言うものであった。その夢を占い師に解いてもらうと、ハンの位を失う徴だという答であった。その後ジュゲは一万の車と共に戻ってきた。その多くには集めた税が積んであったが、三千の車には武装した兵士が密かに乗っていた。ジュゲは門番に賄賂を与えて開門させると兵を出して宮殿を包囲しようとした。トゴン・テムルはこれを察知し、三〇万のモンゴル人を棄て、自分の家族と一〇万のモンゴル人を連れて脱出した。（五三―五五頁）

ここで言うジュゲとは明を興した朱元璋である。もちろん実際にはトゴン・テムル・ハーンと朱元璋との間には何の関係もないが、ここでは臣下になっている。三〇万、一〇万のモンゴル人というのは、モンゴル帝国時代のモンゴルが四〇万戸からなっていたという考え方が後世のモンゴル人の間で一般的になっていたことによる。一五世紀末から一六世紀前半にモンゴルを支配したダヤン・ハーンの時に六万戸の体制が確立したが、他方、西モンゴルに居住していたオイラトは四万戸の体制をとっていたとされ、これと併せて一〇万戸になる。つまりモンゴル帝国時代では四〇万戸体制であったものが一五―一六世紀には一〇万戸体制になったので、差し引き三〇万戸がトゴン・テムルのために中国内に捨て去られたという、全くの架空の話から出てきた数値である。

このあと『アルタン・トプチ』はトゴン・テムルが自分の失敗で都の大都や中国の支配を失ったことを悔いた、いわゆる悲歌を伝える。これは五〇行にも及ぶ長編の詩であるが、その一部を紹介してみよう。先ず大都、上都の賛辞からはじまる。

色々な種類の宝石で素朴に麗しく完成した我が大都よ。
古のハン等が暮らした夏営地、我が上都のシラタラよ。
涼しき麗しき我が開平府、上都よ。
暖かき麗しき我が大都よ。
丁卯の年（正しくは戊申）に失った、我が惜しむべき大都よ。
朝早く高みに登れば麗しき汝の霧よ。
ウハガト・ハーンである我が前に、ラハ、イバホ二人が語っていた。
悟って知って〔忠告したのに〕放り出した、惜しむべき大都よ。
さらに次のようにも詠う。

冬に冬営する我が城よ。
夏の夏営地、我が開平府、上都よ。
麗しき我がシラタラよ。
ラハ、イバホ二人の言葉に従わなかった我が愚かさよ。
幸いある者達が建てた葦の宮殿と、
化身フビライが夏を過ごすのであった開平府、上都を、
併せて取られた、中国に。
色に耽る悪しき名をウハガト・ハーンに付けた。
最後に、大都を出奔した様子を記す。
ハンであるエジェンの玉璽を袖に入れて来た。
すべての敵の中で争って出した。
ブハ・テムル丞相は戦いの中から、
ハンであるエジェンの黄金の一族にハン位に即くように、万世のために〔としたのに〕
突然失った、惜しむべき大都を。
家から出る時に貴重なる教え、仏法を残してきた、その時に。
明るき賢き菩薩等よ、弁えるがよい、後世のために、

結んで戻ってきて堅固になるがよい、チンギス・ハーンの黄金の一族のもとに。(五七―五九頁)

この詩はウハガト・ハーン(順帝トゴン・テムル)の名を借りてモンゴル人が大都を失った無念さを詠っているが、内容的に仏教的要素が入っていることから、一六世紀後半にチベット仏教がモンゴリアに再流入した以降に作られたものであろう。

次いで『アルタン・トプチ』はまた奇妙な伝説を記す。すなわち明の第三代皇帝、永楽帝はこのトゴン・テムルの子であったというものである。それによれば、トゴン・テムルが政権を失う時、その妃の一人ホンギラト・ハトンは三ヶ月の身重であった。この妃を娶って朱元璋(明、洪武帝)は皇帝位に即いた。しかしこの妃は七ヶ月後に子が生まれればトゴン・テムルの子であると分かり殺されてしまうと考え、天に一〇ヶ月経ってから生まれるように祈ったところ、それが通じて、一三ヶ月後に男子が生まれた。しかし洪武帝はこの生まれた子は敵の母の子であり、皇帝位に即くのは良くないとして、長城の外にフフ・ホトを建設してそこに住まわせた。洪武帝を継いだ建文帝が即位して四年経ったとき、ホンギラト・ハトンの子、永楽帝は自分の側近や山陽の六千戸オジイェト、水浜の三万戸ジュルチト、黒い長城の漢人を率いて建文帝を捕らえて放逐し、即位した。このことについて『アルタン・トプチ』は「まさにウハガト・ハーンの子、永楽帝が即位した。我らの正統なハーンの後裔が即位したと、永楽大明という名を与えたという。」と記している（六一頁）。ここには、確かにトゴン・テムルは追われてモンゴリアに戻ったが、その血を受けた永楽帝が明を支配し、大元の後裔がその後も中国を支配し続けたということが主張されている。但しこの話はもともとモンゴル人の創作ではなく、明人の創作にかかるものという。永楽帝の出生に関する説話はいろいろあるが（傅斯年、一九三二）、その母がモンゴル人であったという説は明末に編纂された明人の著作の中に記されているという。こうした言い伝えがモンゴルと明との交流を通してモンゴルに伝えられたが、モンゴル年代記編者はこれを本当の歴史と見なして年代記の中に書き入れたとされる（周清澍、一九八七）。

（5）ビリクトゥ・ハーンからマンドゴリ・ハーンまで

『アルタン・トプチ』はこのあとビリクトゥ・ハーン（アーユルシュリーダラ、在位一三七〇—一三七八年）よりリグダン・ハーン（在位一六〇四—一六三四年）までの約二五〇年間の、モンゴルのハーンの事績を中心とした歴史を記す。この時代のモンゴルは政治的な混乱が続いたことや、またその時代の明側の記録も十分ではなく、モンゴルのハーンの系譜や在位年代について不明な点が多い。

問題なのは元朝の皇帝（ハーン）の系統、すなわちフビライの系統は『元史』や『明史』の記述に依る限り、ビリクトゥ・ハーンの弟ウスハル・ハーン（トグス・テムル、在位一三七八

—一三八八年）で中断していることである。ただしこの点について異論も出されている。明側の史料や西方の史料によればこのあとアリク・ブハやオゲデイの子孫がハーンになったという。しかしこのことは『アルタン・トプチ』の記述からは伺うことが出来ない。『アルタン・トプチ』はこの時代におけるハーンの紀年について、即位年、在位年、死亡年（ほとんどが十二支で記される）を記すものの、前のハーンとその次のハーンとの関係、すなわち父子なのか兄弟なのか、についてはほとんど記していないからである。この点は後章に紹介する『蒙古源流』とは対照的である。

『アルタン・トプチ』はウスハル・ハーンのあとジョリクト・ハーン、エルベク・ニグレスクチ・ハーン、トゴガン・ハーン、オロイ・テムル・ハーン、ダルバク・ハーン、オイラダイ・ハーン、アダイ・ハーンについて記し、さらにタイスン・ハーンについて言及する。タイスン・ハーンは明史料では脱脱不花として記される。和田清の研究では、タイスン・ハーンの即位は明、宣徳八（一四三三）年のことという（和田清、一九五九、一七〇—一七一頁）。しかし当時モンゴリアにはオイラトのトゴンの力が浸透し、タイスンも彼に擁立されている。トゴンの死後はその子エセン（也先）が実権者として活動し、タイスンのハーン位も空名に過ぎず、後にエセンと争ったものの敗北し、逃亡中に沙不丹という者に殺害された（一四五一年）。『アルタン・トプチ』はタイスン・ハーンの治績についてはほとんど記さず、オイラトと争って破れ命を落としたことだけを記している。それについて簡単に紹介してみよう。

まず『アルタン・トプチ』はタイスン・ハーンが即位した後直ちに弟のアクバルジ・ジノンと共にオイラトと会盟をしたことを記す。そのときオイラトからはエセン・タイシを始め千人の兵士がやって来て、各々ジャダ石（風雨を起こすとされる魔法の石）で寒気と雨を降らせモンゴルの兵士や家畜にダメージを与えたという。タイスン・ハーンはオイラトと同盟しようとしたが、ハルグチュク・タイジや側近のセンテンチン・セチェンは反対し、オイラトと戦うべきであると主張した。しかしタイスン・ハーンはこれを認めず、オイラトとの同盟を行うことにし、「もし死ぬなら一緒に死のう。もし生きるなら一緒に生きよう。」と言ったという（七二―七三頁）。その後タイスン・ハーンとアクバルジ・ジノンは仲違いし、後者はオイラトと手を結ぼうとした。アクバルジの派遣した使者に対しオイラトはこれに同意し、さらにアクバルジがハーンに即くこと、またジノンの称号をエセンに与えるように求めた。アクバルジもこれを認めオイラトのもとに移動した。この後アクバルジはオイラトと共にタイスン・ハーンに襲撃をかけたが、その圧倒的な軍勢にタイスン・ハーンはモンゴル北部のケルレン河一帯に逃れた。そこにはかつて自分の妃であったが、不倫をしたというので耳と鼻を削いで送り返したアルタイ・ハトンの実家があり、その父チャブダンもいた。タイスンはその前の妃のもとに来て泊まったが、チャブダンはタイスンに次のように言った。

ハラグナ〔山〕の北は以前は暖かかった。どうして寒くなったのか。
ハトン（妃）の胸は以前は冷たかった。今はどうして暖かくなったのか。
アルタイ山の北は以前は暖かかった。今はどうして寒くなったのか。
アルタガナなる我が娘の胸は以前は冷たかった。今はどうして暖かくなったのか。
草が無いと言って離れた牧地に〔再び〕滞在するだろうか。
美しくないと言って離婚した婦人を〔再び〕娶るだろうか。（七六頁）

チャブダンはこのようにタイスンを罵り、殺害した。タイスン（脱脱不花王）がチャブダン（沙不丹）に殺害されたという点は明側の史料と一致する。なおそのチャブダンも間もなくタイスンの側近に仇討ちされ命を落としたという。

兄タイスン・ハーンと仲違いしてオイラトと手を組んだアクバルジ・ジノンの命も長くはなかった。オイラトはアクバルジをハーンに推戴する儀式を行うとしてアクバルジを招いた。しかしオイラト側は事前にその儀式用の大きな天幕の中に大きな穴を掘り、その上にフェルトを敷いておいた。オイラトは儀式が始まるとアクバルジを始め三三人の羽毛を付けた従者、羽根飾りを付けた従者、六一人の旗を持った従者をこの天幕の中に入れ、穴に落として皆殺しにした。この事件から「殿様 noyan の死は会盟で、犬 noqai の死は狩りで」という諺が生まれたという。

この後はオイラトのエセンが実権を持ち、ついにはハーンに即位するが、この間重要な意味を持つ人物が登場する。それはハルグチュク・タイジである。彼がチンギス・ハーン家とどのような繋がりを持つかについて『アルタン・トプチ』は明確に記していないが、『蒙古源流』ではアクバルジ・ジノンの息子とされる。彼は先にも触れたようにタイスンがオイラトと同盟することに反対し、またオイラトに行こうとしたアクバルジに対しても批判している。しかしハルグチュク・タイジの立場は微妙なものであった。というのも彼の妃はエセンの娘アルタン・ビギジ（妃子）であったからである。ハルグチュク・タイジはアクバルジの死後オイラトから厭われ、追われる身となる。追われたハルグチュクはトクモク（カザフスタン）に逃れたが、そこでチンギス・ハーンの長子ジュチの後裔に殺害されてしまう。その意味で彼自身がこの時代に何か重要な役割を果たしたというわけではない。問題なのはチンギス・ハーン家の血筋がこの後どのように繋がっていったかで、ハルグチュクの存在が重要な意味を持ってくる。すなわち彼が殺害された時、その妃であったアルタン・ビギジは彼の子を宿しており、間もなく男子を生んだ。エセンはその殺害を命じたが、保護されてモンゴルの地に連れてこられ、ウリヤンハンのホトク・シグシのもとで育てられたという。これがバヤン・モンケで、さらにその子がモンゴルの再統一とチンギス・ハーン家の復活を実現したバト・モンケになる。

『アルタン・トプチ』はエセンがハーンに即位した後の事績として女直遠征と明の皇帝であ

る景泰帝を捕らえたことを記している。女直遠征はともかく、彼がハーンに「在位中」に「景泰帝」を捕らえた、というのは史実に反する。まず「景泰帝」というのは誤りで、正しくは正統帝（英宗）である。またエセンが正統帝を捕らえた土木の変は一四四九年のことであり、エセンがハーンに即位したのは一四五三（景泰四）年のことであるからである。

また史実とは異なるが、『アルタン・トプチ』はこれにまつわる興味ある話を伝えている。この女直遠征の時にヨンシイェブのエセン・サマイという者が大明皇帝を捕らえるという夢を見たとエセンに知らせた。エセンはもし彼を捕らえたらエセン・サマイに与えるという約束をした。女直遠征から戻る途中、明の軍隊がモンゴルに攻めてくるのに出会い、これを打ち破ったが、その中に景泰帝がおり、エセンの軍に捕らえられた。景泰帝は夢のお告げの通りエセン・サマイに与えられたという。エセンはこのとき、自分がモンゴルに戻るまでこのことを誰にも言うなと命じた。エセンが家に戻るとその母が景泰帝を捕らえたことを知っていた。景泰帝を捕らえた情報をエセンの命に反してその母に伝えたのはヨンシイェブのソルスンであったが、エセンはそれを知ると彼を捕らえて殺害したという。しかも殺した後、「その胸と背中を別々にして、曲がった木に吊しておいた。」という（八八頁）。この残虐な行為について『アルタン・トプチ』は何も意見は示していないが、『蒙古源流』はこのことがエセンに対する側近たちの信頼を失ったと記している（Urga., 54v）。しかし彼はこの後間もなく殺害される。

その後オイラトの右翼のアラク・テムル丞相と左翼のハタン・テムルが、「エセンよ。あなたはハーンに即きました。タイシ（太師）なる称号を我らに与えよ。」と言った。この言葉を認めず、エセンは「タイシの称号は自分の息子に与えた。」と言った。「認めてくれなかった。」とその二人は、「アラク・テムルの勇敢さにより、ハタン・テムルの堅い意志により、アブタラ・セチェンの計略により、オイラトとモンゴルの政権を取ってハンに即いたのだぞ、あなたは。あなた一人の力だったろうか。」と言って、それからその二人は兵士を集めて来てエセン・タイシを襲撃した。エセン・タイシは逃れ出た。〔二人はエセンの〕夫人、子供、畜群を取った。その後エセン・タイシは一人で疲れ行く時に、ソルスンの夫人の家に来てアイラク（酸乳）を飲んで出て行く時に、ソルスンの夫人が見て言うには、「この人の歩き方は邪悪なエセンの歩き方に似て、ひょろひょろ行く。」と言った。その母の言葉に「彼はどうしてこのように行くのか。」と息子が尋ねると母が言うには、「エセン・タイシは自分たち自身で平和を壊したと言うことです。これはまさに彼ですよ。注意して見るのですよ。」と言った。その後また来た。エセンと知って捕らえた後、ソルスンの子ブフンが捕らえて殺した。（八八―八九頁）

アラク・テムル（阿剌知院）がエセンにタイシの称号を要求して拒否され、このため両者が仲違いしたことは明側の史料にも記されていて事実である。その死について鄭暁『皇明北虜考』

にはエセンが戦って敗れた後、「逃げる道すがら、飢えに苦しみ、ある婦人の所で飲み物を求めたところ酪（乳）をもらい去った。その夫が戻ってきて妻からそのことを聞いた時、夫はそれがエセンではないかと疑い、急いでそれを追った。果たしてエセンであったのでこれを殺した。」とあり、『アルタン・トプチ』と極めてよく似た記述をしている。ただ『明実録』（景泰五年一〇月甲午）では両者が仲違いした後、エセンがアラクの二子を毒殺したため、アラクはエセンを恨み、最後は自分の部下と共にエセンを刺殺したと記していて少し異なっている。

『アルタン・トプチ』はこの後マハコルギス・ハーンとモラン・ハーンが即位したことを記すが、相変わらず前代のハーンとの親族関係については記していない。ちなみにマハコルギス・ハーンは『蒙古源流』ではタイスン・ハーンの次子、モラン・ハーンの長子となっている。なおマハコルギス・ハーンは幼くして即位したことから、明より小王子と呼ばれたが、この呼称はしばらくモンゴルのハーンの呼称として使われた。

このあとを次いだのはマンドゴリ・ハーンである。彼はタイスン・ハーンの弟であり、未の年に即位したとされるが、これは乙未（一五七五）年のことで、これは明側の史料とも一致する。『アルタン・トプチ』はこのマンドゴリ・ハーンの事績については何も記していない。マンドゴリ・ハーンの時にこれを補佐したのがボルホ・ジノンであった。彼の名は明側の史料にも孛羅忽太子の名で記される。ただ『アルタン・トプチ』はこのボルホ・ジノンがマンドゴリ・

ハーンの妃の一人イェケ・ハバルト・ジョンゲンと密通したという讒言を受け、マンドゴリ・ハーンに追われて、最後はヨンシイェブの者に殺害されたとする。それより前にボルホ・ジノンはホトクト・シグシの娘シケル・ハトンを妃にしたが、その間に一人の男子が誕生した。名をバト・モンケという。これがのちにダヤン・ハーンとして即位し、モンゴルを再統一するのである。

(6) ダヤン・ハーンの事績

マンドゴリ・ハーンのもう一人の妃がマンドハイ・セチェン・ハトンであるが、彼女はその後のモンゴル史にとって極めて重要な意味を持った。すなわち彼女はバト・モンケと結婚し、その間に七人の男子と一人の女子を儲けたが、これら子孫がモンゴリアの多くの地域の支配者となっていったからである。マンドゴリ・ハーンの死後、彼女がダヤン・ハーンと結婚する前にハサルの後裔でホルチン部のノヤン・ボラト王が彼女に結婚を申し出た。

その後〔マンドハイ・〕サイン・ハトンにホルチンのノヤン・ボラト王が、「あなたの火を輝かし、あなたの牧地を教えましょう。」と言った。サイン・ハトンがおっしゃるには、「私のハーンの財産をハサルの後裔であるあなたが食べる（継承する）のだろうか。ハサルの後裔であるあなたの財産を我々が食べる（継承する）のだろうか。上げても開かない扉がある。足を上げても越えない閾《しきい》がある。私のハーンの後裔がいる間はあなたの所には行きません。」と言った（一〇二頁）。

こうしてマンドハイ・ハトンは「ハーンの後裔」、すなわちチンギス・ハーンの後裔であるバト・モンケがいるということでノヤン・ボラト王の申し出を断った。この後彼女は改めて別な人にバト・モンケに嫁すべきかノヤン・ボロト王に嫁すべきか尋ねた。アラグチグートのサダイ・ドゴランはノヤン・ボラトの方がよい、と答えたが、ゴルラトのメンドゥ・オルルクの妻ジガン・アガはこれに反対し、

ハサルの後裔のもとに行けば（嫁せば）、黒い道を導いて、すべての国たみから離れて、ハトン（妃）の名を失います。ハーンの後裔に行けば、ハンである天に守られて、すべての国たみを支配して、ハトンの名を高めます。反対側の者のもとに行けば、白い道を歩み、チャハル万戸を支配して、果てしなき名を高めます。（一〇二―一〇三頁）

と言った。マンドハイ・ハトンはこの言葉をもっともだとし、サダイ・ドゴランを叱り、頭から熱い茶をかけたという。

マンドハイ・ハトンはこの後オルドスにあるトルイの妃エシ・ハトン（ソルハクタニ・ベキ）の廟の前でお祈りをする。その最後に、

もし私のこの言葉に同意するなら、エシ・ハトンなる私の母よ。私の内の襟に七人の男子を生ませよ。私の外の襟に一人の女子を生ませよ。この私の言葉通りに七人の男子を恵む

なら、七人ともボロトbolodという名を与えよう。（一〇四―一〇五頁）

と誓ったという。こうしてマンドハイ・ハトンは七歳のバト・モンケと結婚し、亥の年に、ここでは一四七九年にあたるが、バト・モンケをハーンに擁立した。これがダヤン・ハーンである。その即位年齢、即位年については他のモンゴル年代記や明側の史料と食い違う点があり、多くの議論があるが、ここではそのことに触れるだけにしておきたい。なお『蒙古源流』はこの時マンドハイ・ハトンが三四歳であったとするが、『アルタン・トプチ』は彼女の年齢について何も触れていない。ダヤン・ハーンとマンドハイ・ハトンとの間には希望通り七人の男子と一人の女子が生まれた。『アルタン・トプチ』はこのうち長子トロ・ボロトと次子ウルス・ボロト、三子アルス・ボロト、四子バルス・ボロト、五子オチル・ボロトと六子アルジュ・ボロトがすべて双子で生まれ、七子のアル・ブグラのみが一人で生まれたとする。また女子の名は記していない。二人の間に生まれた子がほとんど双子で生まれたという言い伝えは著者不明『アルタン・トプチ』において始めて記され、その後のすべてのモンゴル年代記でも受け継がれている。ただしその組み合わせは異なっている。常識的に言えばこれだけの双子が生まれるというのは信じがたく、そこには何か隠された事実があると思われるが、それが何であるのかは不明である。マンドハイ・ハトンはオチル・ボロトとアルジュ・ボロトを身籠もっている時にオイラトに対する遠征を行ったと記されるが、そのあと『アルタン・トプチ』の記述の中から消えてしまう。

ダヤン・ハーンはチンギス・ハーン家を再興した人物として知られているが、モンゴル年代記も彼がめざましい活動を行ったと記している。特にモンゴリア各地へ遠征を行ったことが多く記されている。一つにはムスリムの有力者との戦いである。当時西方からムスリムがモンゴルに進出し政治に関与していた。それらはイスマイル（亦思馬因）であり、ビギルセン（乩加思蘭）であり、イバライ（亦不刺）であったが、彼らは、いずれも、当時のモンゴルにおける最高の軍事的権力者を意味するタイシ（太師）の称号を持っていた。ダヤン・ハーンは彼らと戦いこれを破ってチンギス・ハーン家の権威を回復したが、このことは明側の史料にも同様に記されている。ところで『アルタン・トプチ』はイスマル・タイシを破った後のこととして興味ある話を伝えている。ダヤン・ハーンの母シケル太后は夫であったボルホ・ジノンが殺害された後、このイスマル（イスマイル）・タイシに再嫁していた。イスマル・タイシが殺された時、彼女はダヤン・ハーンの部下のトゴチ・シグシに保護された。その時のことである。

〔トゴチ・シグシらは〕シケル太后に「馬に乗れ。」と言ったが、泣いて従わなかった。トゴチ・シグシは怒って、「お前の夫、〔ボルホ・〕ジノンは悪かったのか。お前の息子であるハーンは悪いのか。お前の国であるチャハルは悪かったのか。お前は何だと言って他人のために泣くのか。」と刀を突きつけ馬に持ち上げて乗せて連れて戻った。〔イスマルと〕

シケルから生まれたバブタイとボルハイを連れて一緒に戻った。ダヤン・ハーンが母シケル太后と邂逅する時に、トゴチ・シグシが言った。「あなたの敵を殺しました。あなたの恨みある者を降しました、私は。」その後シケル太后はシラ・ムレンのセレムケイという所で亡くなったという。（一〇九頁）

このエピソードは『蒙古源流』にも記されるが、イスマルとシケル太后に二人の子があったこと、またシケル太后の亡くなった場所は『アルタン・トプチ』にしか記されていない。

その後右翼部、すなわちモンゴル西部にあるオルドスからダヤン・ハーンのもとに使節が来て、右翼部では政治が乱れているのでダヤン・ハーンに支配するように要請があった。当時オルドス一帯で実権を握っていたのはウイグートのイバライ・タイシとオルドスのレグシ・アハラホという者であった。そこでダヤン・ハーンは第二子のウルス・バイホ（ウルス・ボロト）を部下のバババハイ・オルルクとともに派遣したという。ところがオルドスに到着したウルス・バイホの部下とイバライ・タイシの部下との間に小競り合いが起きた。イバライ・タイシ等はこれに反発し、

我々の政権を治めようと来たのだぞ。我々の首を治めようと来たのだろうか。今より政権をとるこのような人はこの〔後〕誰を区別しようか。」（一一三頁）

と言った。結局彼らはウルス・バイホを八白室において殺害してしまう。これに対してダヤン・

ハーンは次のように言って怒った。

「我が子、アババハイ（ウルス・バイホ）を殺したのだぞ。お前たちの誰を殺したのか。」と

おっしゃって、天に訴えた。

わき出して残る血を、

乾いて横たわる骨を、

上天なる主、汝よ知れ。

次なるは、聖エジェン（チンギス）なる我が父よ知れ。」と言った。（一一三―一一四頁）

このあとダヤン・ハーンは右翼部に対する遠征を行い、ダラン・テリグンにおいてイバライ・タイシ等右翼部の軍と戦った。この時ダヤン・ハーンの側近が、「イバライの命は火です。火に水をかければよいのです。」と言ったので、銀の碗に入った水を火にかけたという。激しい戦闘でダヤン・ハーンの軍にも犠牲者が出たが、様々な戦法を用いて右翼部を破った。その論功行賞として功績を立てた者をダルハンとし、税の免除などの特権を与えた。

『アルタン・トプチ』はダヤン・ハーンの最後について、

ダヤン・ハーンは三七年ハン位に座して、その四四歳の時にお亡くなりになった。（一一九頁）

と伝える。何年に亡くなったのかは記していない。ただ先にも紹介したように、『アルタン・

トプチ』はダヤン・ハーンは亥の年、七歳の時に即位したとしているが、そうすると三七年在位というのは数字が合わない。数字的には、『アルタン・ハーン伝』が伝えている三八年在位と一致する。ダヤン・ハーンが生まれたとされる亥の年は一四七九年にあたるが、それから計算すると死亡年は一五一六年になる。これは『アルタン・ハーン伝』の伝える一五一七年と、一年くい違う。ただし先にも述べたようにダヤン・ハーンの年代、事績については不明な点が多く、ここでは『アルタン・トプチ』に記されていることだけを紹介しておく。

(7) ボディ・アラク・ハーン

ダヤン・ハーンを継いだのはその孫のボディ・アラクである。ボディ・アラク・ハーンがダヤン・ハーンの孫であることは間違いないが、その父が誰であるのかが問題となっている。ボディ・アラクはダヤン・ハーンの長子トロ・ボラトの子であるという説と、次子ウルス・ボラトの子であるという説の二つがある。前者の説の代表的なものは『蒙古源流』と明の蕭大亨編『北虜風俗』付「北虜世系」である。後者は『アルタン・ハーン伝』とこの著者不明『アルタン・トプチ』である。『蒙古源流』はダヤン・ハーンの長子トロ・ボラトはハーン位に即かずに亡くなり、その子ボディ・アラクがダヤン・ハーンのあとを継いでハーンになったこと、他方ダヤン・ハーンの次子ウルス・ボラトは後裔無しに亡くなったと記している（Urga. 67r）。これに対して『アルタン・トプチ』は「ダヤン・ハーンの長子、トロ・ボラトはハン位に即かないうちに、後裔無しにお亡くなりになった。」（一一九頁）と記し、また『アルタン・ハーン伝』も、「またトロ・バイホ（トロ・ボロト）、チャガン・モンケ二人に、国を守る者である後裔が無いのである。」（第二〇節）と記している。この問題については種々議論がなされているが、どちらが正しいのかを判断することは難しい。ただ清朝時代の漢文史料では『蒙古源流』に依拠し、トロ・ボロトの子をボディ・アラクと記している。

(8) アルタン・ハーンの事績について

ボディ・アラク・ハーンを継いだダライスン・ハーンの治世を『アルタン・トプチ』は亥の年（一五五一）から巳の年（一五五七）と記すが、この時代、彼を差し置いてモンゴル最大の実力者となっていたのはトゥメト王国のアルタン・ハーンであった。アルタン・ハーンの事績について『アルタン・トプチ』は、

そのハーン（ダライスン）の時代にバルス・ボロト・ジノンの子、ゲゲン・アルタン・ハーンは、「聖主（チンギス）なる我らの父が、艱苦して集めた五色四夷国、オゲデイ・ハーン、クルク（ギュク）・ハーン、モンケ・ハーンの時代に得た仏の教えの尊きもの、化身セチェン・ハーン（フビライ）がうち立てた平和な政権、貴重な教え、仏法、堅固に建てた宮殿、町、城を運命の力により失った。その後エルベク・ハーン、アダイ・ハーン、タイスン・ハーンの恨みを追って、アクバルジ・ジノンを計略で害した。」と昔の、それ

らすべての恨みある者を思い出して、中国とオイラトを攻めに行ったという。(一二三頁)と記している。さらに青海のアムドのシラウイグルにも遠征し貢物をとったこと、オイラトを攻撃して降伏させたこと、さらに中国を攻撃し、そのために「中国の大明皇帝は恐れて貢物を差し出し、アルタン・ハーンに順義王の称号を差し上げた。」(一二四頁)と記している。ここで明がアルタンを恐れて順義王の称号を差し上げたとしている点は前章で紹介した『アルタン・ハーン伝』の表現と同じであり興味深い。

アルタン・ハーンの事績としてチベット仏教に対する帰依やその保護が知られている。『アルタン・トプチ』はそれをダライスン・ハーンの次のトゥメン・ジャサクト・ハーンの時代(一五五八―一五九二年)に起きたこととして、

同じアルタン・ハーンは、トゴガン・テムル・ハーン(順帝)の時代に失われた政権、絶たれた仏の教えをお招きするために、観世音菩薩の化身ダムジン・チャムバ・ソドナム・ジャムソ・ホトクト・ダライ・ラマ、マンジュシリ・ホトクト、オチルバニの化身ツァムド・イルチャイルン・ホトクト、これら三人のホトクトを始め、多くの賢人、僧侶等をディヤン・キヤにより勧請して、〔モンゴルに〕お出ましにならせて来た。強力なジョー・シャカムニ仏の像を宝石、金銀で建立した。絶たれた教えを勧請して、破壊した政権を整えて、五色四夷国に昔のセチェン・ハーンの様に有名になった。(一二四―一二五頁)

と記している。さらにこの後、アルタン・ハーンの孫、スメル・メルゲン・タイジからダライ・ラマ三世の化身、四世ヨンダン・ジャムソが生まれたことも記している。ただしこれらアルタン・ハーンとチベット仏教との関係についての記述は、『蒙古源流』に比べるとかなり簡略である。

『アルタン・トプチ』の最後はリグダン・ハーンの事績とチベット仏教がモンゴルに広まったことが記されるが、その内容についてはすでにその編纂年代についての議論の中で紹介した。最後に、

モンゴルのハン等の行いを奉じた、『ハン等の根源、簡略なるアルタン・トプチ』という名の経典は終わった（同）。

と締めくくっているが、一般にこの年代記の名が『ハン等の根源、簡略なるアルタン・トプチ Qad-un ündüsün-ü quriyangyui altan tobči』と呼ばれるのはこれに依る。なお著者不明『アルタン・トプチ』にはチンギス・ハーン家の系譜がほとんど記されていない。これ以後に編纂された年代記には多かれ少なかれチンギス・ハーン家の系譜が記されるようになるが、この点も著者不明『アルタン・トプチ』の特徴と言えよう。

第六章　『蒙古源流』

一、『蒙古源流』と著者サガン・セチェンについて

一七世紀前半、モンゴルは大きな時代の転換期を迎えていた。モンゴル最後の大ハーンと呼ばれるリグダン・ハーンは政治的に分裂していたモンゴルの統一を目指して活動した。しかし彼の行動は決してチンギス・ハーン家の者の支持を受けたものではなく、むしろ反発とそれに対する軍事的圧力という形で混乱が続いた。モンゴリア東部の王族たちは当時東北地域に台頭してきた後金国に降って保護を求めるようになった。このことからリグダン・ハーンと後金国とが軍事的衝突を繰り返すようになる。リグダン・ハーンは一六二〇年代末までにモンゴリアのかなりの領域を支配したように見えたが、それは必ずしも実態を伴ったものではなかった。一六三〇年代初めリグダン・ハーンは青海地方でチベット仏教の宗派であるゲールグ派とカル

マ派の争いに介入し、遠征を行ったが、その空白をついて後金国の太宗ホンタイジが内モンゴルへ進出、リグダン・ハーンの本拠地であったフフホトを占領した。一六三四年、リグダン・ハーンが青海地方のシラ・タラで天然痘に罹って死去すると、その子エジェイ・ホンゴル Ejei qongγor は翌年フフホトに赴いて太宗のもとに降った。一六三六年、後金国の都のあった奉天（瀋陽）に満洲、モンゴル、漢人の有力者たちが集まり、太宗にチンギス・ハーンの別号であるボグド・ハーン Boγda qaγan の称号を奉た。ここに太宗は国号を大清としたが、またモンゴリアの支配者としての正当性を獲得することになった。その後編纂されたモンゴル年代記にはこの清朝の影が色濃く写し出されることになる。

一六〇四年、ちょうどリグダン・ハーンが即位した年、内モンゴル、オルドス万戸のウーシン旗の王族の子としてサガン・セチェン Sayang sečen が誕生した。彼は先に紹介した『チャガン・テウケ』の編者、ホトクタイ・セチェン・ホンタイジの曾孫にあたる。彼の生きた時代はまさにモンゴルの激動期であった。その彼が一六六二年に編纂した年代記が『エルデニイン・トプチ Erdeni-yin tobči』である。正式な表題は Qad-un ündüsün-ü Erdeni-yin tobči（『ハン等の根源の宝石の概要』）であるが、乾隆帝時代に漢訳された時に『蒙古源流』という名が付けられた。我が国や中国ではこの名前で呼ばれることが一般的であるので、本書でも『蒙古源流』の名で呼ぶことにする。

著者サガン・セチェンについては基本的に『蒙古源流』に記されていること以外にはよく分からない。その『蒙古源流』によって彼の年譜をたどると、甲辰（一六〇四）年に生まれ、一一歳の時にサガン・セチェン・ホンタイジの称号を授かったという。さらに一七歳で大臣tüsimel の位に列せられた。壬戌（一六二二）年に明との交渉に赴き、丁卯（一六二七）年にはオルドスの長であったリンチェン・エイェチ・ダイチンからハン qan の称号を与えられ、さらにリグダン・ハーンの部隊に入り、チャハルの大臣等と盟を結んだが、甲戌（一六三四）年、リグダン・ハーンの死をきっかけに故郷のオルドスに戻り、同年エルケ・セチェン・ホンタイジの称号とダルハンという様々な特権を持つ称号を得たという。この他にサガン・セチェンの消息を伝えるものとして『清太宗実録』巻二九、崇徳二（一六三七）年一〇月己未、同、巻五七、崇徳六（一六四一）年八月甲辰の条に、オルドスから太宗のもとに来た使節の中に薩甘《サガン》台吉、薩干〔台吉〕の名が見えるが、これは恐らくサガン・セチェンのことであろうと思われる。彼はオルドスのウーシン旗のイェケ・シベルに根拠を置いて活動していたが、一六三五年以降居住地をそれより南の、現在の陝西省サインドラ Sayindur-a の北にある長城のこちら側のイェケ・ブトゥン Yeke bütün に移してそこで亡くなったという。そしてその遺骨はイェケ・ブトゥンから西南にあるササイン・チャイダム Sasa-yin čayidam に埋葬され、代々その子孫により祀られてきた（Narasun, Öljei temür, 1986, 240）。なおサガン・セチェンの名前についてであるが、あとで紹介する『蒙古源流』のモンゴル文テキストの一つ、殿版にサナン・セチェン Sanang sečen と記されたこと、またその漢訳本を含め長い間この殿版系テキストしか知られていなかったために、作者の名はサナン・セチェンであると見られていた。しかし後に、ウルガ本など別な、そして良好な写本が発見され、そこには Sanang ではなく Sayang と記されていたことから、現在ではサガン・セチェンが正しいという考えが受け入れられている。

『蒙古源流』は早くからオルドス以外のモンゴルの王公の間に広く行き渡っていたために、数多くの写本、版本が存在する。しかしこの年代記がモンゴリアの外に出たのは意外なことがきっかけであった。この事情に関しては『四庫全書総目』巻五一、史部、雑史類、欽定蒙古源流八巻、『大清高宗実録』巻七五六、乾隆三一年三月辛未、さらには北京の第一歴史檔案館所蔵の満文檔案などに記されている。これらによると、乾隆帝が古い歴史を調べた際に、チンギス・ハーンの後裔はボルジギン（ボルジギト）という姓を持っているのに、『元史』では奇渥温 Ki o un 姓と記しているが、これは音声上符合しない、と疑問を持ち、ハルハ（外モンゴル）のサインノヤン（賽音諾顔）部の扎薩克和碩《ジャサクホショイ》親王で、当時定辺左副将軍の任にあったチェングンジャブ（成袞扎布）に対して調べるように命じたという。また同時に何かこれに関する古い記録があるのかどうかを調べて上奏するように命じた（乾隆三一年二月六日）。この乾隆帝の命に対してチェングンジャブは一ヶ月足らずで上奏文を差し出し、自分たちは通常はキヨト骨《ヤスン》、ボルジギン姓と言って来たこと、自分たちの所にある「チンギス・ハン時代の根源を記した書物」にもキヨト骨、ボルジギン姓と記しているが、決してKi o unとは記していない、と回答した。「キヨト骨」とはモンゴル語ではKiyod yasun（yasutu）である。「yasun、骨」とは先祖を同じくすると考える父系親族集団を意味するが、それらの集団があとに複数の氏族（オボク、氏、姓）に分かれていっても、全体として同じ「yasun、骨」に所属すると考えられていた（ウラディーミルツォフ、一九四一、一〇二―一〇三頁）。すなわち「キヨト骨、ボルジギン姓」とは祖先を同じくすると考えていたキヨト集団（骨）に所属するボルジギン姓（氏という意味になる。

この時チェングンジャブは乾隆帝の求めに応じて一つの書物をもたらした。『大清高宗実録』ではこれを「清吉斯汗世系記載檔案」と呼んでいる。「清吉斯汗」は「成吉思汗（チンギス・ハン）」である。中国第一歴史檔案館所蔵の満文檔案ではこれをいろいろな表現で記している。例えばCinggis han forgon-i da sekiyen be ejehe bithe（チンギス・ハンの時代の根源を記した書物）（『満文月摺檔』、乾隆三一年三月初二日、成袞扎布奏聞）とかYuwan gurun-i da jalan be ejehe emu bithe（元朝の根源の世代を記した一つの書物）、『満文月摺檔』、乾隆三一年、四月初三日）というように呼んでいる（岡洋樹の調査によると殿版『蒙古源流』に関する満文檔案は同檔案館には四点あるが、それらについては同氏の紹介による。もちろんこの時には『蒙古源流』という名前はまだ付けられていない。このときチェングンジャブから理藩院に送られてきたこの書物 bithe は関係者の手に渡され、改訂された。それが内府抄本（故宮鈔本）と呼ばれるものである。これらをさらに改訂したモンゴル文テキストが作られたが、このモンゴル文から満訳本が作成され、さらに満訳本から漢訳本が作成され、殿版として刊行された。蒙文と満文がいつ刻本となったかについては分からないが、田村實造は「すくなくとも満文蒙古源流（鈔本）は漢文蒙古源流が訳出進呈された乾隆四十二年五月以前には、すでに蒙文からの繙訳を完了していたことは推定し得るであろう。」、「蒙文から満文への繙訳は、ジェングン・ジャブ（チェングン・ジャブ）が献呈した同じ年か、ないしはその翌年になされた。」と述べている（田村實造、一九六三）。後者についていえば乾隆三一年か三二年にあたるが、それについての当否については判断できない。また同氏は漢文刻本については『四庫提要』の文章を根拠に、

漢訳本ができあがったのが乾隆四十二年五月、そして厳密な校訂を経て、その改訂本が浄書進呈されたのは、その後十二年を経過した五十四年二月であったのである。漢文蒙古源流の殿版は、この最後の改訂本に基づいて雕印されたわけである。

と述べている。

この漢訳本（殿版）の原本であるモンゴル文テキスト、すなわちチェングンジャブが乾隆帝

に献呈したと思われる写本は、現在モンゴル国、ウラーンバートルのモンゴル国立中央図書館に所蔵されている。その表紙には、

Tengri-deče jayayabar egüdügsen qad-un altan uruy čayan teüke nere-tü tuyuji bolai（『天からの命により創成したハンたちの黄金の一族の白い歴史という名の物語』）

と記されている。チェングンジャブから乾隆帝に差し出された写本にどのような表題が付されていたのかは分からないが、乾隆帝の命によりこれが再編纂される過程で表題が変えられたようである。内府抄本や満訳本には表題は付されていないが（Haenisch, 1966, 江実、一九四〇、研究篇、二七頁）、殿版のモンゴル文テキストには Enedkeg töbed mongyol qad-un čayan teüke neretü tuyuji（『インド、チベット、モンゴルのハン等の白い歴史という名の物語』）という表題が冒頭に記されている（Haenisch, 1959）。殿版に付された表題の中で čayan teüke neretü tuyuji（『白い歴史という名の物語』）は、明らかにチェングンジャブが差し出した元本に記されていたものである。漢訳本には『蒙古源流』とともに「額訥特珂克土伯特《エネドケクトベト》蒙古汗等源流」の表題が記されている。これは「インド、チベット、モンゴルのハン等の源流」の意味であるが、モンゴル語版の「čayan teüke（白い歴史）」に相当する部分が訳されていない。なお『蒙古源流』の本来の表題は先に紹介したように、Qad-un ündüsün-ü Erdeni-yin tobči であるが、この表題が写本の表紙にそのまま記されることはほとんどない。本来『蒙古源流』は分巻され

ていなかったが、内府抄本が作成される時に八巻に分巻され、その後の殿版編纂時でも踏襲され、蒙文、満文、漢文版もすべて八巻に分けられている。

問題なのはチェングンジャブから差し出された写本のテキスト自体一部改変されていた上に、最後の奥書をすべて欠いていたことである。さらにこのテキストは清朝側の関係者によって再び手を加えられ、大幅な文章の削除と一部の改変が行われ殿版として刻本された。さらにモンゴル文から満文、満文から漢文へと翻訳される過程で誤訳が生じた。その意味でモンゴル文であれ漢訳文であれ殿版『蒙古源流』は本来のものとは内容も異なり、改悪されたテキストなのである。ところが『蒙古源流』のテキストとして知られ、長く利用されたのはこの殿版系のテキストであった。

『蒙古源流』のモンゴル文テキストは比較的早くロシアにもたらされた。一七九五ー一八〇七年の間にロシアの宗教使節団の学校の学生であったヴァシリー・ノヴォセロフによって北京で購入されたものが、一八一六年にブリヤート人の手に渡り、のちにこのブリヤート人はI.Ya. シュミットの指導のもとで翻訳作業をするためにサンクトペテルブルクに呼び寄せられたという。別な説では一八一四年にホリ・ブリヤートのノムトゥ・ウタエフとバドマ・モルシュノフによってこの写本はサンクトペテルブルクにもたらされたが、そこでシュミットに取り上げられた、ともいう（Пучковский, 1954, 101）。このテキストをもとにシュミットは一八二九年に、全体を一〇章に分け、モンゴル文テキストとドイツ語訳、注釈を付した研究書を刊行した。これが通称シュミット本と呼ばれるものである。このシュミット本はこれ以降、他のモンゴル文写本の存在が知られるまで一〇〇年余り『蒙古源流』の唯一のモンゴル文テキストとして利用され、また高い評価を受けてきた。しかしながらノヴォセロフによってもたらされシュミットが底本にしたのは殿版系のテキストであり、またシュミット自身によって改変された部分もあり、のちに多くの写本が知られるようになると評価は一変した。

漢訳本の研究を本格的に行ったのは清末の進士で学者でもあった沈曾植である。彼はこれに注釈を施し、『蒙古源流疏』八巻を作成していたが、刊行されないままになっていた。これをその弟子である張爾田が自分の注釈を加えて一九三二年に海日楼遺書之一、『蒙古源流箋証』として刊行した。

殿版系以外のモンゴル文テキストを始めて紹介したのはジャムツァラーノであった。彼はその著『一七世紀のモンゴル年代記』(Жамцарано, 1936, Žamtsarano, 1959)の中で旧ソ連の東洋学研究所所蔵の四本の『蒙古源流』の写本を紹介した。その中で、原本はモンゴル国立中央図書館の所蔵で、そのマイクロフィルムが将来されていた、通称ウルガ本が最良のテキストであることを述べ、殿版やシュミット本にはない、長い奥書を原文で紹介している。

このような状況は一九五〇年代になると一変する。その中で顕著な功績をあげたのはドイツのモンゴル学者ヘーニッシュであった。彼は一九五五年に当時の東ドイツのベルリンにあったアカデミー出版からウルガ本の写真版を出版した（Haenisch, 1955、以下特に注記しない限り、『蒙古源流』からの引用文はこのテキストに依る）。彼は一九二八年にモンゴル政府の招待を受けてモンゴルに行った際に、科学委員会所蔵のその写本の写真版を贈られたがそれを複製したものである。さらにヘーニッシュはモンゴル文殿版『蒙古源流』とそのもとになった内府抄本のファクシミリ版を刊行した（Haenisch, 1959、1966）。他方ベルギー出身でアメリカで活動していたモステールト神父は通称オルドス本と呼ばれる三種類のテキストをハーヴァード大学出版会から、Scripta Mongolica シリーズの第二として公刊した（Mostaert, 1956）。これは彼が一九年間、内モンゴルのオルドス地方を中心にキリスト教の布教に従事する傍ら、当地のモンゴル人が所有していた三種の『蒙古源流』を自ら抄写したり、あるいはモンゴル人に抄写してもらったものに拠っている。

一九六〇年代に入るとモンゴル、中国でも『蒙古源流』のテキストが公刊されるようになった。モンゴルではナスンバルジュルがウルガ本を底本にして、モンゴル国立中央図書館に所蔵されている他の写本との異同を示した校訂本を刊行した（Nasunbaljur, 1961）。中国では一九六二年に『蒙古源流』編纂三〇〇周年を記念して、オルドスのオトク旗南部、ウーシン旗北部の境界付近のエリイェン・トロゴイ Eriyen toloyoi にあったアラク・スルデ陵で保管されてきた写本をファクシミリ版で公刊した（Mergenbayatur, 1962）。通称アラク・スルデ本である。原写本は現在内蒙古社会科学院図書館に所蔵されている。さらに一九八七年、フフオンドルは同じ内蒙古社会科学院所蔵の一写本、Erdeni-yin tobčiy-a という表題を持つ写本を底本にして、同図書館所蔵の別の写本や、ウルガ本、シュミット本、殿版などとの記述の相違を示した校訂本を公刊した（Kökeöndör, 1987）。また一九九六年にキオドとザガスターにより、モンゴル国のケンテイ（ヘンテイ）・アイマク本が公刊された（Chiodo, Sagaster, 1996）。

こうしてシュミット本が公刊されてから百数十年を経て、一九五〇年代に新たな写本が紹介されて以降、一〇種類近くのテキストが公刊されたが、実際にははるかに多くの写本が存在している。判明している限りでも三〇種類近い写本、版本が存在しており（森川哲雄、一九九五）、さらにまだ個人的な蔵本もあるようであり、その数はもっと多いと考えられる。

なお『蒙古源流』に関する原文からの信頼できる訳書がいくつか公刊されている。一つは烏蘭『《蒙古源流》研究』（烏蘭、二〇〇〇）で、現代中国訳の他に原文のローマ字転写テキスト、詳細な訳注、索引等からなっている。もう一点は岡田英弘『蒙古源流』（岡田英弘、二〇〇四）で、日本語訳、注釈からなっている。

二、『蒙古源流』の編纂年代に関する議論

この『蒙古源流』の編纂年が一六六二年であることは現在ほとんど定説になっている。しかしこの年代については早くから疑問が出され議論が行われてきた。問題なのは著者サガン・セチェンはその奥書で明確に編纂年を記しているにも拘わらず、そこに示された年が一六六二年ではないことである。『蒙古源流』の編纂年を一六六二年としたのはシュミットである。先に示したように彼は一八二九年に『蒙古源流』のモンゴル文テキスト、そのドイツ語訳、注釈を付して公刊した（シュミット本）。このシュミット本の中で編纂年代は次のように記されている。

uryumal törögsen-i sim bars jil-e tabin yisün nasun-dur-iyan tegüskebei.

（勝生年の壬寅年にその五九歳の時に年に〔書き〕終わった。）（Schmidt, 1829, 298）

「勝生 uryumal törögsen 年」とはチベットの暦で六〇年を一つのサイクルとした第五九番目の年を意味する。「壬寅年」はこの頃では一六六二年にあたる。サガン・セチェンが生まれたのが一六〇四年であるから、「五九歳」とはちょうど数えで五九歳となり、つじつまが合うように見える。先にも述べたように、シュミット本以外の『蒙古源流』のモンゴル語テキストは一〇〇年以上も研究者の目に触れることはなかったからここに記される、一六六二年成立説が疑いなく受け入れられたのである。シュミット本は『蒙古源流』のテキストの中では殿版系のものとされるが、この殿版系のテキストは先に述べたように、乾隆帝時代にモンゴル文から満

内蒙古社会科学院蔵『蒙古源流』写本二種

文、満文から漢文に翻訳された。その漢訳文は原モンゴル文と比較すると、かなり誤りがあることが指摘されている。しかしこの編纂年代を記した部分は、中間に満訳文を介するものの、比較的正確に翻訳されている。そこには次のように記されている。

乙丑年の九宮値年、八宮翼火蛇當値之《の》二月十一日、角木蛟鬼金羊當値の辰自《よ》り起《はじ》めて、六月初一日角木蛟鬼金羊當値の辰に至り告成す。

「乙丑年の九宮値年」とは原文の uryumal törögsen jil yisün ulayan kiling-tü kemekü-yin tabin yisüdüger を訳したもので、厳密には「勝生年の第九赤の忿怒明王という五九番目」であるが、このうち「忿怒明王という五九番目」は乙丑年にあたる。この頃の乙丑年は一六二五年もしくは一六八五年になる。シュミット本とは全く異なった記述をしていることが分る。しかしこの記述は『四庫全書総目』の「蒙古源流」の項にそのまま掲載されており、早くから知られていたが、それが議論されることはなかった。一九四〇年に満訳本から日本語訳を行った江実は「この漢訳蒙古源流が既に大いに内外学者間に云々されていたが、何故にこの乙丑年が問題にならなかったのかと思えば不思議なほどである。」と述べている。しかし江実はサガン・セチェンの生年が一六〇四年であることを考慮して、結論的には一六六二年説を支持した。

この問題を改めて取り上げたのはモステールトであった。彼はオルドス本の解説の中でそれについて論じている。サガン・セチェンはその奥書の二カ所で編纂した年を記している。最初の部分では次のように記される。

uryumal törögsen jil yisün ulayan kiling-tü kemekü-yin tabin yisüdüger,
uryuysan oytaryui-yin jil naiman čayan-u egüskegči-yin qoyaduyar,
udirabalguni sarayin arban nigen modun gray ilayuysan odun edür ekilen,

uc̆iraju burvasad sarayin nigen sini yadasun gray bus odun edür-e tegüskebei.
勝生年の第九赤の忿怒明王という五九番目（乙丑）の、昇った天の年の八白を始めた者の第二番目（二月）の、翼宿月の一一番（一一日）木曜の勝者星の日に始まり、出会って箕宿月（六月）の初一日に〔書き〕終えた。（97r）

第二の部分では次のようにある。

törögsen jil kiling-tü kemekü-yin tabin yisün-e,
tübegsen jil buyan egüskegc̆i-yin as̆vini sara-yin,
tüsid-eče bayuysan yeke takil-un c̆ay qorin qoyar,
tügemel bus odun modun gray edür-e delgeregülbei.
生まれた年は忿怒明王という五九番目の、
満ちた年、致善 buyan egüskegc̆i（壬寅年）、アシュヴィニ月（九月）の、
兜率天から降った大祭の時、二二日、
満ちた鬼宿星の木曜日に広めた。（102r）

実はこの第二の部分は殿版には記されていない。モステールトはこの二つの文のうち、最初の文を「私が生まれた年である yisün ulayan kiling-tü（一六〇四年）と呼ばれるものから数え

て五九番目であるNaiman čayan-u egüskegči〔という名を持つ年の〕Udirabalguni月（二番目）のmodun gray ilayuysan odun〔と呼ばれる日〕（一六六二年三月三〇日）から始めて」と訳した。しかし彼は冒頭のuryumal törögsen jilを「勝生年」と訳さず、シュミット本に引かれたのか「私が生まれた年」と訳し、次のyisün ulayan kiling-tüも十分理解せず、一六〇四年とし、結果的に編纂年を一六六二年とした。しかしこれは誤訳であり、黄明信、申暁亭（一九八七）らによって批判される。ただ第二の部分に示されるbuyan egüskegčiは「致善」の意味で、六〇年周期の第三六番目にあたり、十干十二支では壬寅年で、一六六二年になるとしている点は正しい。いずれにせよモステールトは一六六二年編纂説を支持したのである。これに対し黄明信、申暁亭らはさらに一歩進んで、そこに示されている日付（例えば二月一一日、六月一日、あるいは九月二二日など）がそれぞれの年代と合致するかどうかについて検討を行った。その結果、氏らは時憲暦によっても時輪暦によってもそれらの日付がその年、つまり一六六二年、一六八五年のいずれにも合致しないことを明らかにして、編纂年代については未だ検討の余地がある、と結論している。この黄明信、申暁亭らの見解は根拠のあるものである。サガン・セチェンがチベット暦による年、日にちを正確に理解していなかったのであろうか。第二の部分では壬寅（一六六二）年と示しており、また『蒙古源流』の記述は康熙帝の即位（一六六一年）と初代パンチェン・ラマの死（一六六二年）までを記しているので、一六六二年のそれほど過ぎない年に編纂されたと見るべきであろう。

三、利用した史料

サガン・セチェンはその奥書の前半で『蒙古源流』を編纂する時に七種類の史料を利用したとしてその表題を示している。それは次のようである（96v-97r）。

一、Tegünčilen üjegseger udq-a-tu čiqula kereglegči kemekü sudur（『かく見つつ意義持つ重要なる必要なものという経』）

二、Teyin kü γayiqamsiγ-a üjegsekü sečeg-ün čomorliγ neretü šastir（『そのように驚異に見られる花の蕾』という論）

三、Tegside činar siltaγan ündüsün-i uqaγuluγči ulaγan debter（『等しく本質、原因、根源を理解させるものである赤い冊子』）

四、Šarba qutuγ-tu-yin jokiyaγsan Qad-un ündüsün-ü tuγuji（シャルバ・ホトクトの編纂した『ハンらの根源の物語』）

五、Erdem-ten-ü sedkil-i geyigülküi sečeglig kemekü kitad-un šastir（『学ある者らの考えを輝かせる花園』という中国の論）

六、Erkin degedü čakravar-d qaγan-u bayiγuluγsan nom-un čaγan teüke（『いと尊き転輪

王のうち立てた仏法の白い歴史』)

七、Erten-ü qad-un ündüsün-ü yeke sir-a tuyuji(『古のハン等の根源の大黄書』)

これらの七つのうち、現在確認できるものがいくつかある。一つは第一の、『かく見つつ意義持つ重要なる必要なものという経』で、中国の学者は単純に『本義必用経』と訳しているが、この原本は元朝時代のフビライの時代に、チベット僧パクパによって編纂された『彰所知論』であるという。ただしこの『本義必用経』は『彰所知論』そのものではなく、一七世紀の初めにシレゲトゥ・グーシ・チョルジによってモンゴル語訳された改定版であって(Heissig, 1959)、その部分訳であるとされる(石浜裕美子、一九九三)。もう一つは第六の『いと尊き転輪王のうち立てた仏法の白い歴史』である。これはサガン・セチェンの曾祖父であるホトクタイ・セチェン・ホンタイジが編纂したもので、先に紹介した『チャガン・テウケ』である。ここに示されている『チャガン・テウケ』の表題は現在一般に知られているArban buyan-tu nom-un Čaγan teüke ではないが、このことはさほど問題ではない。この他のものについてはどのようなものであるか明らかでない。モンゴル年代記において、その記述の根拠となった史料を示している例は見られるが、このようにまとめて、明確に示したものは他にない。

サガン・セチェンが利用した史料はこれだけではない。彼は本文中にこれら以外の史料の名を示している。すなわちČay-un kürdün-ü toyačin(『時輪経』)、Degedü altan gerel neretü sudur（『勝金光明経』）、Šajin-u toyan-u sudur（『法数経』）、Sayin üge-tü erdeni-yin sang（『善説宝蔵経』）などである。この他具体的な名前をあげてはいないが、その記述内容の類似性から利用したのではないかと思われる史料もある。これらの史料はすべてモンゴル語の表題が付されているが、原典がチベット語のものが多い。サガン・セチェンはこれらを原文で読んだのであろうか。サガン・セチェンがどのような教養を持っていたのかは明らかではないが、恐らくチベット語に対してかなりの知識を持っていたことは想像がつく。

四、『蒙古源流』の内容について

サガン・セチェンはその冒頭の箇所で、この著作において何を語ろうとするのかを四行詩の、頭韻を踏んだ形式で記している。

巨大な支え、外の器世界が定まったこと、
大いに信仰する者、内の種衆生が完成したこと、
大いに衆生を導く者、菩薩らが生まれたこと、
大いにすべてを楽しませる者、聖王らが広まったこと、

古のマハー・サムバディ王以来順番に、

古にインド、チベット、モンゴルが、
古よりいかに盛大になったかを、かいつまんでここに、
古の多くの経典と合わせて語ろう、私は。〔1v〕

以下、『蒙古源流』が記している内容について、基本的にこれに沿って紹介する。

（1）器世界の成立

まずはじめに「外の器世界」が定まったことについて説明する。「器世界」というのは生き物（衆生）が生きている大地を指す。これについては『倶舎論』などに記されている古代インドの宇宙観に基づいて説明している。最初に大地を支える下部の構造について述べている。

まず第一に外の器〔世界〕が定まったことといえば、三種のマンダラによって定まったのである。さて三種のマンダラとは、組織する者である風輪、揺り動かす者である水輪、〔それを〕支える者である地輪（金輪）〔である〕。〔1v〕

すなわち一番下層に風輪、その上に水輪、その上に地輪（金輪）が乗るという三層が大地を支えるものとして紹介する。さらにこの上に「威厳ある須弥山《しゅみせん》と、七つの金山、七つの楽海、四つの大洲と八つの小洲、計一二洲が定まった。」という。これら水輪、風輪、金輪や須弥山などは、『倶舎論』などではとてつもない大きさであると記されているが、『蒙古源流』はそれについては何も記していない。

次いで「内の種衆生」について触れている。それによれば初禅天にいた一人の天人が堕落して人の世界に生まれ、次第にその数が増えたという。その天人の化身たちは最初は地上を歩かず、空を飛び、不浄な物は食べず清らかな三昧《ざんまい》を食し、生まれる際も女性の子宮から生まれるのではなく神通力によって生まれ、また物を見る際も自分の出す光によって見るという。しかしその後一人の天人が地の油（バター）を食べたことからすべての神通力を失い、地上を歩むようになり、無明、情欲、嫉妬、吝嗇《りんしょく》の煩悩が生じるようになった。その中で一人の見目麗しく、公平で理知を持つ衆生が現れ、皆から王様に推戴される。これがインドの最初の王でマハー・サムバディ・ラーザ Maq-a sambadi raaza（共戴帝）である。

(2) インド、チベットの王統

モンゴルの歴史をインドの王統から書き始めるという構成はすでに著者不明『アルタン・トプチ』に見られるが、この点について『蒙古源流』はより詳細に記している。共戴帝のシャキャ族に自乳という王が出てから一アサンギ（一〇の五九乗）と七万四千五百六世代という気の遠くなるような時間が経過したあと、インドのマガダ国に獅子頬王が現れたが、彼には四人の息子がいた。浄頬王《じょうぼんおう》、白頬王《はくぼんおう》、斛頬王《こくぼんおう》、甘露頬王《かんろぼんおう》である。このうち浄頬王の息子として一切《いっさい》義成《ぎじょう》皇子が、戊申（紀元前一一二三）年の一一月の一五日に、ルンビニー園で誕生したという。一切義成皇子、すなわち釈迦の生誕の年は諸説いろいろあり、多くは紀元前六世紀の半ば、あるいは五世紀の半ばとしているが、ここではるかに古い紀元前二二一三年となっている。『蒙古源流』はこの釈迦の活動についてはそれほど記していない。その死は丁亥年、紀元前二一三四年のことという。翌年が戊子の年で紀元前二一三三年になるが、『蒙古源流』は年号を示すのに、しばしばこの戊子の年を紀元としている。釈迦の死後、マガダ国のマハー・パドマ（大蓮華）の子影堅王、、コーサラ国の梵授の息子サルジャル（勝軍）王、バドサラ国のプラチャンダグラヴァ王、コー・シャンビ国のシャルバ（出愛）王などが仏教に帰依しその教えを保護したという。

『蒙古源流』はその後インドにおいて仏教が隆盛したことを記し、アショカ王、カニシュカ王等による仏典の結集について記している。その後インドの多くの王の名をあげたあと、このインドの王統がチベットの王統に繋がったとする。サガン・セチェンはそのことを『天勝讃広註』という経典に基づいて記している。その概要は以下のようである。

バドサラ国のウダヤナという王に、犀のような毛、白いホラ貝のような歯を持ち、手足の指は鵞鳥のようにくっつき、目が鳥のように下から閉じるような子が生まれた。占い師に見せたところ、これは将来王に害をなすと言われたため、王はその子を殺すように命じたが、何をしても死ななかったので、銅の箱に入れてガンジス河に流した。一人の老農夫がその箱を拾い、中に男子がいるのを見て自分の子とした。その子には鳥や獣が清らかな食べ物を持って来て食べさせたという。その子が大きくなった時、老農夫から自分の出自を聞き、チベットへと旅をした。ヤルルンのエルケトゥ・タラという所に来ると土地の人がその子にどこから来たのか、どういう素性の者なのかを尋ねた時、その子は自分が天の子であることなど、その素性を明らかにした。チベットの人たちは彼が天の子であることを認め、木で椅子を作り、その上に座らせ、人の首のところに担いで雪のあるサムボ山に登って、彼を王に推戴した。彼はセゲル・サンダリト王（ニャチ・ツェンボ、首に座持つ王）となり、チベットを支配した。（7v-8r）

このセゲル・サンダリト（ニャチ・ツェンボ）王がチベットの支配者の始まりであり、その後裔がチベットを支配していったと記している。『蒙古源流』はそのあと吐蕃の王、ソンツェン・ガムボに唐の太宗の娘文成公主が嫁いだことに関連して、ソンツェン・ガムボが派遣したウラン・トゥシメルという大臣と唐の太宗との知恵比べについて、長々と記しているが、それについては省略する。

ところでセゲル・サンダリト王から七代目の王がダライ・ソビン・アルタン・シレゲトゥ（シチ・ツェンボ Sri khri btasn po）という人物とされるが、彼は大臣のルンナムによって殺害されたという。彼にはシバグチュ、ボラチュ、ボルテ・チノア（チベット文献ではシャチ sha khri、ジャチ Bya khri、ニャチ Nya khri）という三人の子がいた。これらの子供たちのうちボラチュはボーボの地に逃れ、ルンナムが倒されたあと再びチベットの地に戻り王となった。末子のボルテ・チノアはコンボの地に逃れたと記す。『蒙古源流』はこのあと『アルタン・トプチ』を踏襲し、ボルテ・チノアはコンボの土地に慣れ親しむことが出来ず、妻のフーア・マラルとともにテンギスという海を渡り東に向かい、バイカル河の岸にあるブルハン・ハルドナ山に到着したが、そこでバタBataという国の人に出会って、その国のノヤン(殿様)に推戴されたとする。『蒙古源流』でもモンゴルの王統の起源がチベットにあることが受け入れられている。

(3) チンギス・ハーンの祖先とチンギス・ハーンの事績

このあと『蒙古源流』はこのボルテ・チノアとフーア・マラルの後裔について記し、さらにチンギス・ハーンの活動について記しているが、その内容は多く著者不明『アルタン・トプチ』の記述に沿っている。しかし一部にはそれとは異なった記述も見られる。例えばアラン・ゴアがその子供たちに五本の矢を与えて折らせ、彼らが団結するように諭した話では、『元朝秘史』では前夫ドブン・メルゲンが亡くなったあと、三人の男子が生まれたことについて、アラン・ゴアとドブン・メルゲンから生まれた二人の子が不審に思い、自分の家にいるバヤウト族のマアリクとの関係を疑ったことに対し、アラン・ゴアがそれを否定し、夜、天窓から入ってきた天人の放つ光に感じて宿した子供たちであることを話し、矢を折らせて五人の団結を促した、と記されている。これに対して『蒙古源流』は、アラン・ゴアに疑いを持ったのは別な「邪悪な心を持った人」で、その人が上の二人の子供に対し「婦人が一人で〔暮らして〕いて〔子供が〕生まれることがあろうか。お前たちの家にバヤグトのマガリという者が住んでいる。彼の子であろうよ。」とそそのかした、となっている（25r-25v）。またテムジンがホンギラトのデイ・セチェンの娘ボルテと婚約した際に、父イェスゲイ・バートルはデイ・セチェンに対しテムジンが犬を怖がるといった話は『元朝秘史』や『アルタン・トプチ』には記されているが、何故か『蒙古源流』は削除している。またテムジンが許嫁のボルテと結婚する話について、『元朝秘史』は生涯の伴《とも》となるアルラトのボゴルチとの出会いのあとで、九歳の時に許嫁になっていたボルテを求めてデイ・セチェンのところに行ったというように記しているが、『蒙古源流』はそれより前のこととし、しかも「テムジンはその一七歳の戊戌（一一七八）年に、ボルテ夫人、丙戌（一一六六）年生まれ、その一三歳を娶ったのであった。」と記している。『元朝秘史』ではボルテはテムジンより一歳年上であったとするのに対し、『蒙古源流』は四歳も年下であるとし、しかもテムジン一七歳の一一七八年に結婚したと、その年まで記している。これは何ら信頼するに足らない記事であるが、それがサガン・セチェンの創作なのか、あるいは彼が利用した史料にそうなっていたのかは明らかでない。

ところで『蒙古源流』はテムジンが即位してチンギス・ハーンの名を称えたことについて興

味ある伝説を伝えている。すなわちテムジンがモンゴル部を統一して即位した時のこととして、それよりそのテムジン王子はその二八歳の癸酉（一一八九）年にケルレン河のコデゲ・アラルでハーン位に即いたときに、その日より三日前の朝にゲル（天幕）の前にある一つの四角い石の上で五色の雲雀のような鳥が留まって、チンギス、チンギスとさえずったことにより、真ん中にある称号はソト・ボグダ・チンギス・ハーン Sutu boyda Činggis qayan とあらゆる方向で有名になった。そのときその石が突然自然に割れた中からハス・バウア qas bau-a という玉璽が、その長さと幅は一指尺、背には亀の上に二匹の龍が絡み合っていて、紋は彫ったように盛り上がった〔もの〕が出た。（29r）

と記している。このチンギスという名の起源についての話は『蒙古源流』に初めて出てくるもので、著者不明『アルタン・トプチ』には見られない。もちろん鳥がチンギスとさえずったためにチンギスという称号を称えたというのは伝説に過ぎない。「チンギス」の名についてはバンザーロフの称えた天の子である精霊の一つ「ハジル・チンギス・テングリ」に由来するというのが有力視されている（バンザロフ、一九四二）。

チンギス・ハーンに関する記述の途中で『蒙古源流』は、「それより中国をその力に入れたことは、と言えば」として、漢の高祖から金の皇帝までの大まかな系譜（ただし比較的詳細なのは唐の皇帝だけであとは一部しか記さないが）を記している。その最後は「それより〔金の太祖より〕九代経つとき、戊戌（一〇五八）年より一三七年〔経過した〕甲寅（一一九四）年にモンゴルのチンギス・ハーンが中国のマンズ・アルタン・ハーン（金皇帝）を追い出し、政権を取って、その三三歳の甲寅年に赤い国、八〇万戸中国の一三省をその力に入れて、ダイミン・ソト・ボグダ・チンギス・ハーンと有名になった。」と記している。こうした古代中国の皇帝の系譜については他の年代記には見られない。

この他『蒙古源流』はチンギス・ハーンが多くの遠征活動を行ったことを記す。例えば乙卯（一一九五）年にはサルタグルのジャリルドン・スルタン・ハーンに対して、丙辰（一一九六）年にはトクマクのメングリク・スルタン・ハーンに対して、戊午（一一九八）年にはケレイトのオン・ハーン、丙申（庚申の誤り、一二〇〇）年にはナイマンのタヤン・ハーンに対して、壬戌（一二〇二）年にはゴルラスのナリン・ハーンに対して、甲子（一二〇四）年にはハルリグートのアルサラン・ハーンに対して、さらに丙寅（一二〇六）年にはチベットのクンガ・ドルジ・ハーンに対して遠征を行ったという。ただこれらの遠征については史実と合致するものもあるが、年代的にはほとんど合致していない。またチンギス・ハーンがチベット遠征を行った事実はない。なお『蒙古源流』はこのチベット遠征の途中インドにも遠征したとして次のような話を伝えている。

それよりまさにその途次、インドに出馬したが、チンダナラン峠という狭間を越えて行くうちに、一つの頭に一本の角を持ったセル（犀）という名の獣が走ってきて、エジェン（チンギス）の前で三度その膝を折り、叩頭したのであった。それを〔見て〕皆で驚いていると、エジェンはこのようにおっしゃった。「かのインドの金剛座というものは、昔の尊い仏、菩薩ら、力ある聖者、ハンらが生まれた土地であるということだ。今やこの舌、口のない（ものを言わない）獣がこのように人間のように叩頭するのは何であろうか。もし〔インドに〕至れば罪を生じる機縁となろう。上天の我が父が諫めたのであろうか。」と言って向きを変え引き返した。（36v-37r）

チンギス・ハーンがインドに足を踏み入れたのは、西方遠征でホラズム王国を制圧したあと、抵抗していたジェラール・ウッディーンを追って行った時のことである。ただここに記されている「一つの頭に一つの角を持ったセルという名の獣」、すなわち一角獣とインド遠征中に出会ったと言う話は『元朝秘史』や『アルタン・トプチ』などには見られない。しかしこの話はいくつかの中国側の文献に記されている。例えば南宋の周密『癸辛雑識』（続集上）の「西域異聞」の項に、

陳剛中が言うには、成吉思汗が常に西に遠征し、流沙万余里を渡った。その土地は皆荒れていて無人の地であったが、突然大きな獣が現れた。その高さは数十丈、一角で犀のようであった。人間の言葉が出来、次のように言った。「ここはお前の世界ではない。速やか

に帰るように。」〔チンギスの〕側近たちは皆震え恐れた。耶律楚材が進言するには、「この獣の名は角瑞で、一日に万里を走ることが出来ます。霊異は神鬼のようですからこれを犯してはなりません。」そこでチンギスは引き返した。

と記されている。このチンギス・ハーンが角瑞に出会ったという話はこの他に『綴耕録』、『元史』などにも見られる（これについては恵谷俊之、一九六五参照）。

『元朝秘史』によれば一二〇六年、チンギス・ハーンが第二次即位をしたあと、功臣たちに恩賞を与えたことが記されており、その際アルラトのボールチュ（ボゴルチ）に対しては、第二番目の功績者としてまず千戸長に任じ、さらに「右翼のアルタイ山にまで広がる万戸を支配せよ。」として万戸長に任命している。しかし『蒙古源流』はこのボゴルチに対する恩賞について別な説話を紹介している。それを概略紹介すると以下のようである。西方遠征から帰還した時、多くの功臣たちをその功績に従って百戸長、千戸長、万戸長、大万戸長に任命したが、ボゴルチだけには何の恩賞も与えなかった。その夜チンギスの妃であるボルテが寝床の中でチンギスに対して多くの功績をあげたボゴルチに対して何の恩賞も与えなかったのはどうしてか、と尋ねると、チンギスは、「私は忘れたのではない。妬む者に彼の人徳を示してやろうとしたのだ。」と言って召使いのバチンをボゴルチの家に送って家の様子を調べさせた。するとボゴルチの家ではやはりその妻テグスケン・ゴアが夫に対して、他の家臣よりも多くの功績をあげたにも拘わらず、他の者には万戸長、千戸長にしながらチンギスがボゴルチのことを一言も言わなかった、と恨み言を言っていたという。これに対してボゴルチは「伴に対しては報酬を求めることなく、自分の力を尽くすものである。自分が恩賞をもらわなくても、いつか自分の後裔がもらうだろう。ご主人様は何か試しているのであろう。自分を忘れることはない。」と答えた。この話をバチンはチンギスに伝えると、チンギスは改めてボゴルチの誠実さを確認し、翌日皆を集めてボゴルチに対する論功行賞を行い、彼に対する恩賞に対して妬んではいけないと諭した上で、妻のテグスケン・ゴアにはブジン・タイブジン（夫人・大夫人）の称号を与え、ボゴルチをすべての功臣の筆頭、「九州の長」に取り立てた、という（37v-38v）。

チンギス・ハーンの最後の遠征は西夏に対するものであり、またその帰途彼は亡くなるのであるが、このことについても『蒙古源流』はかなりのスペースを割いて記している。これについては前章の『アルタン・トプチ』について述べた際に紹介した。細かい部分については記述にかなりの相違が見られるが、話の流れは大体一致している。

（4）チンギス・ハーンの後継者―トゴン・テムルまで―

チンギス・ハーンの後継者について前章で触れたように著者不明『アルタン・トプチ』は僅かにその名前と即位年、在位年、死亡年しか記さず、その事績についてほとんど記していない。『蒙古源流』も同様で、ほとんど記していない。ただチベット仏教に関係する事績については簡単に記している。例えば第二代オゲデイ・ハーンについて、「それからオゲデイ・ハーンは丁未（一一八七）年生まれ、その四二歳の戊子（一二二八）年にハン位に即いて、サキャ・タクパ・ゲルツェンをお招きしようとしたが遅れて〔お招きできず〕、六年経ってその四七歳の癸巳（一二三三）年にお亡くなりになった。」（42v）と記している。ここに記されているオゲデイの即位年も在位年も死亡年もすべて事実と異なっている（実際には即位年は一二二九年、在位一三年、一二四一年、五六歳で死亡である）。オゲデイが仏教を信仰したことも無いし、またチベット僧と会ったという事実もない。

奇妙なのはオゲデイの子であるギュクとゴデンに関する事績である。『蒙古源流』は次のように記している。

その（オゲデイの）子はギュクとゴデンである。兄のギュクという者は乙丑（一二〇五）年生まれ、その二九歳の癸巳（一二三三）年にハーン位に即き、六ヶ月経って同じその年に亡くなった。その弟ゴデンという者は丙寅（一二〇六）年生まれ、その二九歳の甲午（一二三四）年にハーン位に即いた。［中略］ゴデン・ハシ・ハーンは一八年ハン位にあってその四六歳の辛亥（一二五一）の年にお亡くなりになった。（42v）

史実から見てこの記述は正しくない。一つにはギュク（定宗）が即位したのは一二四六年のことであるが一二四八年死去で、在位三年であった。ギュクの在位を僅か六ヶ月とするのはチベット語文献に見られるもので（例えば『フーランテプテル』『漢蔵史集』『青史』など）、恐らくそれに拠ったものであろう。またゴデンがハーン位に即いたということも事実ではない。彼は西涼王として甘粛の地に所領を得たに過ぎない。著者不明『アルタン・トプチ』も多くのチベット語文献もゴデンの即位を記していないが、『新紅史 Deb ther dmar po gsar ma』はゴデンの即位を記している。それによると、「その後ジンギン（チンギス）という王が現れ、中国、チベット、西夏を支配した。二三年間彼は仏法に従って王国を守った。［中略］彼は六一歳の壬寅年に亡くなった。［中略］彼の息子ゴダン Go dan は六年支配した。［中略］ゴダンの子ギュク Go yug は六ヶ月支配した。」（Tucci, 1971, 178）。と記されている。ゴデン（ゴダン）をチンギスの子としたり、オゲデイの即位を記さなかったり、ギュクをゴデンの子としたり、全く信頼するに足らないが、ただゴデンが即位したこと（六年在位とするが）、ギュクの六ヶ月在位という点では『蒙古源流』の記述と合っている。サガン・セチェンはゴデンの即位については恐らくこうした一部のチベット文典籍に拠ったものであろう。

もう一つ、『蒙古源流』はゴデンが涼州にいたとき病気に罹り、チベットからサキャ・パンディタを招き病気を治癒してもらったということを記している。それによればゴデンは即位後乙未（一二三五）年に痛風を患ったという。誰が診ても治らなかったとき、チベットのラサのサキャ・クンガ・ゲルツェンという者を招けば御利益があるということであった。ゴデンからの招請を受けた彼はそれを承諾し、六六歳の時、丁未（一二四七）年に会見した。サキャ・クンガ・ゲルツェンはゴデンに潅頂を施し、祝福を与えたところ、ゴデンの病気は治癒したという（42v-43r）。これは『薩迦世系史』の記すところと同じでやはりゴデンがサキャ・パンディタを涼州に招いて、病気を治してもらったと言う話になっている（『薩迦世系史』、八二―八四頁）。ところがこの話は『アサラクチ史』ではオゲデイ・ハーンのことになっている。それについては次章『アサラクチ史』のところで紹介したい。

元朝（大元ウルス）の創始者であるフビライの事績についても、基本的にチベット仏教との関連で述べられている。特にサキャ・パンディタの甥とされるマディ・ドーザワ、すなわちパクパ・ラマとの出会いと彼を帝師に任命した経過についての伝説を記している。その中でフビライが金輪王の称号で呼ばれるようになった、ということが注目される。ただしフビライの事績についてはそれ以外何も記していない。フビライ以降の元朝のハーンについても世俗的な事績は何一つ触れられず、チベット仏教との関係で簡単に触れられるだけである。

明により中国を追われた順帝トゴン・テムルの事績はもっぱら政権を失ったことについてのみ記される。その話の内容は基本的に前章で紹介した著者不明『アルタン・トプチ』と同じである。ただ異なっている点もある。『アルタン・トプチ』にも『蒙古源流』にも順帝が政権を失う不吉な夢を見たことが記されているが、その夢の内容が異なっている。前章で紹介したように『アルタン・トプチ』では順帝が敵兵に包囲されて町の中を歩き回り、ようやく町から出る穴を見つけたという夢であったが、『蒙古源流』では一匹の鉄の牙を持った牡猪が町の中を走り回り人々を噛んで行き、また太陽と月が同時に沈む、という夢を見たとしている。また『蒙古源流』は『アルタン・トプチ』にはない、順帝の別な夢について記している。その内容はかなり仏教色の強いものである。以下簡単に紹介してみよう。

ある夜ハーンは夢を見た。一人の髪の真っ白な老人が来て、「お前は自分の番犬を殺してしまった。今、外の襲撃者、狼が来ようとしている。計略はあるのか。」と怒って瞬間的に消える夢を見た。翌日ハーンは自分の夢を恐れて、「自分の犬と言ったのはトクタガ太師を殺したことであろうか。外の狼と言ったのはジュゲ・ノヤン（朱元璋）が遅れたことであろうか。」と考えて自分のアナンダ・マディ・ラマに言った。ラマは一瞬声が無くなって、「昔、我々の頂飾、尊きラマ、聖シャキャ・パンディタのお説きになった『善説宝蔵経』に、自分の友は敵になっても利益がある、よそ者の敵が友になっても害がある、と説法されたように、番犬のようなトクタガ太師を殺し、襲撃者であるジュゲを信じたために、弊害が起きる予兆の夢がこれです。」と言った。ハーンは「今何をすればよいか。」と言うとラマは「昔、あなたの先の聖フビライ・セチェン・ハーンのときに、我らの尊き法王パクパ・ラマが三日間泣いているとき、ハーンが、「我がラマよ、あなたはどうしてこのようにひどく泣いたのか。」と言うと、「ハーンよ。あなたの時ではありません。我々よりあと、九代か一〇代経つときに、トガンという名のハーン（順帝のこと）が生まれると、そのとき我々二人の教えと政権が壊れるのです。そのために泣いたのです。」と言った。ハーンが「ラマよ、お前は幼いのにどうしてそのような遠くのことを知っているのか。」と言うと、「ハーンよ、私はこれ以外のことも可能です。以前あるときにこの地に七日間血の雨が降ったことも知っています。」と言った。ハーンは昔の書の蔵を探させると、ある書物に、昔中国の唐太宗皇帝のときに七日間血の雨が降ったと〔記して〕あった。それからインドの無着の弟子世親という者の弟子、唐玄奘訳者が、「皇帝よ、あなたのこの時ではありません。あなたよりあと、一〇余りの世代が経つときに、あなたの一族に唐哀帝が生まれれば、あなたの政権が交代する徴です。」と言ったのでした。その書物を見てハーンは以前よりさらに信仰した、と言います。そのような聖者たちが予言を示されたように、今、定命に至ったその業《ごう》を誰が止められましょう。そうではあるけれども、尊いラマに祈り、三宝を信じて、自身の守護者を敬えば御利益が生じるでしょう。」と言った。しかしハーンの心は悪魔に取り憑かれていたために、自分のラマを叱って、「ラマよ、お前は今や自分の国に戻るがよい。」とおっしゃった時、ラマは〔中略〕直ちに〔チベットに〕お戻りになった（48v）。

この話は順帝が帝師であるマディ・ラマの忠告を聴かなかったために朱元璋によって中国から追い出された、としているが、基本的に政権を失うことに繫がっていると言う点では最初の夢と同じである。

このあと朱元璋によって大都を追われた順帝は古北口から内モンゴルへと逃れて、一三七〇年、応昌で亡くなった。『蒙古源流』も『アルタン・トプチ』と同じようにいわゆる順帝悲歌を伝えているが『アルタン・トプチ』よりかなり短くなっている。

(5) 一四世紀末から一五世紀前半のモンゴルの王統

この時代、モンゴルの政情は混乱し、元朝を建てたフビライの子孫も政権の座を失っている。一説にフビライの系統は断絶したとも言われる。しかしながら『蒙古源流』は一貫してフビライの子孫がモンゴルのハーンの座にあり、またその系統も絶たれずに一七世紀にまで及んだとしている。

『蒙古源流』の特徴の一つは年代を十干十二支を用いて記していることである。この点、著者不明『アルタン・トプチ』の紀年は多く十二支に止まっている。このことはサガン・セチェンが歴史記述に対して一歩進んだ見識を持っていたことを示している。ただし一五世紀から一六世紀後半までのハーンの紀年については『蒙古源流』は他の多くの年代記や明側の記録と合わない点が多い。

前章で『アルタン・トプチ』について紹介した中で順帝のあとその子アーユルシュリーダラ（ビリクトゥ・ハーン）、ウスハル・ハーンが即位し、さらにジョリクト・ハーン、エルベク・ニグレスクイ（ニグレスクチ）・ハーンと続いたと記されていることに触れた。ジョリクト・ハーンの事績は『アルタン・トプチ』においても『蒙古源流』においても何も記されていない。興味あるのはそのあとを継いだエルベク・ニグレスクチ・ハーンにまつわる話である。これについては『アルタン・トプチ』にもほぼ同様の話が記されているが、ただこの話はエルベク・ハーンの華々しい活躍ではなく、弟を殺害してその妃を奪ったという、あまり芳しいものではない。概略紹介してみよう。

エルベク・ハーンが狩りをしていたとき、兎を射て、その血が雪の上に滴ったのを見て彼は従者に「この雪のような白い顔を持ち、この血のような赤い頬を持った婦人がいればなあ。」と言った時、ホーハイ・ダイウという者が、エルベク・ハーンの弟、ハルグチュク・タイジの妃、オルジェイトゥ・ホン・ゴア妃はこれよりもっと美しい、と進言した。これに対してエルベク・ハーンは、

言ったことを与える者、

思ったことを適える者、

ホーハイ・ダイウよ、彼女を私に見せよ。

と命じた。エルベク・ハーンの命を受けたホーハイ・ダイウはオルジェイトゥ妃のもとに来て、ハーンがあなたを見たいと望んでいると伝えた。これに対しオルジェイトゥ妃は、

　天と地が一緒になる道理があるだろうか。
　尊いハーンが嫁を見る道理があるだろうか。
　自分の弟ハルグチュク・ホンタイジが死んだというのを聞いたのなら〔ともかく〕
　ハーンである兄は黒い犬になったのだろうか。

と言って拒否した。しかしエルベク・ハーンは弟のハルグチュク・タイジを殺害し、当時三ヶ月の身重であったオルジェイトゥ妃を強引に娶った。その後ホーハイ・ダイウは自分の功績によりチンサン（丞相）の称号をもらうためにやって来た時、ハーンは狩りに出かけて留守であった。オルジェイトゥ妃は計略をたて、ホーハイ・ダイウを自分の居所に入れて強い酒を飲ませて眠らせた。そして自分の髪をかきむしり、ハーンに使いを送って、ホーハイ・ダイウが酔って自分に乱暴し、このようにしたと訴えた。これを信じたハーンはホーハイ・ダイウを追って殺害し、その背中の皮を剝いでオルジェイトゥ妃に与えた。他方ハーンはホーハイ・ダイウが射た矢で小指をけがした。そのときオルジェイトゥ妃はハーンの小指の血と、ホーハイ・ダイウの皮の脂をなめて、

　女であっても、

自分の夫の仇を晴らしたぞ、私は。

今やいつ死んでも構わない。

ハーンよ、私を速やかに片づけてお戻りなさい。

と言った。しかしハーンはオルジェイトゥ妃の色香に迷って怒らなかった。（50v-51v）

『アルタン・トプチ』はハルグチュク・タイジをエルベク・ハーンの弟ではなく、息子としている。この点は当時のモンゴルのハーンの系譜を考察する上で問題となるが、ここでは論じない。オルジェイトゥ妃は見事に夫ハルグチュク・タイジの恨みを晴らしたのであるが、ここに登場するホーハイ・ダイウという人物の名前はまことに品のないものである。ホーハイ qooqai とは男性の性器あるいは陰嚢を意味する。エルベク・ハーンにおべっかを使った幇間ということで嫌われ、このような名をあだ名を付けられたのであろう。もちろんこの話が実話であるかどうかは不明である。ただ問題なのは『蒙古源流』が、エルベク・ハーンはホーハイ・ダイウをえん罪で殺害したことの代償としてその子バトラに自分の娘サムル公主を与え、チンサン（丞相）の称号を与えてオイラトを支配させたとしていることである。これも到底信用できない話であるが、このバトラの子がバハム（マフムード、馬哈木）で、その子がトゴン、さらにその子がエセン（也先）とされ、間もなくモンゴル西部に根拠を置いていたオイラトの台頭をここでにおわせている。

事実、モンゴルではアルクタイ・タイシとマフムードの子トゴンとの争いが起き、一四三四年にトゴンはアルクタイを殺害して勝利し、オイラトが東モンゴルに勢力を伸ばしてくる。トゴンはタイシの称号を得てチンギス家の一人、タイスン・ハーンを傀儡のハーンに据えて実権を振るった。ただ『蒙古源流』は別なことを記していて、トゴン・タイシがその前のアダイ・ハーンを殺害してハーンの位に即こうとしたことを記している。この時代モンゴルのハーンになる資格はチンギス・ハーンの直系の子孫でなければならないという原則が確立していた。アダイ・ハーンを殺害しただけでなく、自分の権力を背景にそのタブーを破ろうとしたトゴンの行為に対しサガン・セチェンは厳しい評価を与えている。以下これについて紹介しよう。アダイ・ハーンを殺害したあとトゴンはチンギス・ハーンの霊を祀っている八白室Naiman čaγan gerのところに来て、チンギスの宮室の尖塔を三度回り、ぶつかり、何度も切りつけて次のように言った、という。

お前はソトSutuの身、チャガン・ゲル(白室)であるなら、
私はソタイSutaiの後裔、トゴンである。(53v)

Sutuとは「力ある」の意味で、チンギス・ハーンの称号にしばしば付される。例えばSutu boyda Činggis qaγan(強力なる聖チンギス・ハーン)のようにである。Sutaiとは Sutuの女性形であるが、トゴン・タイシを加護する、オイラト、チョロース部の祖先母神を指すという

見解がある（岡田英弘、一九七四）。このときモンゴルとオイラトの貴族たちはトゴンの行為を非難して、

この聖主（チンギスのこと）は単にモンゴルの君主だけでなく、総じて五色四夷国を従えたハン、帝釈天の子である。トゴンには災難、邪悪な振る舞いがある。

と言い、トゴンに対してチンギス・ハーンの霊に詫びるように求めた。しかしトゴンは認めず、

自分の命を誰に乞うだろうか。今や全モンゴル国は私のものになった。モンゴルのハンがしたようにハンの称号をとろう。

とチンギス・ハーンの宮室に来たところ、トゴンに対してチンギス・ハーンの黄金の箙《えびら》から矢が放たれてトゴンに刺さった。皆が駆けつけるとトゴンは鼻と口から血を流しており、その箙を見てみると一本の長矢の矢じりと矢はずに血が付いていたという。それを見てモンゴルとオイラトの人々は、

エジェン（主、チンギスのこと）はお気に召さなかったのだ。

と言い合った、という（53v-54r）。トゴンはこのため間もなく死亡した。サガン・セチェンはこのトゴンの不法行為を、モンゴルの人もオイラトの人も「チンギス・ハーンはお気に召さなかった。」と言ったという表現で非難したのである。実際の所は先に記したように、彼はタイスンをハーンに据えて自らはタイシの位に甘んじており、このようなことがあったとは考えに

くい。ただしハーン即位は彼の子、エセンによって実現する。

このあとモンゴルではエセンが父と同様にタイスン・ハーンを傀儡として実権を掌握し、次いで彼を追放しハーンに即位した。しかし即位して僅か一年余りで部下に殺害されるが、この間のエセンの事績について『蒙古源流』の伝える話は前章で紹介した『アルタン・トプチ』の記述とそれほど大きな違いはない。また『蒙古源流』はこのあとトゴンに擁立されたタイスン・ハーンとその弟アクバルジ・ジノンとの確執、アクバルジ・ジノンの子ハルグチュク・タイジが父と対立し、西に逃れていってトクマクのバヤン・クムン（富者の意味）に保護されたが、最後に彼の弟に殺害された、という話を伝えるが、これも多少の違いはあれ、大筋で『アルタン・トプチ』の伝える話と一致している。ただタイスン・ハーンが殺害された事件に関して、少し触れておきたい。『蒙古源流』によればエセンにより追われたタイスン・ハーンはケンテイ山を目指し、ケルレン河を横切って逃れていく時、かつて自分の妃であったアルタガルジンの父、ゴルラト部のチャブダンに出会った。実はこれ以前タイスンはその妃と離婚し、その父のもとに戻していたのである。これをチャブダンは恨んでいた。チャブダンがタイスンを殺害しようとした時、アルタガルジンは父に次のように言った。「〔離婚された〕過ちは私にありました。ボルジギンに悪事をなせば罰があたります。今彼が苦しんでいる時に助ければ、いつか〔我々に〕必要となることがあるではないですか。」と諫めたが聞かず、殺害したという。アルタガルジンの犯した過ちとは『蒙古源流』には記されていないが、『アルタン・トプチ』では他の男性と不倫をしたことと記されている。ここで注意されるのはそのアルタガルジンが、父チャブダンがタイスンを亡き者にしようとしたことに対し、「ボルジギンに悪事をなせば罰があたります。」として諫めた、と記していることである。このことは先に紹介したトゴンの不法行為に対する厳しい批判と同じで、サガン・セチェンがモンゴルの支配氏族としてのボルジギン氏、すなわちチンギス家が他者から犯すべからざる存在であるとする主張がここにも見られる。この主張は『蒙古源流』の随所に見られる。

先にも記したように『蒙古源流』はこの時代のモンゴルのハーンはオイラトのエセンが不法に即位した以外、すべてフビライの子孫として記している。タイスン・ハーン以降の系譜は次のようになる。

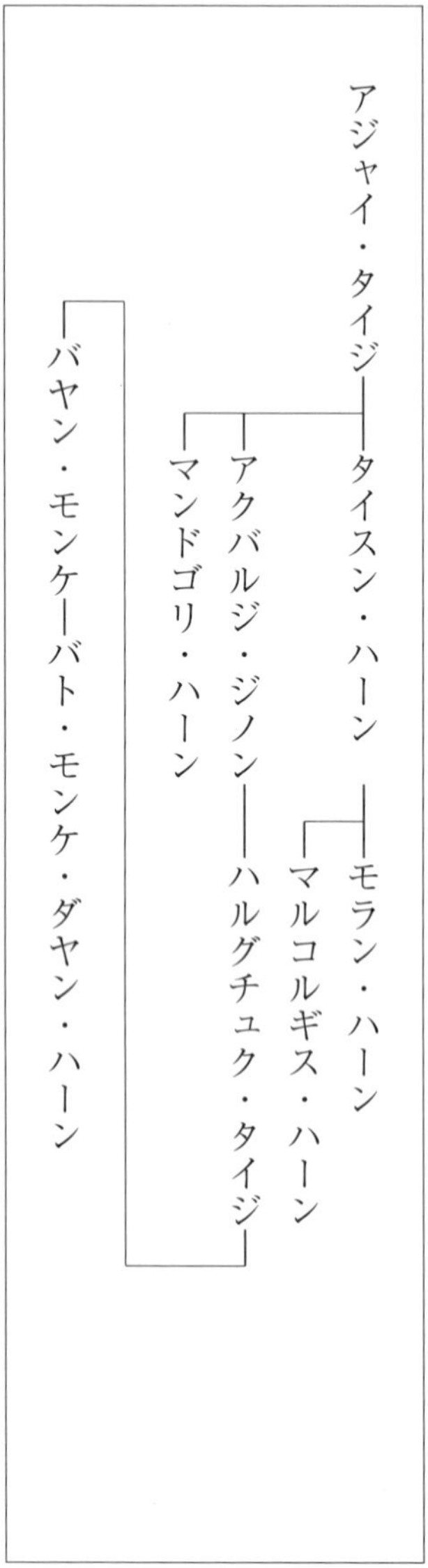

この系図がどれほど信用できるかは問題であるが、アクバルジ・ジノン以降の系譜については『アルタン・トプチ』ともほぼ一致しており、事実であろうと見られる。オイラト勢力がモンゴリアに浸透したことの影響がチンギス・ハーン家の血統にも及んでいる。すなわちマンドゴリ・ハーンはアジャイ・タイジのオイラト出身の妃から生まれており（60v）、またハルグチュク・タイジの妃はオイラトのエセン・タイシの娘セチェクであり、その間にバヤン・モンケが生まれている。

（6）ダヤン・ハーンの時代

一五世紀後半にバト・モンケ・ダヤン・ハーンが登場し、チンギス・ハーン家の権威を回復し、その後のモンゴルの王公の大半がその子孫で占められていくが、このバト・モンケのハーン即位に直接関わったのがマンドゴリ・ハーンの妃であったマンドハイ・ハトンである。モンゴル年代記は彼女が三四歳の時に七歳であったバト・モンケと結婚し、八人の子を生み、オイラトと戦ってこれを破るなど、彼女の英雄的活動を詳細に記している。しかし著者不明『アルタン・トプチ』と同様、このあとのマンドハイ・ハトンの事績については何一つ記されていない。ダヤン・ハーンの成長と共にその役割を終えたということであろう。ダヤン・ハーンとマンドハイ・ハトンから生まれた子供の多くが双子で生まれたことについては『アルタン・トプチ』のところでも紹介したが、『蒙古源流』では第一子トロ・ボラトと第二子ウルス・ボラト、第三子バルス・ボラトとトロルト公主、第五子アルチュ・ボラト（ボロト）と第六子オチル・ボラトという組み合わせになっていて『アルタン・トプチ』とは異なる（一八七頁参照）。『蒙古源流』ではトロルト公主という娘の名が記されるが、これは『アルタン・ハーン伝』にも『アルタン・トプチ』にも見られないものである。いずれにせよダヤン・ハーンとマンドハイ・ハトンの間に三組の双子が生まれたとしているが、到底信じ難い。

ダヤン・ハーンはチンギス家再興の祖と言われるほど重要な人物であるにも拘わらず、その紀年、事績については不明な点が多い。その原因の一つは『蒙古源流』の記述である、と言ってよかろう。先に『蒙古源流』に記されている紀年には問題があると述べたが、ダヤン・ハーンの紀年にも大きな問題がある。『蒙古源流』はこのダヤン・ハーンについて、甲申（一四六四）年生まれ、七歳の庚寅（一四七〇）年にハーンに即位し、七四年在位、八〇歳の癸卯（一五四三）年に死亡したという。しかし現在これらはほとんど否定されている。ダヤン・ハーンの紀年は、『アルタン・ハーン伝』や『アルタン・トプチ』などによって、ダヤン・ハーンは七歳即位、三八年在位、四四歳の一五一七年に死亡したという見解が多く受け入れられている。またダヤン・ハーンの子供たちの生年についても『蒙古源流』の記述は信頼できない。例えばバルス・ボラトの生年を一四八四年としているが、『アルタン・ハーン伝』の記述などから、一四九〇年が妥当と見られ、またゲレセンジェの生年を『蒙古源流』は一四八二年としているが、『アサラクチ史』などの記述から一五一三年が正しい。

ダヤン・ハーンが即位した当時、モンゴリアは分裂状態であり、特に右翼部（モンゴリア西部）では、オルドス一帯にイバライ（イブラヒム）・タイシとマンドライ・アハラホ等が実権を持っていた。ダヤン・ハーンは右翼部の一部の有力者から右翼部に対する政治的影響力を行使することを求められ、その次子ウルス・ボラトを派遣した。しかしこれに反発したイバライ等はウルス・ボラトを殺害するにいたり、ここにダヤン・ハーンの右翼部遠征が行われた。結局イバライ等は追放され、ダヤン・ハーンは右翼部を制圧し、モンゴリアの大部分を支配し、左翼三万戸、右翼三万戸からなる六万戸の体制を確立したといわれる。この間の経緯については『アルタン・トプチ』も『蒙古源流』もかなり詳細に記している。これ以外に『蒙古源流』はダヤン・ハーンの実績としてウリヤンハン万戸討伐とその取りつぶしについて記している。それによればダヤン・ハーンがモンゴルを統一し、六万戸の体制を作り上げたあと、ウリヤンハン万戸のゲゲン・チンサンやトクタイ・ハラ・フラらが反乱を起こしたのでダヤン・ハーンは出兵し、これを破ってウリヤンハン万戸を取りつぶし、他の五万戸の中に分配した、という。ただこのことは『アルタン・トプチ』など他の年代記には記されておらず、現在の研究では、ウリヤンハン万戸と争ったのはダヤン・ハーンではなく、その孫のアルタン・ハーンであったとされている。

(7) ダヤン・ハーンの後裔

『蒙古源流』はダヤン・ハーンのあと、まずリグダン・ハーンまでのチャハル王家のハーンの事績について記している。ダヤン・ハーンのあとを継いだのはその孫のボディ・アラクであった。『蒙古源流』の伝える、ダヤン・ハーン以降のハーンの系譜は次のようである。

> ダヤン・ハーン——トロ・ボラト——ボディ・アラク・ハーン——ダライスン・ゴデン・ハーン——トゥメン・ジャサクト・ハーン——ボヤン・セチェン・ハーン——マングス・タイジ——リグダン・ホトクト・ハーン

『蒙古源流』によればダヤン・ハーンはその在世中に長子トロ・ボラトが亡くなったので（四二歳の癸未、一五二三年とする）、自分の後継者としてトロ・ボラトの長子、ボディ・アラクを指名したという。しかしこのボディ・アラクの系譜に関する『蒙古源流』の記述について疑問が出されていることは前章で紹介した。その事実関係はどうあれ、『蒙古源流』に記された系譜は清朝時代に編纂されたモンゴルに関する編纂史料、例えば『欽定外藩蒙古回部王公表伝』などに記される系譜に大きな影響を与えている。

ボディ・アラクの紀年に関する『蒙古源流』の記述にも問題がある。『蒙古源流』はボディ・アラクが甲子（一五〇四）年生まれ、四一歳の甲辰（一五四四）年に即位し、四年在位、その四四歳の丁未（一五四七）年に亡くなったとしている。しかしその即位年は『蒙古源流』の記すダヤン・ハーンの死亡年、すなわち癸卯（一五四三）年に合わせたものに過ぎない。ダヤン・ハーンの死亡年がこれよりはるか以前であることはすでに触れたが、その意味からもボディ・アラクの即位年はこれよりもずっと遡るし、在位年もはるかに長い。『アルタン・トプチ』はその死亡年を未年、すなわち丁未、一五四七年としており、この点は『蒙古源流』と一致する。ロ氏『アルタン・トプチ』は在位を二四年とするが、この在位年についてもやはり依然議論の余地がある。

ボディ・アラクのハーン即位に関連してもう一つ問題がある。『蒙古源流』はダヤン・ハーンのあと、ボディ・アラクがハーンに即位したと記しているが、実際にはその間にダヤン・ハーンの第三子バルス・ボラトがハーンに即いている。このことについて、『アルタン・トプチ』ではボディ・アラクがその不当性をバルス・ボラトに訴え、バルス・ボラトはそれを認めてハーンの位をボディ・アラクに譲ったとしている。『アルタン・ハーン伝』もバルス・ボラトの即位について記しているが、ボディ・アラクとの関係については記さず、一五一九年に亡くなったということだけを記している（第三三、三四節）。この事件はバルス・ボラトのハーン位簒奪事件とされている。ところが『蒙古源流』はこの事件については全く記していない。「先に父〔バルス・ボラト・〕サイン・アラクはその二九歳の壬申（一五一二）年にジノンに座して、二〇年間ハンに座して、その四八歳の辛卯（一五三一）年に亡くなった。」と記しているだけである（69r）。この場合のハンとはジノンの位のことを言ったのであり、いわゆるハーン位とは違う。このことについて和田清は「源流の著者薩嚢徹辰（Sanang sechen）が巴爾斯博羅特《バルスボラト》の子孫であるため、その近き祖先の汗位簒奪の悪行を隠蔽したためではなからうか。」と推測している（和田清、一九五九、五二四頁）。

このあとダライスン・ゴデン・ハーン（在位一五四八―一五五七）、トゥメン・ジャサクト・ハーン（在位一五五八―一五九二）、ボヤン・セチェン・ハーン（在位一五九三―一六〇三）と続き、一六〇四年にリグダン・ハーンが即位する。このうちダライスンについて『蒙古源流』

オルドス、エジェン・ホロー

は彼がオルドスの八白室の前でハーンの即位式をしているときにバルス・ボラトの第二子アルタンがやってきて、ダライスンに対し、「今ハーンの政権を守る者であるシタウ・ハンSitau qanという小ハンの称号がある。私にその称号をください。私はあなたの大いなる政権を守りましょう。」と要求したところ、ダライスンはこれを認め、アルタンにシタウ・ハンという称号を与えた、と記している。すでに紹介したように『アルタン・ハーン伝』は、アルタンにハーンの称号を与えたのはその父ボディ・アラク・ハーンであったとしている。アルタンがいつからハン（ハーン）の称号を称えたのかについては議論のあるところであるが、いずれにせよその称号は正当な大ハーンの承認を得たものであることは間違いない。

著者不明『アルタン・トプチ』が編纂された時代はリグダン・ハーン治世期であったと考えられるが、『蒙古源流』の編纂時はその政権が破綻してから三〇年近くが経過している。従ってリグダン・ハーンに対する記述も両者の間では異なっている。清朝時代の史料はこのリグダン・ハーンの活動について「不道」と記しており、極めて評判が悪い。それは彼が新興の満洲政権（清朝）と対立しただけでなく、モンゴリアの政治的統一を図って身内とも言えるモンゴルの王公に軍事的攻勢をかけ、いくつかの集団を壊滅状態に追い込んだためである。しかしリグダン・ハーンに共感を抱いていたとされるサガン・セチェンの見方は異なる。彼はリグダン・ハーンが深く仏教に帰依し、オチルト・チャガン・ホタ（金剛のある白い町）を建設、そこに寺廟を建立し、仏像を多く収め、世俗の法と仏法により政治を行った、とその業績を高く評価する。そしてその政治が破綻した理由を、

五〇〇年の末世が近くなり、六大国に散らばって住んでいたダヤン・ハーンの後裔である王達の一族や黒骨（従属者）らの大いなる人衆に道からはずれる行為が多くなったとき、太平の政治で〔彼らを〕その力に従えることが出来なかった。(68r)

と記して、むしろリグダン・ハーン以外のダヤン・ハーンの後裔たちの行いに問題があったと述べている。そして、

「ハーンが怒れば政権を破壊する、象が怒れば城を破壊する」と言ったように、ハーンの聡明な心に怒りが生まれたことにより、六大国を争いの政治で治めたあと、三一年ハン位に座して、その四三歳の甲戌（一六三四）年に定命が尽きてお亡くなりになった。(68v)

と結んでいる。サガン・セチェンはリグダン・ハーンと同時代の人間であり、その活動を直接見聞きしていた。その意味でリグダン・ハーンに対する悪評も聞いていたはずであるが、その

ことは一切記していない。『蒙古源流』を編纂した一七世紀後半には清朝の内モンゴル支配が浸透し、もはやそれに抗することは不可能な状況にあった。しかしサガン・セチェンはチンギス・ハーン家こそがモンゴルの正当な支配者であるという認識を持っており、そのことからもリグダン・ハーンの行動を否定しなかったのであろう。

(8) オルドス王家とホトクタイ・セチェン・ホンタイジ

『蒙古源流』はこのあとダヤン・ハーンの第二子ウルス・ボラトには後裔がないとして、第三子バルス・ボラトの後裔の活動を中心に記す。特にオルドス万戸長となった長子グン・ビリク・メルゲン・ジノンとその後裔の活動、次子アルタン・ハーンによるチベット仏教のモンゴリアへの再受容と保護について詳細に記している。また一七世紀前半の清朝のモンゴリア支配とその仏教政策についても触れている。この部分は『蒙古源流』の中でも史料的価値の最も高い箇所である。

グン・ビリクは明側には吉囊《ジノン》という名前で知られ、弟のアルタンとともに活動し、明北辺に侵略を繰り返したが、嘉靖二一（一五四二）年に三七歳で亡くなった。サガン・セチェンは何故かこの自分の祖先の死を四三歳の一五五〇年と誤っている。その事績については弟のアルタンと明に一度遠征したことを記すのみである。サガン・セチェンはグン・ビリク・メルゲン・ジノンの九子とその所領とこれら九子の後裔(ただし第七子バドマ・サムバワには子がいない)、すなわちオルドス王家の系譜について詳細に記している。他方モンゴル正統のチャハル王家やアルタン以降のトゥメト王家の系譜について一部触れはするがこれほど詳細には記していない。『蒙古源流』に先行する『アルタン・ハーン伝』や『アルタン・トプチ』も王家の系譜をまとまって記していない。ただチンギス・ハーン家の系譜をまとまって記すという形は、あとで紹介する『アサラクチ史』や『シャラ・トージ』、あるいはそれ以降に編纂された年代記に受け継がれていく。

サガン・セチェンは当然ながらオルドス王家の中に起きた様々な事件について記しているが、彼自身が最も注目して記したのは彼の曽祖父にあたるホトクタイ・セチェン・ホンタイジの活動であった。彼がこの先祖について誇りを持っていたことは、例えば、

〔オルドス〕右翼のホトクタイ・セチェン・ホンタイジの孫でバト・ホンタイジの子、サガン・タイジ、甲辰（一六〇四）年生まれを、その一一歳のときに六万戸の王族（ハン）の中で〔仏の〕教えと政権を創建した者の後裔であると言って、曾祖父の称号によりサガン・セチェン・ホンタイジという称号を与えた。（86v）

と自ら言い、また奥書の中でも、

この上なき尊きホトクタイ・セチェン・ホンタイジの曾孫で、知力僅かなセチェン・サガン・タイジと呼ばれる私は、（96v）

と記していることから分かる。そのホトクタイ・セチェン・ホンタイジは『蒙古源流』の記載によると庚子（一五四〇）年にグン・ビリク・ジノンの第四子ノム・タルニの長子として生まれ、四七歳の丙戌（一五八六）年に亡くなっている。

（9）アルタンとチベット仏教の導入

ホトクタイ・セチェン・ホンタイジの事績の中で最も注目されるのはチベット仏教との関わりであろう。この時代にチベット仏教が再びモンゴルに流入したことについてはすでに繰り返し触れた。このことで最も重要な役割を果たしたのが彼である。『蒙古源流』によればホトクタイ・セチェン・ホンタイジは二七歳の一五六六年にチベットに遠征し、そこでラマと会い、三人のチベット人ラマをモンゴルの地に連れ帰った。その後アルタンは六七歳の一五七三年にチベット（この場合は青海）に遠征したとき、アシン・ラマらチベット人を連れてきたが、そのときアシン・ラマが仏法を説いたことにより、アルタンに少し仏法の心が生じたという。その後一五七六年、ホトクタイは三七歳のときに、アルタンのもとに赴き、次のように言った。

昔の町（大都）を奪った中国に復讐し終えて、中国と和平を結びました。和寧（ハラホルム）を奪ったオイラトに復讐し終えて、彼らを降伏させその政権を取りました。今やハーン（アルタン）の齢は増して余命が幾ばくもなくなりました。今生《こんじょう》と後生《ごしょう》に必要なものは仏法と経典であると賢者らが言います。それによると西方の大雪国（チベット）に観世音大慈悲菩薩が現身《うつしみ》でおられると言います。彼を勧請して昔の聖フビライ・セチェン・ハーンとホトクト・パクパ・ラマのように〔仏の〕教えと政権をうち立てれば驚嘆すべきことではないでしょうか。（74r）

これに同意したアルタンは側近を使節として派遣し、ダライ・ラマ三世（ソナム・ギャムツォ）をモンゴルに迎えようとした。このことは『アルタン・ハーン伝』では一五七一年にアシン・ラマがアルタンのもとに来て仏法を説いたとなっており、ホトクタイ・セチェン・ホンタイジの関与を記していない。一五七八年、ダライ・ラマ三世とアルタンは青海のチャプチャル寺で邂逅するが、そこでもホトクタイ・セチェン・ホンタイジは重要な役割を果したという。彼はダライ・ラマからチョクチャスン・ジルケン・セチェン・ホンタイジの称号をもらい、他方ダライ・ラマには宝石、金、銀をちりばめたカンジュル経を奉納する約束をした。のちアルタンが亡くなってから一五八五年、ダライ・ラマは招請に応じて初めてモンゴルの地にやって来た。『アルタン・ハーン伝』ではこのときダライ・ラマを招請したのはアルタンの長子センゲとアルタンの愛妃ジョンゲン・ハトンであったというが、このことは『蒙古源流』には記されていない。モンゴルにやってきたダライ・ラマはホトクタイ・セチェン・ホンタイジの居所であるオルドスの南部、イェケ・シベルに三ヶ月滞在し、瞑想を行い、ホトクタイらに仏法の教えを説いたという。その後ダライ・ラマはトゥメトを中心に内蒙古各地で布教を進めたが、ホトクタイはダライ・ラマに二度と会うことなく、翌年の一五八六年に四七歳で亡くなった。この時代、チベット仏教を再度モンゴリアにもたらした主役は『アルタン・ハーン伝』においてはアルタン・ハーンとなっているが、『蒙古源流』においてはホトクタイ・セチェン・ホンタイジになっているのは、必ずしもサガン・セチェンの贔屓だけではなかろう。

なおこのチベット仏教のモンゴリア再伝に関連して『蒙古源流』はいくつか興味ある話を記している。一つは死を迎えようとしていたアルタンが再び蘇ったという話である。それによればアルタンが七六歳の壬午（一五八二）年に病が重くなり死に近くなった時、その側近達は、仏法がアルタンの命に何の助けにもならないとし、仏法に対し疑いを抱いたという。そして仏法を説くラマたちは嘘をついている、としてラマたちを殺害しようとした。その時ダライ・ラマの名代としてアルタンのもとにいたマンジュシリ・ホトクトは側近達を集めて概略、次のように説いた。

総じて生じた業《ごう》に終わりの無いことは水に映った月のようである。生まれた身に永遠がないことは鏡に映った姿のようである。誰も死から逃れることは出来ない。生死を超越した金剛の身をもつ仏には死はないが、そのような仏の福を得るには、真に尊き仏法より他に必要なものはない。総じて死なない者は誰もいない、と三界のすべての仏たちも説いている。聖一切識者ダライ・ラマもそのようにお説きになろう。そのように定命《じょうみょう》の死を誰も阻止することは出来ない。しかし死の中途にある者を薬の効用で直すことは出来る。今ハーン（アルタン）は寿命の終わりに至ったのでそれはできない。しかし聖一切識者（ダライ・ラマ）はハーンは普通の人ではない、菩薩であるとおっしゃった。勝者（仏）の教えである宝（経典）、教えを司る菩薩、教えの施主であるハーンの三者が出会ったことが真実であるなら、聖一切識者がお慈悲をかける福の力と聖なるハーンの揺るぎなき〔仏法への〕帰依と信仰の志を知るがよい。（79v-80r）

このように説いたあとヨンダン・リンチェンという医師にアルタンの鼻から薬を注がせてからマンジュシリ・ホトクトは「ハーンよ仏の教えのためにお出ましになり賜え。」と三度唱えたところアルタンは蘇ったという。このあと皆がその間の事情をアルタンに話したところ、アルタンは側近たちがラマに危害を加えようとしたことを叱り、人は不死ではないことを自ら語った。アルタンはそれから一年生きのび、ラマや仏法に危害を加えないようにするため一層仏法に帰依し、それを広めたあと亡くなった、という。アルタンの死は実際には辛巳年一二月のことで、辛巳年は一五八一年であるが、一二月は西暦でいえば翌年一月になる。この話は『アルタン・ハーン伝』には見えず、『蒙古源流』にのみ見られる話であり、それ自体信頼できるものではない。ただこの話はサガン・セチェンの作り話とは思えず、アルタンのチベット仏教受容と普及の中で作られた言い伝えがあり、それを採取したのであろう。

『蒙古源流』はこのあとのモンゴルにおけるチベット仏教の展開について触れている。ダライ・ラマ三世はトゥメト、ハラチン、チャハルなどの王公と会い、仏法を説き、彼らを施主としてゲールグ派の勢力を浸透させていった。この間、一五八七年には外モンゴルのアバダイがダライ・ラマのもとを訪れ、ゲールグ派に帰依し、ダライ・ラマからオチライ・ハーンの称号を得ている。内蒙古布教中にダライ・ラマは明の万暦帝から招請を受けたという。明側には万暦帝がダライ・ラマを招請したという記録はないが、『ダライ・ラマ三世伝』にも明皇帝の招請があり、ダライ・ラマはこれを承諾したと記されていて（『達頼喇嘛三世伝』、一〇〇頁）、事実とみてよかろう。しかしダライ・ラマはすでに重い病に罹っており、一五八八年、旧暦三月にジラマタイ（『アルタン・ハーン伝』ではジガスタイ）というところで亡くなり、万暦帝との会見は実現しなかった。ダライ・ラマ三世が亡くなったのち、アルタンの孫、スメル・ダイチンとその妃ダラ・ハトンとの間に生まれたヨンダン・ギャムツォがその転生者として認定されたことは『蒙古源流』に限らず、他のモンゴル年代記や明の蕭大亨の『北虜風俗』にも伝えられる。『蒙古源流』はチベットの使節がダライ・ラマ四世を求めて来た時、モンゴル側は「我々の子は大変小さい、どうして遣《や》れよう。一三歳の前に遣ることはない。」と言って、一三歳になるまでモンゴルの地に止め置いたことについて、「モンゴルの人々は智慧が少なく、大層傲慢であった」ためだと酷評している（84r）。サガン・セチェンはこのあとのダライ・ラマの活動に強い関心をもって記している。すなわちダライ・ラマ四世が一四歳の一六〇二年にチベットに向かい、そこでパンチェン・エルデニから比丘の戒を受けたこと、モンゴルの地にゲールグ派の教えをより広めるためにマイダリ・ホトクトを送ったこと、一六一六年、二八歳で亡くなったこと、次いでダライ・ラマ五世（ロブサン・ギャムツォ）が生まれたこと、モンゴルの王公がダライ・ラマに会いに来たことなどを記している。またこの間、パンチェン・エルデニ（パンチェン・ラマ一世）がダライ・ラマ四世、五世の師として二人の教育にあたったことや、パンチェン・エルデニの活動についてかなり詳しく記している。サガン・セチェンはこのパンチェン・ラマを極めて信奉しており、その事績、宗教活動について記しつつ、「そのようなために、今この争いの世（現世）の仏、聖パンチェン・エルデニの海のごとき才能のうちの滴《しずく》ほどをここに簡略に書いた。」として（89r）、とてもすべては書ききれないと、賞賛している。

（10）サガン・セチェンの生きた時代

サガン・セチェンの生きた時代の前半期、オルドス万戸の長はボショクト・ジノンであった。ボショクトはオルドス部の長であるジノン家の長子として一五六五年に生まれた。父ボヤン・バートル・ホン・タイジはジノンに就く前にオイラト遠征で戦死し、祖父ノヤンダラ・ジノンも一五七四年に死去したため、ホトクタイ・セチェン・ホンタイジの推挙で一五七六年にジノンに即位した。彼が亡くなったのは六〇歳の一六二四年であったから、あしかけ四九年もジノンの座にあったことになる。もっとも在位の長さと実力とは一致しなかったようで、和田清は『明史』巻二二八、梅国楨伝の「初め卜失兎（ボショクト）都督となるも、其の部長切盡台吉（セチェン・ホンタイジ）最も事を用いる。切盡台吉死し、卜失兎諸部を制する能わず。」その他を引用して、統率力に欠けていたことを述べている（和田清、一九五九、七三五―七三六頁）。しかしボショクトに対する明側の悪評はサガン・セチェンの記述からは伺えない。一五七八年にダライ・ラマ三世とアルタン・ハーンが青海のチャプチャル寺で会見した際、ダライ・ラマはモンゴルの王公に様々な称号を与えたが、最初にアルタンに、第二にボショクト・ジノンに、そして第三にセチェン・ホンタイジに称号を与えたと記しており、ボショクト・ジノンはモンゴル王公の第二位に位置づけられている。このあとボショクト・ジノンは一五九二、一五九四年と続けて中国に遠征して成果をあげたが、その後の事績についてサガン・セチェンはボショクトを高く評価している。

それからオルドスのボショクト・ジノンは先に、その三二歳の丙申（一五九〇）年に西方のチベットに出馬し、グル・ソエナム・ジャルなどのシラ・ウイグルを従えた。そのあと仏法と世俗の行《おこない》を行ったが、［それをすべて］語ろうとしても、どうして［語り］尽くせようか。特にその四三歳の丁未（一六〇九）年より至尊シャカムニの一二歳の大きさの身像を宝石、金銀などで見事に作り、種々の供物、幡などの飾りを余すところなくすべてうち立てて、その四九歳の癸丑（一六一三）年にすべて終えた。その五〇歳の甲寅（一六一四）年の大神変の月（正月）の望月（一五日）にイェケデ・アサラクチ・マイダリ・ホトクトを勧請し、開眼する行を良く行い、散華させたとき、花の雨などさらに良き瑞兆が起こった。（86r）

そして、一六二一年にモンゴルの使節が楡林で明側に殺害されたことから大規模な侵略を行い、翌一六二二年に明と講和し、明からジノンに毎年恩賞として銀六千両、使節を殺害した賠償金として銀六百両を出させた。さらに五九歳の一六二三年にアリク・ダライ・チョルジに命じて金字のカンジュル経を完成させたという。またタンジュル経（論疏部）もモンゴルに将来しようとしたが、翌一六二四年に六〇歳で死去している。このようにサガン・セチェンは明側の評価とは異なり、ボショクト・ジノンを高く評価しているのである。明側の悪評価はアルタン時代に約束した和平でモンゴル、特に右翼部の侵略が収まったのに対し『蒙古源流』にも記されているように彼が明に対ししばしば侵略を行うようになったためであろう。

一七世紀前半、モンゴルは大きな政治的変動の時代を迎えた。モンゴルの正統なハーンであるチャハル王家のリグダン・ハーンはモンゴリア全土に対するハーンの支配を復活しようとして各地に遠征活動を行う中、東北地方に台頭してきた女直のヌルハチとの対立が顕著となった。すでに触れたように、このリグダン・ハーンの軍事行動によって内モンゴルの諸集団の中には解体に追い込まれるものもあったが、オルドスはこのリグダン・ハーンに対し最後まで共感を持ち行動を共にしていたらしい。オルドスのジノンはボショクト・ジノンの死後、その長子セレン・エルデニ・ホンタイジが一六二六年に継承したが、僅か六ヶ月の在位で死去した。翌一六二七年、ボショクトの第二子リンチェン・エイェチ・ダイチンがジノンに即位した。サガン・セチェンはこのリンチェン・エイェチとともにチャハル王家のリグダン・ハーンとしばらく行動を共にしている。しかし最終的に、一六三四年、オルドスに戻ってきた。この功績によりリンチェン・エイェチはリグダン・ハーンと袂を分かち、オルドスに戻ってきた。この功績によりサガン・セチェンはエルケ・セチェン・ホンタイジの称号と、「軍による大遠征には前に、大巻狩には中央を行く」特権を持つダルハン darqan の称号をもらったと自ら記している。オルドス万戸がこの時代リグダン・ハーンのチャハル王家と行動を共にしていた、というのは『蒙古源流』の伝える重要な情報の一つである。

サガン・セチェンはこのあとに清朝の勃興について、ヌルハチと太宗ホンタイジの事績を極めて簡単に記す。その中で内蒙古を支配したことについて、

そのあと、次第次第に〔ホンタイジ〕の命令、手紙が〔各地に〕多く出され、その力が大きくなっていく時、辺境にいるモンゴル国人は恐れて暮らすうちに、リンダン・ホトクト・ハーンが右翼三〔万戸〕に出馬し移動した時に、〔ホンタイジは〕ホルチンのノヤン等と和議を結んでその支配下に入らせ、セチェン・ハーンとしてすべてに有名になった。(92v)

と記している。リグダン・ハーンの死後、太宗ホンタイジはその妃ナンナン太后を自分の后に迎え、またリグダンとナンナン太后の間に生まれたエルケ・ホンゴルに自分の娘エルケ・グルネ公主を娶せた。このことについては『蒙古源流』もそのことを記している。ところがこのことを殿版は削除している。すなわち次のようである。

それからリンダン・ホトクト・ハーンが運命によって滅ぼされたのち、その妻のジュルチト（女直）のジン・タイシ（金台什）の子、デルゲル・タイシの娘、ソタイ大后という者と息子エルケ・ホンゴル・ハーンの二人は天命により自ら戻ってくるとき、ハーンの一族の四人のノヤンが兵を連れて迎えに行って、乙亥（一六三五）年五月にオルドスの営地、トリ Toli という所で出会って連れてきて、〔リンダンの〕第二の妻ナンナン太后をハーン（ホンタイジ）自身が娶った。エルケ・ホンゴルに自分のウルスン・エジェン・ハトンから生まれたエルケ・グルネ公主という者を与えた。その弟はホトクト・ハーンがお亡くなりになったその月に、ナンナン太后からお生まれになったアバナイという者で、〔その〕兄弟二人を自分の子として育てた。(93r)

このうち傍線部分の記述が殿版『蒙古源流』には記されていない。これはのちにアバナイ（アブナイ）の子ブルニが康熙一四（一六七五）年に反乱を起こし、チャハル王家が取りつぶされたために、殿版の編纂時（乾隆三〇年代初期）にはこの記述を忌避して削除したのである。

『蒙古源流』の末尾の部分で、太宗ホンタイジが亡くなったあと、李自成（闖王皇帝）が明最後の皇帝崇禎帝を殺害し、大都城（北京）を占領したこと、そのあと明将呉三桂が清朝に降伏したこと、清朝軍が彼と共に李自成を追い出し、甲申（一六四四）年に中国の皇帝政権を取ったことなどを記したのち、明の皇帝の系譜を記している。その最後で次のように記している。

> その（天啓帝の）甥、崇禎帝は己亥（一五九九）年生まれ、その三一歳の己巳（一六二九）年に帝位に即いて、一六年経った甲申（一六四四）年に満洲の順治帝が政権を取った。（95r）

崇禎帝の紀年についてはほとんどが間違っているが、それについてはここでは議論しない。問題なのは太宗の死後、李自成を追い払って「中国の皇帝の政権を取った」という記述と順治帝が即位した記述との間に明の皇帝の系譜を記していることである（93v～95r）。著者不明『アルタン・トプチ』はこれとは全く異なっていて、元朝、順帝トゴン・テムルが亡くなったあとに明の皇帝の系譜を記し、天啓帝（在位一六二一―一六二七年）のあとに、順帝の子、ビリクトゥ・ハーンの即位を記している。この違いは『アルタン・トプチ』が編纂された時代には清朝（後金国）の影響がさほどモンゴルに及んでいなかったが、『蒙古源流』の編纂された時代はすでに清朝が内蒙古のみならず中国の大半を支配していた、ということによるものであろう。『アルタン・トプチ』の章で紹介したように、永楽帝が順帝の子であるという伝説があり、そこでは明の皇帝もモンゴルの王統の血筋を引いているという形式を取っているので、『アルタン・トプチ』の編者にとってさほど問題があるとはしなかったのであろう。『蒙古源流』においても同様に永楽帝を順帝の子とする伝説を記しているが、サガン・セチェンはここで元朝の後継者としての清朝が明のあとを継いで中国を支配する正当性というものを認めたという見解もある（楊海英、二〇〇四）。

『蒙古源流』は最後に順治帝（在位一六四四―一六六一年）が中国、チベット、オイラト、朝鮮、モンゴルを支配し平和な政権を築いたこと、一六五二年にダライ・ラマ五世を北京に招請したこと、順治帝の死後、一六六二年にその子康熙帝が即位したこと、順治帝の霊を弔うためにダライ・ラマ、パンチェン・ラマ、そして当時チベットの支配者であったオイラト（青海ホシュート）のオチル・ハーンに使節を派遣し、供物を届けたこと、そして同年にパンチェン・ラマが亡くなったということで本文の記述を終えている。

(11) 奥書について

『蒙古源流』は最後にいわゆる奥書を記しているが、それは前半と後半に分けることが出来る。その前半についてはすでに記したように、『蒙古源流』を編纂した動機、編者の名、利用した七種の史料、編纂の年、日時を記している。

奥書の後半は七九段からなる四行詩で記している。奥書の後半の大部分は仏教的教義からなっているが、またそれらはサガン・セチェン自身の宗教観、倫理観に基づいた教訓でもある。

彼はそれを次のような七項目に分けて説いている。
（一）解脱することの御利益ある喜び
（二）苦しみある輪廻の罪
（三）この世が増えたり減ったり（無常遷流）すること
（四）最初の貴い人々の良き功徳
（五）善と悪との間にある者たちの混合した行い
（六）嫉妬深い自堕落な者たちの悪い過ち
（七）大いなる人間の功徳

この後半の奥書は長文なのでそれを紹介出来ないがその最後の部分だけを紹介すると次のようである。

エルデニ・チョクチャスン・セチェン・ホンタイジの、
尊き第一の曾孫となって生まれた、
エルケ・セチェン・サガン・タイジという名の私は、
このように残された言葉を自分の知恵の力によって、

三益ある完全なるラマ、オチラ・ダラに、

第三の門によって信じ、跪き合掌し、
三〇〇と一六行を、
七〇と九の詞にして、

生まれた年は忿怒明王という五九番目の、
満ちた年、致善（壬寅年）、アシュヴィニ月の、
兜卒天から下った大祭の時、二二日に、
満ちた鬼宿星の木曜日に広めた、このように。（102r）

このようにサガン・セチェンは自ら誇りとするホトクタイ・セチェン・ホンタイジの後裔であることを述べ、『蒙古源流』の編纂し終えた年次を述べて終えている。『蒙古源流』の歴史史料としての重要性と、極めて多くの写本が存在することは本文中に記した通りである。このことは『蒙古源流』がそれだけ多くのモンゴルの支配者、知識人に読まれ、受け入れられたことを意味するが、それは彼らが『蒙古源流』に記されているサガン・セチェンの考え方に共感を覚えた、ということをも意味している。

第七章　『アサラクチ史』

一、『アサラクチ史』とシャムバ・エルケダイチン

『アサラクチ史』は、一六七七年に外ハルハ、サインノヤン部のシャムバ・エルケ・ダイチン Šamba erke dayičing（善巴）によって編纂された年代記で、正式な表題は Asarayči neretü teüke（『アサラクチという名の歴史』）である（以下『アサラクチ史』と略称）。モンゴル語の Asarayči はチベット語の bYam-pa（ジャムパ）で、サンスクリット語では maitreya、すなわち「弥勒」の意味である。著者シャムバ（善巴）の名前もそれに由来する。シャムバはダヤン・ハーンの子、ゲレセンジェ・タイジの六世孫である。その活動については『蒙古回部王公表伝』巻六九、伝五三、扎薩克和碩《ジャサクホショイ》親王善巴列伝に記されている。生年については不明であるが、一六六四年、父の死を継いで所領を継承、一六六七年扎薩克の地位を継ぎ、イテゲムジトゥ・

エイェチ・エルケ・ダイチン Itegemjitü eyeči erke dayičing（信順額爾克岱青）の号を与えられた。一六八八年、ジュンガルのガルダンの侵攻を受け内モンゴルに退避、一六九一年、ドロンノールで康熙帝に謁見、多羅《ドロイ》郡王に封じられた。一六九六年、康熙帝のガルダン遠征に従い、功績があったことから和碩《ホショイ》親王に封じられている。一六九八年故地に戻ったが、その九年後の一七〇七（康熙四六）年に亡くなっている。同年長子のタシドンドブ（達什敦多布）が和碩親王の爵を継承したが、清朝は一七二五（雍正三）年、その祖先のトゥメンケンの子孫が増えていると言うことでその一族をトゥシェトゥ・ハン部から独立させ、タシドンドブにサイン・ノヤンの称号を与えて盟長としサイン・ノヤン部を新設させた。ここに外モンゴルはトゥシェトゥ・ハン部、チェチェン・ハン部、ジャサクト・ハン部、そしてサイン・ノヤン部の四部体制となったのである。このように著者のシャムバはハルハの政治において重要な位置にあったが、またかなりの知識人であったようで、あとでも触れるように『アサラクチ史』において多くのチベット語文献を利用しており、チベット語にかなり通じていたようである。

『アサラクチ史』の写本は現在モンゴル国ウラーンバートルのモンゴル国立中央図書館に一本所蔵されている。この『アサラクチ史』のモンゴル文テキストを最初に公刊したのはペルレーで、Monumenta Historica シリーズの第Ⅱ巻として出版した（Perlee, 1960）。それは原写本を手書きによって書き直したものをオフセット版にしたものである。その後モンゴル国のシャグダルスレンは Monumenta Mongolica シリーズの第Ⅰ巻に、原写本の写真版を、ラテン文テキスト、語彙索引とともに公刊した（Шагдарсурэн, 2002、以下『アサラクチ史』は特に注記する以外このテキストを引用する）。この写本は貝葉経タイプのもので、ペルレーはその書体から、一八世紀初めのハルハの中央地域の葦ペンの文字の形をしているとする（Perlee, ibid., p.1）。『アサラクチ史』についての研究はまずこのペルレーによって行われた（Perlee, 1957, 1958）。彼はその中で『アサラクチ史』の編者、編纂年代、そして表題について明らかにした。編者については、本文に「私自身ジャムバ・エルケ・ダイチン」と記されことに注目し、それが当時トゥシェトゥ・ハン部に所属する王公で、シャムバ（ジャムバ）・エルケ・ダイチンであると断定した。また編纂年代について本文中に、

乙酉年の夏、シャンフトの山陰にある古い城に基壇を打って、その年に寺院の建築を行った。この寺院を建ててから今、一一番目の勝生年 sayitur boluysan の丁巳年に〔至るまで〕九三年経過した。（52b）

と記されていることに注目した。乙酉年は一五八五年であり、「シャンフトの山陰にある古い城」とはモンゴル帝国の都であったハラホルムを指す。「寺院の建築」とはそのハラホルムの地に建てられたエルデニ・ジョーと呼ばれる寺院のことでがその年に建設されたことを示している。「勝生年」とはチベット語で rab byung のことで、チベット暦で一〇二七年を最初の年とし、

六〇年で「一勝生」とする年の数え方である。すなわち一一番目の勝生年とは一六二七年から一六八八年までである。その間の丁巳は一六七七年にあたる。また一五八五年から数えて九三年はまさに一六七七年にあたる。このことからペルレーは『アサラクチ史』が一六七七年に編纂されたことを明らかにした。さらにこの年代記の表題についてペルレーはその奥書に、

赤みを帯びた黄色い巳の年（丁巳年）の、
カルタク Kartag 月（サンスクリット語 Karttika、インド暦八月）の勢いある日に、
もっと後の者たちが理解するために、
アサラクチという名を持つ歴史 Asarayči neretü teüke となし書いた。（65b）

とあることに注目した。これをそのまま読めばこの年代記の名は Asarayči neretü teüke である。しかしペルレーはそのようにはとらず、このアサラクチ Asarayči はチベット語のシャムバ（ジャムバ）bYam ba にあたり、著者自身を指していると見なした。彼はこの文章に neretü（という名を持つ）と teüke（歴史）の間に原文に無い助辞 ber を加え、「アサラクチという名を持つ者が歴史となして書いた。」と読み、その結果彼はこの年代記の書名を Asarayči neretü-yin teüke（アサラクチという名を持つ者の歴史）というように変えたのである（Perlee, 1960, 108, n.139）。しかしこれには疑問が出されており、原文に記される Asarayči neretü teüke でよいとされている。

二、利用した史料

シャムバは『アサラクチ史』を編纂する際多くの史料を利用したことを記している。すなわち随所に「ある歴史書に jarim teükes-tür」という表現でそれを示している。ただしほとんど具体的な名前を記していないが、いくつかは例外的に示している。一つは前節で紹介した冒頭の部分に「ダライ・ラマの編纂した『円満の冊子』(sDsogs-ldan debter) に、『ラン氏一帙』(rLang se ru bodi) より格言を引用して」と記しているが、このうち『円満の冊子』は一六四三年にダライ・ラマ五世によって編纂されたものである。チベット語の表題は極めて長いものであるが、モンゴル名は『若者の宴』(Jalayusun qurim) といいその長いタイトルの一部、gshon nuhi dgah ston を採ったものである。『西蔵王臣記』という漢訳名でも知られている。

本文の中で具体的に利用した史料を示しているのはチンギス・ハーンの祖先について触れている部分である。

コケ・デプテル Köke debter に、最初天の子ボルテ・チノア、その子バダチャク、その子タムチャク、その子ホリチャル・メルゲン。彼は今マングスの口を抑え暮らす、として有名な者バドマ・サムバワそれ自身であるという。ホリチャル・メルゲンの子オゴチャム・ボゴロル、その子イェケ・ニドゥン、その子セムソチ、その子ハジュ。これがコケ・デプテルの説である。(2b)

ここにいう『コケ・デプテル』とは一四七六―一四七八年頃にゴエ・ロツァワ・ションヌペル 'Gos lo-tsa-ba gShon nu dpal によって編纂されたチベット語の歴史書で『デプテル・ゴンポ Deb ther sngon po』（『青史』）のことである。『元朝秘史』に記されているチンギス・ハーンの祖先の名前とここに記されている名前はやや異なっているものもあるが、大体は一致している。ただし『アサラクチ史』がここに引用している『デプテル・ゴンポ』の文章で、例えばホリチャル・メルゲンを、マングス（悪魔）を抑えたバドマサムバワであるという説はもっと早く編纂された『フーランテプテル』に出てくるものであり、『デプテル・ゴンポ』はそれを踏襲したに過ぎない。

『アサラクチ史』の記述にはチンギス・ハーンの事績については『元朝秘史』と共通する部分が多いが、この点についてすでに現行の『元朝秘史』の異本を利用した可能性が高いという見解が出されている（岡田英弘、一九六五、吉田順一、一九七八）。分量から言うと後でも紹介するロブサンダンジンの『アルタン・トプチ』は現行の『元朝秘史』の三分の二余りを伝えているのに対し、『アサラクチ史』は四分の一程度であるという。またシャムバの利用した『元朝秘史』はロブサンダンジンの利用したものとは記述内容の異なるものがあり、その意味で両者は異なった系統の『元朝秘史』のテキストを持っていたという（吉田順一、同）。なお著者不明『アルタン・トプチ』や『蒙古源流』に引用されている『元朝秘史』の文章の量はこれほど多くはなく、その意味で『アサラクチ史』にこれだけの『元朝秘史』の記述が引用されていることは注目に値する。

この他にシャムバは著者不明『アルタン・トプチ』を参照したと思われる。『アサラクチ史』の中にそれと極めて類似した記述が見られるからである。このことは次の文章を示すだけで十分であろう。すなわち順帝トゴン・テムルが明の朱元璋のために政権を失い大都を放棄してモンゴリアに逃れたという話である。これについては第四章で概略紹介している。

その後ハーン（順帝）は夢を見た。「多くの兵が来て町を囲んでいる。その敵を恐れて町の中を廻り行くうちに、私は隙間を得ることが出来なくて行くうちに、西北に走っていくうちに一つの穴を見た。その穴から出てハーン位を棄てて、全き国たみを抛って出ようとする夢を見た。私のこの夢は良いのか、悪いのか」と、中国の賢い占い師に夢解きさせた。占い師が言うには、「ハーンがその位を失う徴である。」と解いた。その後モンゴルのトクタガ・チンサンはうまく夢解きをした。その夢の徴により西北を探してみれば穴があった。ジュゲ（朱元璋）とブハは一万の車のうち七千に財物を、三千の車に甲冑をつけた兵士を積んできた。門番は門を開けてやらなかった。門番に多くの財宝を与えて入って直ちに出した。ハーンは「調べて入れよ。」と言った。先に五千の車を調べたが、後のものは調べないで〔大都に〕入れた。〔大都に〕入り、大砲を置き、兵士が出るや否やハーンの黄金の宮殿を囲もうとすると、ハーンは知って、自分の妃たち子供たちを連れ、先に見た穴から三〇万戸のモンゴルを捨て、一〇万戸のモンゴルを連れて脱出した。脱出する切り通しに、ハブト・ハサルの後裔、トモラホ・バートルが来て、「自分の名を折るよりも、自分の骨を折れ、と言うことだ。」と言って、中国の追ってきた兵を迎え、戦って死んだ。ハーンの後裔にハサルの後裔が一つの利益をなしたというのはそれである。古北口の切り通しより出て、バルス・ホタを建てて暮らした。(27b-28a)

この文章のうち、網掛けの部分は著者不明『アルタン・トプチ』に記されていて、『アサラクチ史』には脱落しているもの、ゴチックの部分は『アサラクチ史』にのみ記されているものである。一部に独自の文章は見られるものの、基本的に著者不明『アルタン・トプチ』に依拠していることは明白である。

この他アルタン・ハーンのチベット仏教の導入や、継いでアルタンの孫であるダライ・ラマ四世の生誕などに関して、チベット語文献である『ダライ・ラマ三世伝』、『ダライ・ラマ四世伝』を多く利用している(石濱裕美子、福田洋一、一九八六)。

三、内容について

『アサラクチ史』の全体的な構成は基本的に先行するモンゴル年代記と大きな相違はない。

ただしハルハの年代記であることから、後半の部分にハルハに対するチンギス・ハーン家の支配とその王公の系譜が記されている。このハルハに関する記述は独自のものであり、一六世紀から一七世紀におけるハルハの歴史を知る上で貴重な情報を提供している。以下『アサラクチ史』に記される興味ある記述を紹介してみよう。

a、チンギス・ハーンの生誕から即位まで

まず『アサラクチ史』はチンギス・ハーンの誕生日や、その称号の由来について他の年代記とは異なった記述をしている。

イェスゲイ・バートルがタタールのトモジン（テムジン）を捕虜にして戻ってくる時〔妻の〕オゲレンから一人の子がシャガー（羊の踝）ほどの黒い血の塊を握って生まれた。トモジンを捕虜にして戻ってくる時に生まれたと、トモジンと名付けた。その朝から河の砂州にある一つの石の上で一羽の鳥が三日飛び回って鳴いた。イェスゲイ・バートルがその石を砕いてみれば中にハスボー・タムガ（玉璽）があったのである。またその鳥が来て家の上に留まって、チンギス、チンギスと鳴いた。チンギスと名付けた由はそのようである。永遠なる天の力により、生じ来たるチンギスという名を持つ子は、壬午年の夏の最初の月（四月）一六日に生まれたのである。（(4a-4b)）

テムジンの名については、イェスゲイがタタールのテムジン・ウゲを捕らえたときに生まれたのでテムジンと名付けたこと、また生まれた時に手に血の塊を握っていたということは『元朝秘史』に記され、その後の年代記にも同じように記されている。ただ壬午（一一六二）年の生誕に関しては著者不明『アルタン・トプチ』や『蒙古源流』の伝えるところも同様であるが、その生まれた日まで記していない。

『アサラクチ史』は、チンギスの名はその誕生時に父イェスゲイにより付けられたとするが、すでに紹介したように『元朝秘史』や『蒙古源流』ではテムジンがモンゴル部を統一したとき、いわゆる第一次即位の時に称えたとされている。また『アサラクチ史』はこの第一次即位の年について次のように記している。

多く皆でそれらの言葉に同意して、オノン河の源で九足ある白い纛を立て、壬寅（一一八二）年に、二一歳のときに、天と地に力を加えられてチンギスをハーンにした。(12a)

『蒙古源流』は第一次即位年を癸酉（一一八九）年としており、『アサラクチ史』とは異なっている。ただしすでにふれたようにこのいわゆる第一次即位については疑いがもたれている。『元朝秘史』では第一次即位に次いで、その後ナイマン王国を征服しモンゴリア全体を支配した一二〇六年に改めてハーンに即位した（第二次即位）と記している。一般的にこれが正式な即位とされている。この第二次即位に関係する『アサラクチ史』の文章は次のようである。

寅の年（一二〇六）の夏の最初の月（四月）の一六日にオノン河の源に、九つの足のある白い纛を、ジャライルのデルゲトゥ・バヤンの子、ゴア・ムフリに国王、丞相、大師の称号を与えて、纛を持たせて万戸を治めさせたのち、九つの罪〔を犯すまで〕刑に入れるまい。」と言った。(16a)

注目すべきは『元朝秘史』と類似した文章を記していながら、ここで改めてハーンに即位したとは記していないことである。すなわち『アサラクチ史』は『元朝秘史』のようにチンギスが二回即位したことを認めず、壬寅、二一歳のとき、『元朝秘史』でいう第一次即位のみを正式なハーン位即位と見なしている。『蒙古源流』も同様にチンギスは二八歳、癸酉(一一八九)年に即位したとのみ記し、第二次即位は認めていない。他方著者不明『アルタン・トプチ』はチンギスの即位が二回あったことを示唆している。ロ氏『アルタン・トプチ』は、四五歳の丙寅(一二〇六)年の即位、『元朝秘史』でいう第二次即位のみを記し、第一次即位については記していない。

『アサラクチ史』に記されるチンギス・ハーンの事績は基本的に『元朝秘史』に拠ったもので、それも極めて節略した形で記している。『元朝秘史』には記されず、『アサラクチ史』に記されている文章もあるが、それも極めて限られたもので、『元朝秘史』の不足を補うものではない。『アサラクチ史』はチンギス・ハーンの最後の遠征であるタングート遠征までは『元朝秘史』をかなり節略はしているものの比較的似た記述をしているが、タングート王シドルグ・ハーンを殺害する場面からチンギス・ハーンの死に至る場面まで『元朝秘史』とは全く異なった、独自の記述に変わっていく。この点は著者不明『アルタン・トプチ』や『蒙古源流』、ロブサンダンジンの『アルタン・トプチ』も同様である。ただし『アサラクチ史』は、これらの年代記が記している、チンギス・ハーンがタングート王シドルグ・ハーンを殺害した後、その妃、グルベルジン・ゴアを娶ったという伝説（本書一六五―一六六頁参照）を記していない。シャムバはこれについて知っていたはずであるが、敢えて記さなかったのであろう。

b、オゲデイについての伝説

チンギス・ハーンを継いでモンゴル帝国第二代ハーンとなったのはその第三子オゲデイである。オゲデイの事績は父チンギスの後を受けて西アジアからロシア、東欧への遠征、また金朝征服（一二三四年）など輝かしいものがあったが、モンゴル年代記はそれらについては全く関心を持っていない。『アサラクチ史』も同様である。しかし『アサラクチ史』はオゲデイについて興味ある伝説を記している。それは『蒙古源流』のところで紹介した話と関係するが、オゲデイが足の病気に罹ったことにまつわるものである。それは次のようである。

オゲデイ・ハーンはその足がご病気になって、サキャ・バンディタに使者を遣わした。「お前が来なければ多くの兵を派遣してタングートの人々を苦しめたのち、大罪をなすであろう。それが分かるなら来い。」と遣わした。その使者が〔サキャ・バンディタのところに〕

到着してそのことを語ったのち、一人の大ラマが「行こう。」と使者を派遣した。そのラマは一匹のシラミ、一塊の土、一つの舎利を箱の中に入れて与えたが、他には何も言わなかった。その使者に「ホトクト・ラマは何をおっしゃったのか。」と言えば、使者は「ご返事は無い。一匹のシラミ、一塊の土、一つの舎利、箱を与えた。」と言った。サキャ・バンディタが取って見たのち、「土を与えたのはお前が死ぬと言ったのである。シラミを与えたのは私を食べる時に行こうと言うのである。舎利を与えたのは後にモンゴルが仏法に入ると言ったのである。死ぬなら死のう。食べるとするなら食べよう。モンゴルが仏法に入るがよい。」と言って来た。オゲデイは〔サキャ・バンディタを〕エリベのコケ・ウスンで出迎えて会った。オゲデイ・ハーンはその足を見せると、サキャ・バンディタがおっしゃった。「この前世にインドのハーンの子となって生まれたときに、寺院を建てるときに地面をほじくり木を切ったことにより土地の神が来て妨害したのです。寺院を建てたその力によりチンギス・ハーンの子となり生まれたのです、あなたは。」とおっしゃって、四本の手を持つマハーカーラ（大黒）のトルマ（悪魔払い）を投げると、病気は直ちに治った。オゲデイ・ハーンとモンゴル、中国の人々は皆信じて仏法に帰依した。多くの奇蹟を見せた。涼州の町にカマラ・シラという名の塔を建てた。(24a-24b)

もちろんこの話自体は事実ではない。『蒙古源流』では、足の病気を患ったのはオゲデイではなくゴデンになっている。サキャ・パンディタが涼州で邂逅したのはゴデンであり、足の病気はともかく『蒙古源流』の方が史実に近い。

c、フビライの事績

フビライの事績についても『アサラクチ史』は『蒙古源流』とは異なった独自の記述をしている。その生まれとハーン即位について、

その後トロイ・エジェンのケレイトのオン・ハーンの弟ジャハ・ガムブの娘タナイ・ベキから生まれたフビライ・エジェン・ハーンは上都でハーン位に即いた。乙亥（一二一五）年生まれである。(25a)

と記している。ここに言うフビライの母タナイ・ベキ Tanai beki とはソルハクタニ・ベキ Sorqaytani beki のことであるが、タナイ Tanai とはその傍線部のみを示したものである。このあと『アサラクチ史』はパクパ・ラマ（巴思巴）とフビライとの関係について述べている。

その（フビライが）三〇歳のとき、パクパ・ラマが一九歳のとき、玉座に座らせてクレン・ザンダンという町の柱を石膏で造って、三色の国（モンゴル、中国、タングート）を仏法に入らせた。フビライ・セチェン・ハーンはパクパに金と水晶の袈裟、宝石で飾った袈裟、宝石の帽子、金の傘、金の椅子など、数限りない財物、馬、ラクダを差し上げた。パクパ・ラマはそれからカムの地にお出ましになってウバディニ（和尚）アルダルシクサン・アル

ダル・ゲゲンより七人の伴とともに戒律を真に受けてお戻りになった。ハーンは金剛乗の仏法の甘露の法会を三度催したが、最初にチベットの三万の地を差し上げた。第二度目にチベットの一〇の地を差し上げた。第三番目に中国の女真とアチャタ・サタル・ハーン〔がもらった〕舎利の分け前の、善逝の増える舎利を差し上げた。パクパ・ラマにパンディタ・パクパ帝師という称号を差し上げた。大都で冬を過ごして、上都で夏を過ごしてシャカムニの教えを太陽のように輝かせた。あるときカルマ・バクシは水に入ったり、空に昇ったり、石をつかんだりする等の多くの奇蹟を見せたとき、セチェン・ハーンは「我々のラマ、帝師ホトクトなるこれはアクシュビ仏が人の姿を持った一つの化身そのものであっても、奇蹟と智慧はこの斑のヨーガジャリの方が多いのである。」とおっしゃったのをセチェン・ハーンの妃が来てパクパ・ラマに事情を申して、「カルマ・バクシを帰依処として尊ぼうとすれば、サキャの根源に害ある者となる故に、奇蹟を示し賜え。」と言うと、ハーン、大臣等の間でパクパ・ラマは刀で頭と手足を五つの部分に切って、五つの根源ある仏として祝福して見せるなど、多くの奇蹟を目の保養として見せた。二法を等しく制定して、チンギス・ハーンの大いなる政権を固くし奉じて、耳を持つ者たちに有名になった。(25a-26a)

ここではフビライが一旦はパクパを信奉したが、奇蹟をより多く見せたカルマ・バクシ（カルマ派の僧侶か）を改めて帰依処にしようとしたことに対して、パクパ・ラマがさらに奇蹟を見せてその帝師としての立場を維持したことが記されている。この話は若干の出入りがあるが、ロブサンダンジンの『アルタン・トプチ』にも再録されている。

このあとの元朝皇帝の事績については他の年代記同様ほとんど記していない。順帝トゴン・テムルについては明の朱元璋によって「政権を失った」ことについて記すが、内容的には著者不明『アルタン・トプチ』と基本的に同じである。この永楽帝の治世のあと、著者不明『アルタン・トプチ』は天啓帝に至るまでの明の皇帝の名前と在位年を記しているが、『アサラクチ史』は「永楽帝は二一年経って亡くなった。その座に永楽帝の後裔、一四人の皇帝が座した。その名を書いた二人（洪武帝と永楽帝）が大位に座したことと共に、書いても理解することが困難なので書かなかった。」(30a) として記していない。

d、ダヤン・ハーンに至るモンゴルのハーンについて

『アサラクチ史』はこのあと再びビリクトゥ・ハーン（アーユルシュリーダラ）以降のモンゴルのハーンの治績を記しているが、基本的に著者不明『アルタン・トプチ』や『蒙古源流』の記述を踏襲している。しかもかなり省略されている上に独自の記述はほとんど無い。

ダヤン・ハーンとその妃マンドハイ・ハトンとの間に七人の男子と一人の女子が生まれたということは多くの年代記の伝える所であるが、すでに触れたようにその双子の組み合わせが年代記によって異なっている。この点『アサラクチ史』は多くの点で著者不明『アルタン・トプチ』と一致しているが一部重要な点で異なっている。例えば『アルタン・トプチ』はマンドハイ・ハトンから生まれた子（男子）を七人とするだけで女子が生まれたことを記していないが、『アサラクチ史』はトロ・バイホ（トロ・ボラト）とウルス・バイホ（ウルス・ボラト）、バルスボロトとアルサボロト、オチル・ボロトとアル・ボロト、アル・ブグラとケン・アバハイの四組が双子で生まれたとしている。最後のケン・アバハイは女子である。またダヤン・ハーンの妃の一人でゲレ・ボロトとゲレセンジェの母について、『アルタン・トプチ』ではウリヤンハンのホトク・シグシ Qutuγ sigüsi の孫娘サムル太后としているのに対し『アサラクチ史』はウルグートのオロジュ・シグシ Oroju sigüsi の娘ジミスケン・ハトンであるとしている。そのどれが正しいのかについて確定することは困難である。ちなみに『蒙古源流』はジャライルのホトク・シグシの娘スミル・ハトンであるとする。なお『アルタン・トプチ』でもゴビ・アルタイ版ではウルグートのホトク・シグシの孫娘サムル大后となっている。

e、リグダン・ハーンについて

モンゴル最後の大ハーンであるリグダン・ハーンの事績は全く記されていないが、興味あるのはその称号である。すなわち Lindan qutuγ-tu sutu čiηggis dayiming sečen jüg-üd-i teyin büged ilaγuγči bala čakarvati dai tayisung tηgri-yin tηgri delekei dakin-i qurmusta altan kürdün-i orčiγulγči nomun qaγan（リンダン・ホトクト、偉大なるチンギス大明賢者、諸方

の最勝者、強力なる転輪王、大いなる太宗、天の中の天、全世界の帝釈天、転金輪法王）という長々とした称号で彼を呼んでいる（40a-40b）。リグダン・ハーンについては著者不明『アルタン・トプチ』も『蒙古源流』もリンダン・ホトクト Lindan qutuγ-tu qaγan としか呼んでいない。この『アサラクチ史』に記された称号は、ロ氏『アルタン・トプチ』や『シャラ・トージ』などに再録されている。リグダン・ハーンのあとのチャハル王家の系譜についても『アサラクチ史』は記している。

その（リグダンの）子はエルケ・ホンゴルとアバナイ親王である。アバナイ親王の子は女真のバルス・セチェン・ハーンの娘、グルネ公主から生まれたブルニ王とロブサンである。（40b）このブルニ親王は一六七五（康熙一四）年、清朝に反乱を起こして敗れ殺害された。『アサラクチ史』が編纂される二年前のことである。しかし『アサラクチ史』はそのことについて何も触れていない。モンゴリアを震撼させたこの事件をシャムバが知らなかったはずはない。外モンゴルに対する清朝の影響はまだそれほど無い時代であり、この事件にシャムバが口を閉ざしたのは何か理由があったのであろうか。

f、ゲレセンジェがハルハの支配者になったことについて

『アサラクチ史』はハルハの年代記であり、当然ハルハの系譜を詳細に記している。その祖ゲレセンジェ以下シャムバの時代に活動した一一四〇人程の系譜が記されている。下限はゲレ

センジェの五世孫までである。この系譜は初期のハルハの王公の系譜を網羅したものとして史料的に極めて重要である。『アサラクチ史』はまたこのようなハルハの王公の系譜を記す途中でダヤン・ハーンの末子ともされるゲレセンジェがどのような経緯でハルハの支配者になったのか、またアバダイ・ハーンがハルハにチベット仏教を導入した経緯について記している。これはハルハ初期の歴史についての重要な情報であるが、その内容を簡単に紹介してみよう。

まずゲレセンジェがハルハの支配者になったことについて次のように記されている。

六万戸の主、バト・モンケ・ダヤン・ハーンの二人の力ある息子のあと、ジミスケン・ハトンから生まれたのがゲレセンジェである。その年は癸酉（一五一三）年である。〔彼が〕この七旗（ハルハ）の主となった事情は、昔ダヤン・ハーンの所にハルハのチノス〔部〕のウダボラトという名の者が来て、「今ハルハをジャライルのシギチたちが支配している。〔我々の〕主とすべき〔あなたの〕一人の子供をください。」と求めた。〔ダヤン・ハーンは〕大いに同意してジミスケン・ハトンの長子、ゲレボラトを与えた。〔彼を〕連れて行ったのち、次の年にゲレボラトをハーンの所に連れてきて、「性格は強い、力は大きいために慈しむべきあなたのアルバト（納貢者、従者）がのちに刑罰にかかることにならなければよいが。」と言って与えた（返した）。戻る時に遊んでいるゲレセンジェを連れて行った。そこでウダボラトは〔ゲレセンジェを〕養子として暮らした。オジイェトのモングジェイ・

ダルガの娘ハントハイとメドゥの娘モングイと婚約して、それからハトンハイと結婚するときに、唯一頭の白いラクダと黄羊の袖無しの着物を着せて与えた。そのときウダボラトの子、トクタホはフェルト、木を集め、小さな〔家《ゲル》を作らせ〕結婚させた。（47b-48a）

これによるとハルハのチノス部のウダボラトがダヤン・ハーンに養子を求めてきたところ、ダヤン・ハーンはウルグート部出身のジミスケン・ハトンから生まれた兄のゲレボラトを与えたが、性格が合わないとして翌年ダヤン・ハーンのもとに返してきた。ウダボラトはそれに代えてゲレセンジェを連れ帰ったという。『アサラクチ史』はこのあとゲレセンジェから生まれた七子について、どの妃から誰が何年に生まれたか、また彼らにどのような封地が与えられたかについて記したあと、

ゲレセンジェ・ジャライル・ホンタイジは三六歳のときにケルレン河のボロン Borong でお亡くなりになった。（48b）

と記している。死亡年は記されていないが、一五四八年にあたる。

g、アバダイ・サイン・ハーンのチベット仏教導入

もう一点はアバダイ・ハーンによるチベット仏教のハルハ導入についてである。アバダイはゲレセンジェの孫にあたる。アバダイは一五八六年にはエルデニ・ジョーと呼ばれる、ハルハ最初のチベット寺院を建立している。これについて『アサラクチ史』は次のように記している。

ジャライル・ホンタイジ〔ゲレセンジェのこと〕の第三子ノゴノホ・ウイジェン・ノヤンの営地がセレンゲ河にあるときに、甲寅〔一五五四〕年にエチェンケン・ジョリクト・ハトンから一人の男子がお生まれになると、人差し指に黒い血を持って生まれたのである。名前をアバダイ Abadai と名付けた。それより一四歳のときから二七歳に至るまで常に戦いをして、異国の敵を自分の力に降して、すべての兄弟たちを自分と区別無く助けて、すべての根源、トゥシェトゥ・ハーンという称号を奉じられて大いに有名になった。辛巳〔一五八一〕年にハーンの二八歳の時にテグルゲチ・バートルのところにモンゴルジン・トゥメトから一団の商人等が来たのであった。彼らに「バクシ〔導師〕なる者はいるか。」と尋ねた。〔アバダイが派遣した〕使者は〔バクシを〕連れてきた。そのバクシは「言葉のために我らのゲゲン・ハーンに三宝とトンコル・マンジュシリ・チャダスマリ sTongkor manjusiri čadasmari がいる。」と言ったとき、トゥシェトゥ・ハーンに信仰の心が大いに生まれて、そのバクシとキレグートのアラク・ダルハンをゲゲン・ハーン〔アルタン〕にラマを勧請するために遣わした。ゲゲン・ハーンはその七五歳のときにご病気になって使者たちが到着するとともに七晩声が出ず横たわっていたのであった。「使者がきた。」というのを聞いたのち「ゴマン・ナンソ Sgomang nangso を連れて行くがよい。」とおっしゃって、すぐにお亡くなりになった。（52a-52b）

ここではトゥメトからハルハに商人達がやってきたという興味ある話が記されているが、恐らくアバダイは彼らからトゥメトにおける仏教の状況について知ったものであろう。アバダイがラマの招請をアルタンに求めたときアルタンは病が重く、それを認めてから亡くなったという。アルタンは旧暦一二月一九日に亡くなっているから（『アルタン・ハーン伝』二七五節）、アバダイの使節がアルタンのもとに到着したのはそれより少し前のことになる。

アラク・ダルハンはラマを勧請してきた。ハーンは斎戒、戒律に従ってそのラマを大いに尊重した。教え、仏法の始めをよく繫ぐ者となった、とアラク・ダルハンを「ダルハンの上の大ダルハンとなれ。」と赤い勅書と印を賜った。癸未（一五八三）年にサマラ・ナンソ Samala nangsu が来た。乙酉（一五八五）年の夏、シャンホト Sangqu-tu の山陰にある古い城に基壇を打って、その年に寺院の建築を行った。この寺院を建てた〔年〕から今一一番目の年、ラブジュンの丁巳（一六七七）年に〔至るまで〕九三年経過した。（52b-53a）

このアバダイによる寺院、すなわちエルデニ・ジョーの建設についてはすでに紹介した。（二六四頁）

〔アバダイは〕丙戌（一五八六）年にお出ましになって、ダライ・ラマ・ソドナム・ギャムツォのところに夏の最後の月（六月）の一五日に到着して、叩頭するときに、千頭の去勢馬など多くの硬軟の財物を献上した。〔ダライ・ラマは〕器金剛の潅頂など多くの潅頂をお恵みになって、「一つの天幕《ゲル》に満たした仏から選んで取れ。」とおっしゃったとき、一つの古くなった像を取ったのはバグモ・ロバであった。ダライ・ラマがおっしゃるには、「一つの天幕に満たした仏を天幕と共に火を付けたときに、燃えなかった大いなる霊の力があった。」と言った。またシャカムニの舎利を親指のほど、一つのトルコ石で作った輪、シャムバラの像など多くの霊験あらたかな像、虎の〔皮製の〕天幕など、仏法の贈り物を贈って与えて、ダライ・ラマは「〔アバダイは〕金剛乗の化身である。」とおっしゃって、ノムン・イェケ・オチル・ハーン Nom-un yeke včir qayan（法の大金剛ハーン）という称号を賜った。このようにこちらに戻って大営地ハラ・オロンにいるとき到着した。ハルハ万戸をシャカムニの教えに始めて導いた。（53a）

ここではアバダイがトゥメトのセンゲの招請に応じて内蒙古に来ていたダライ・ラマ三世と邂逅し、帰依したことが記されている。このことは『蒙古源流』にも同じようなことが記されている。これより前の丁亥（一五八七）年にハルハのアバダイ・ガルジャグ Abadai γarjaγu というタイジが〔ダライ・ラマに〕叩頭しに来て、黒貂で覆い、漆を塗った天幕をはじめ、財物、家畜の数を万となし奉ったときに、〔アバダイは〕望み通りの〔ダライ・ラマの〕説法に満足した。〔ダライ・ラマが〕そのハーンに、「この私の仏たちから〔お前の〕手を突っ込んで一つの仏を取れ。」と言ったとき、執金剛 Včirbani の像にぶつかってそれを取った。それから彼が戻るときに、「私にオチル Včir（金剛）という名のハーンの称号を賜れ。」と申し上げたとき、〔ダライ・ラマは〕「お前たちのモンゴルの政治に害となるかもしれない。」と言ったけれども、請うて再び申し上げたとき、オチライ・ハーン Včirai qayan という称号を与えた。（Urga, 82v-83r）

『アサラクチ史』と比べるとやや簡単であるが、オルドスにおいてもアバダイのチベット仏教帰依についてほぼ同様な話が伝えられていたのは興味深い。

『アサラクチ史』の特徴はダヤン・ハーン以降のモンゴルの王公の系譜をかなり詳細に記していることである。『蒙古源流』にも同様の系譜が記されているが、それはオルドスの王公については詳細であっても、その他の王家についてはそれほどではない。その後の年代記はこのような系譜をまとめて記すようになったが、『アサラクチ史』はその嚆矢となっている。

以上紹介してきたように『アサラクチ史』はゲレセンジェによるハルハ万戸の創設や一七世紀におけるハルハの状況について詳しく記しており、この時代のハルハ史にとって貴重な情報を伝えているのである。また『アサラクチ史』はその後に編纂されたいくつかの年代記例えばロ氏『アルタン・トプチ』、『アルタン・クルドゥン』などにも利用されており、かなり流布したと見られる。

第八章　『シャラ・トージ』

一、『シャラ・トージ』について

ハルハにおいて『アサラクチ史』に次いで編纂された年代記である。著者については不明である。編纂年代についても記されておらず、正確には分からないが、あとでも触れるように一八世紀初頭と考えられる。

『シャラ・トージ』がモンゴルからロシアにもたらされたのは一九世紀末のことである。ロシアのモンゴル学者であったポズドネーエフは一八七六―一八七八年にロシア地理学協会によるモンゴル調査に参加した際に七八二冊のモンゴル書を収集した。それは一八七九年にサンクトペテルブルク大学によって購入されたが（Uspensky, V. L., 1999, X）、その中に『シャラ・トージ』の写本が一本含まれていた（C本）。これは現在同大学の東洋学部の所蔵となっている。

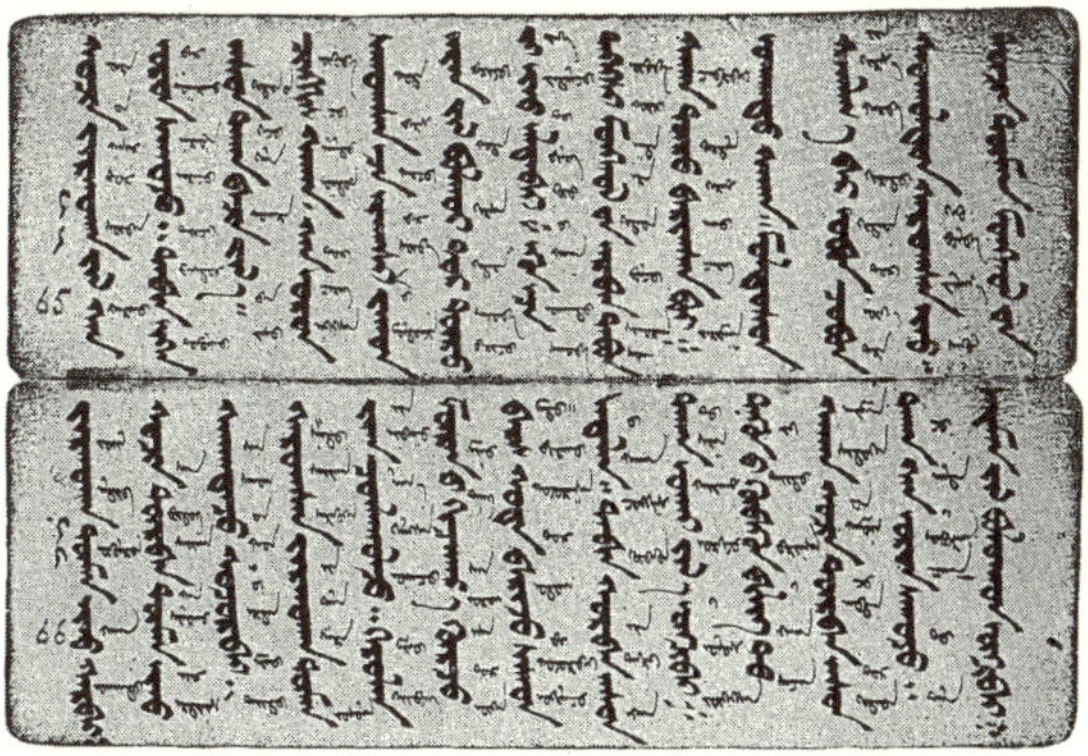

『シャラ・トージ』(Пучковский, 1956)

次いで一八九一年、ロシアのチュルク学者ラドロフはモンゴルのオルホン地域を探検調査し、突厥碑文などを調べたが、その際にモンゴル語の写本を獲得してロシアに持ち帰った。それらは現在ロシア東洋学研究所サンクトペテルブルク支部に所蔵されているが全部で三四点数えられている(Сазыкин, 1988, 2001, 2003)。その中の一つが『シャラ・トージ』である(A本)。この他にやはりポズドネーフがもたらした写本が同研究所に所蔵されている(B本)。この他にもう一本、モンゴル国、ウラーンバートルのモンゴル国立中央図書館に所蔵されている(D本)。以上のように『シャラ・トージ』の写本は現在四本数えられている。

『シャラ・トージ』について初めて書誌学的研究を行ったのはジャムツァラーノである。彼は『一七世紀のモンゴル年代記』においてA、B、Cの三本について紹介した。まずA本についてこれが『シャラ・トージ』の中で最も古い写本であること、大きさが長さ二三・五センチ、縦が七・五センチの横長の冊子で、アコーディオンのように綴じられており、一七世紀の書法の特色を持っていることを指摘している（Žamtsarano, 1955, 44）。この写本は二八四頁からなるが、最初の一―四頁は失われている。また一九三頁と一九五―二二一頁、二六三―二八四頁は「意味を持たない若干の言葉を除いて空白である。」（Шастина, 1957）このA本の、最初の四頁が失われているという点は以下で検討するように『シャラ・トージ』の表題と関係する問題をはらんでいる。Ｃ本は十分には読み書きのできないセレンゲ・ブリヤート人による口述により書かれたものであり、誤記があること、しかしこの写本はまだA本が完全なときにA本から書き写されたものであるという。つまりＣ本にはA本に欠けている一―四頁の文章が存在するという。Ｂ本については、四分の一サイズのロシア紙にロシア人によって書かれたもので、一部にA本やB本に無い記述もあるという（Žamtsarano, ibid., 45）。最初の部分は欠けていて、「知られていない写本から、一九世紀半ばに作られたもの」という（Шастина, 1957, 10-11）。

これら『シャラ・トージ』のモンゴル文テキストはシャスティナ（Шастина, 1957）とハイッシヒ（Heissig, 1959）によって公刊された。前者はロシア東洋学研究所所蔵のA本を底本にし、B本、Ｃ本との異同を示した、活字による校訂本である。また後者はモンゴル国立中央図書館蔵（D本）を写真版で紹介したものである。

ところでA、B、Ｃ本の三種とD本の間には記述内容に大きな違いがある。すなわちD本はハルハを支配したゲレセンジェの後裔の系譜、チンギス・ハーンの子、ジョチ、チャガタイの後裔、さらにダヤン・ハーンの六万戸の讃歌、オイラトのチョロス部の系譜で終わっているが、A、B、C本はこの後にチンギス・ハーンの弟ハサル、ベルグテイの後裔の系譜、さらにダヤン・ハーンの子ゲレセンジェがハルハを支配した状況、ゲレセンジェの後裔の系譜などを記している。この記述はD本に書き加えがなされたものと考えられている。

二、書名と編纂年代について

この年代記の正式な名はErten-ü mongyol-un qad-un ündüsün-ü Yeke sira tuyuji（『古《いにしえ》のモンゴルのハン等の根源、大黄史』）とされている。一般的には省略して『イェケ・シャラ・トージ』、あるいは『シャラ・トージ』という。この表題は四種ある写本のうちC本の表紙にのみ記されている。本文中には表題に関する記述は見られない。しかしこの年代記の本当の名が『シャラ・トージ』であったかどうかについては疑問がある。サガン・セチェンは『蒙古源流』を編纂する際に利用した史料の一つにこの『シャラ・トージ』と全く同じ表題を持つ史料を示している（本書二一二頁）。このため『蒙古源流』の編纂時にこの『シャラ・トージ』を利用したという見解が多く出されている。しかしながらあとでも触れるように『蒙古源流』よりは『シャラ・トージ』の方があとに編纂されている。あとに編纂された年代記がそれより前に編纂された年代記に利用されるはずがない。ジャムツァラーノやシャスティナの報告では、最も古い写本であるA本は最初の四頁が欠けていて表題が記されていないこと、またC本にはErten-ü mongγol-un qad-un ündüsün-ü Yeke sira tuγuji の表題が付されているが、これはA本を書写したものという。他方『シャラ・トージ』の別本であるD本には全く異なった表題が付されている。これは『シャラ・トージ』の中でも最も古いタイプのものとされるが（Бира, 1978, 241-242）、その表紙には Dalai blam-a-yin nomlaγsan jalaγusun qurim kemekü qad noyad-un uγ teüke（『ダライ・ラマがお説きになった若者の宴というハン等、ノヤン等の根源の歴史』）という表題が付されている（Heissig, 1959, facsimilia, 86）。このことからD本はまた『ジャラグスン・フリム』とも称される。しかしこの表題は、D本の冒頭に記される「ダライ・ラマがお説きになった若者の宴（Jalaγusun qurim）という歴史に云々」という記述を利用したに過ぎない。『若者の宴（Jalaγusun qurim）という歴史』とは、『アサラクチ史』の章でも紹介したように、本来一六四三年にダライ・ラマ五世によって編纂された sDsogs-ldan debter（『円満の冊子』）のことである。すなわち『ジャラグスン・フリム』自体も本来の表題ではなく、あとの書写者によって付けられたものである。古いタイプの写本に別な表題が付され、それより新しいタイプの写本に『蒙古源流』が利用したという『シャラ・トージ』の表題がある、というのは奇妙な話である。『シャラ・トージ』と『蒙古源流』を比較すると記述内容の似ている部分がかなり多い。つまりC本に記されている表題は本来の編者ではなく後の書写者が『蒙古源流』に記されている七つの典拠の一つを借用してこの年代記の表題としたのではないだろうか。その意味で現在『シャラ・トージ』と呼ばれている年代記の本来の表題は不明と言わざるを得ない。ただこの年代記を『シャラ・トージ』と呼ぶことは一般的であり、本書でもそう呼ぶが、『蒙古源流』が利用した『シャラ・トージ』ではないことだけは確実である。

すでに述べたように『シャラ・トージ』にはその編纂年代が示されていない。その編纂年代について問題を複雑にさせたのは、先にも触れたように『蒙古源流』が利用した史料の一つにこの『シャラ・トージ』と全く同名の史料が示されていること、それにも拘わらず『シャラ・トゥージ』には一七世紀末から一八世紀初頭に活動した者が記されていることである。これについてジャムツァラーノは次のように述べている。

『シャラ・トージ』がいつ編纂されたかはテキスト中に示されていない。テキストの書写スタイルから判断すると、この年代記が段階的に編纂されたと言うことを確信させる。つまりそれは集合的性格を持っているからである。それがサナン・セチェン（『蒙古源流』の著者）が奥書で引用しているものと同じ作品であることからすると、その編纂時期は一七世紀前半に帰する。しかしサナン・セチェンによって記されている王公やハンの名前はこの年代記が一七世紀末頃に完成されたことを示している。（Žamtsarano, 1955, 48）

すなわちジャムツァラーノは『蒙古源流』にこの『シャラ・トージ』を利用したと記されていることから、もともとこの年代記は一七世紀前半に編纂されたこと、しかしそこには一七世紀後半に活躍した王公の名が記されていることから、そのあとで補足が行われたこと、つまり段階的に編纂されたものである、と述べている。この見解はその後の多くの研究者によって踏襲されている。喬吉は「研究者たちには異なった論法はあるけれどもただ一点、この書が一六六二年以前に成ったことは毫も疑いがない。」とさえ記している（包文漢、喬吉、一九九四、五二頁）。

しかしながら『シャラ・トージ』に記されている内容はこれらの見解を必ずしも容認してはいない。一つには『シャラ・トージ』と『アサラクチ史』との関係から言える。すでに紹介したように『アサラクチ史』は一六七七年に編纂されたハルハの年代記であるが、『シャラ・トージ』はこれを利用した形跡がある。例えば『シャラ・トージ』の冒頭部分は次のように記されている。

ダライ・ラマのお説きになったジャラグスン・フリムという歴史書に、総じて人は自分の根源を知らなければ森に満ちた（D本は「生まれたtörögsen」と記す）猿に同じ。自分の氏を知らなければ、トルコ石で光る龍に同じ。父、祖父のあれこれという書物を見なければ、まさに子供を忽然として失うことに同じ。（Шастина, 1957, 15、Heissig, 1959, facsimile, 87）

この部分はA本、B本にはなくC本、D本にのみ記されている文章である。前章でも紹介したように『アサラクチ史』にもこれとほぼ同じ文章が記されているが、その中で一番大きな違いは、「ダライ・ラマが編纂した『円満の冊子』（sDsogs-ldan debter）に『ラン氏一帙』（rLang-un bse ru bodi）から格言を引用しているが、総じて人は云々」という箇所の傍線の部分が『シャラ・トージ』に欠けていることである。『アサラクチ史』によれば「総じて人は」以下の文はダライ・ラマ（五世）が編纂した『円満の冊子』（漢訳名『西蔵王臣記』）、つまり『シャラ・トージ』に言う『ジャラグスン・フリム』の本来の文章ではなく、『ラン氏一帙』から引用した文章である。実際ダライ・ラマ五世の編纂した『円満の冊子』にそのように記されている（森川哲雄、二〇〇二）。このことは『シャラ・トージ』の編者が『円満の冊子』のチベット語原文を翻訳、引用したのではなく、『アサラクチ史』から肝心の文を一部削って引用したことを意味している。以上のことは『シャラ・トージ』の編纂が一六七七年に編纂された『アサラクチ史』を遡るものではないことを意味している。

『シャラ・トージ』には先にも示したように一八世紀初頭に活動した人の系譜も記されている。例えばハルハ中央に位置したトゥシェトゥ・ハン部の系譜について、『シャラ・トージ』は清朝からトゥシエトゥ・ハン（土謝図汗）の称号を最初に受けたチャグン・ドルジの次子をドルジ・オチル・トゥシェトゥ・ハーン Dorji včir Tüsiyetü qayan と記している（Шастина, ibid.）。『蒙古回部王公表伝』巻四六、伝三〇、土謝図汗察琿多爾済列伝によれば、チャグン・ドルジの次子ドルジ・オチル（多爾済額爾徳尼阿海）は康熙四一（一七〇二）年にトゥシェトゥ・ハンの号を継承している。このことは『シャラ・トージ』が一八世紀になって編纂されたことを裏付けるものである。

なおこれに関連してA本にはその行間に『アサラクチ史』からの文章が数カ所に亘り、相当量記されていることに言及しておきたい。その概要は次の通りである。

一、インドの最初の王とされるマハー・サマディ王からチベットの王統を経てボルテ・チノアがモンゴルの祖となるまで。

二、メルキト部がチンギス（テムジン）の家を襲撃し、その妻ボルテ婦人を奪ったという事件から、その後ジャムハの援護を得て取り返すまで。

三、チンギスがタングート遠征を開始した事件から、チンギスの死を経てオゲデイ・ハーンが即位し、さらにサキャ・バンディタをチベットから招請して仏法に帰依したというところまで。

四、トゴン・テムル・ウハガト・ハーン（順帝）の即位から明の朱元璋により政権を奪われ、自分の非を嘆き詠ったことまで。

『シャラ・トージ』の行間に引用されている『アサラクチ史』の記述と現存する写本と比較すると、語彙や綴りにかなりの違いは見られるが、内容的に差はない。

三、『シャラ・トージ』の内容について

『シャラ・トージ』の記述内容についてはいわゆるA本によって紹介する。（以下に紹介する『シャラ・トージ』からの引用はすべてシャスティナの公刊したテキスト（Шастина, 1957）による）その全体的構成はかなり『蒙古源流』に似ている。その前半部分の宇宙の生成、インド、チベットの王統、チンギス・ハーンの祖先、チンギス・ハーンの事績、それ以降のモンゴル帝国、元朝のハーンの事績、また北元のハーンの事績などは、ほとんど『蒙古源流』の引用かその節略である。ハーンの在位年数については年代記間に大きな相違が見られるが、それも『蒙古源流』を踏襲している。例えばすでに紹介しているように一五世紀半ばに登場し、チンギス・ハーン家を復興したダヤン・ハーンの在位年数についても『蒙古源流』のそれを踏襲し、甲申（一四六四）年生まれ、その七歳の寅（一四七〇）年に即位し、七四年在位して卯（一五四三）年に八〇歳で亡くなったとしている。

ダヤン・ハーン以降についてはその直系のハーンの事績だけが記される。それから分かれた王公の事績についてはほとんど記されていない。僅かな例外はハルハの始祖となったゲレセン

ジェについてだけであるが、これは『シャラ・トージ』がハルハの年代記であるためである。この点については後で触れる。ダヤン・ハーンのあとを継いだのはその孫で早く亡くなったトロ・ボラトの子ボディ・アラクであるが、これ以降リグダン・ハーンに至るハーンの事績については『蒙古源流』に記されているものを出ない。モンゴル最後の大ハーンとされるリグダン・ハーンの事績についても大方『蒙古源流』の記事を参照しているが、一部そこに記されていない重要な記述も見られる。それはリグダン・ハーンによる『カンジュル』のモンゴル語訳を行ったというものである。

クンガ・オサル Küngga osar（Tib. Kun dgaʼ ʼod zer）ら翻訳者を集めてカンジュルをモンゴル語に翻訳させ、Lingdan qutuγ-tu sutu Činggis dayiming sečen jüg-üd-i teyin büged ilaγuγči bala tsakravartu dai tayisun tngri-yin tngri delekei dakin-u qurmusta altan kürdün-i orčiγuluγči nom-un qaγan と〔いう名を持ち、〕二法を一層うち立てているうちに［以下略］、（Шастина, 1957, 75）

ここに記されるチベット大蔵経がリグダン・ハーンの命によってモンゴル語に翻訳されたということは事実ではないということについてはすでにふれた。その後に記されているリグダン・ハーンの称号については『アサラクチ史』に記されているものを参照したものである。

『シャラ・トージ』はモンゴル仏教史において重要な位置を占めるアルタンによるダライ・

ラマ三世の招請とモンゴリアへのチベット仏教の導入については全く記していない。年代記の多くが触れているこの事件に『シャラ・トージ』の著者は全く関心が無かったのだろうか。不思議と言わざるを得ない。

『シャラ・トージ』の著者が関心を持ったのはダヤン・ハーン以降のボルジギン一族の系譜である。特にハルハを支配したダヤン・ハーンの子ゲレセンジェの系譜について詳しく記しているが、『アサラクチ史』の記述と比べると記されていない者もあり、完璧なものとは言えない。ただ『シャラ・トージ』はそれよりもあとに編纂されたことから、多くの場合、一世代あとの者まで記されている。例えばジャサクト・ハン部の祖となったゲレセンジェの長子アシハイ・ダルハン・ホンタイジの後裔についていうと『アサラクチ史』はその五世孫のワンチュク・メルゲン・ハーンとチャムブン・ジャサクト・セチェン・ハーンまで記しているが（Шагдарсурэн, 2002, 48b）、『シャラ・トージ』はもう一世代あとまで、すなわちワンチュクについてはその子アルタンとホンゴルを、チャムブンについてはその子サラ・ジャサクト・ハーン、ガルダン・ウバシ、セブテン、チェワン・ジャブ・チン・ワンの四子を記している(84)。これらアシハイの六世孫のうちチェワン・ジャブは康熙三〇（一六九一）年に扎薩克和碩親王の爵位を得ており、ここでチン・ワン（親王）の称号で呼ばれているのはそのためである。その後チェワン・ジャブは康熙四二（一七〇三）年にジャサクト・ハンの位についているが、『シャラ・トージ』はそれについては記していない。

これは『シャラ・トージ』がやはり一八世紀の比較的早いときに編纂されたことを伺わせる。

『シャラ・トージ』の特徴はチンギス・ハーン家やその他の王家の系譜について、他の年代記に記されていないものが多く見られることである。例えばチンギス・ハーンの長子ジョチの後裔と次子チャガタイの系譜、オイラトのホシュート、トルグート、チョロス、ホイト各部の系譜、チンギスの弟ハサルの後裔の系譜、同じくベルグテイの後裔の系譜等である。ただこれらのうちジョチの後裔やチャガタイの後裔の系譜については信用できるものではない。『シャラ・トージ』で興味ある記述の一つはいわゆる「六万戸」の賛歌である。「六万戸」とはすでに紹介したようにダヤン・ハーン時代に作り上げられたモンゴリアの政治体制で、左翼がチャハル、ハルハ、ウリヤンハンの三万戸、右翼はオルドス、トゥメト、ヨンシイェブの三万戸からなる。その六万戸の賛歌は次のようである。

左翼三万戸というのは、
切るべき刀の刃となり、
堅固な兜の側面となった、
チャハル万戸よ。
ハンガイ山に住んで、
戻り来る者の哨兵となり、

熱き命の支えとなった、
ハルハ万戸よ。
野生ロバを食べて、
短い髪のタルバガンで衣服を作り、
泥棒と強盗の頭となり、
幸いの水を出す者、
ウリヤンハン万戸よ。
右翼〔三〕万戸というのは
強力なハゲタカの翼となり、
回る二輪車を守り、
親指に熟練なる者（弓上手）、
勇猛に生まれたエジェン（チンギス）の、
山の〔姿の〕ようなチャガン・ゲルを守った、
オルドス万戸よ。
縄につながれた馬のための杭となり、
繋ぎ降る者の獲物となり、

忍びよって来る者の餌食となり、
アルタイの十二の切り通しを守り、
山のオボー、
平原の碑《いしぶみ》となった、
十二トゥメトよ。
学ある聖者の呼び寄せとなり、
昔日に自分の力を尽くし、
酸乳（クミス）の薄皮、
タラク（ヨーグルト）の酵母となった、
大ヨンシイェブよ。
ヨンシイェブの上にアスト、ハラチンを加えて一万戸。
六万戸というのはこれである。（96-99）

ここに紹介した六万戸の讃歌は中国内蒙古、オルドスにあるチンギス・ハーン廟に伝えられてきた祭祀文の一つ、Qutuytu qurim-un tügel（幸いある宴の儀式）の中でも記されている（Rintchen, 1959, 76-83）。内容的にはオルドスに伝えられている方が豊富である。恐らく様々な儀式で詠われたものがここに収録されたのであろう。このあと『シャラ・トージ』は四オイラトを構成する部族集団について、またオイラトを構成する氏族のうちホシュート部とチョロス部の系譜を記している。なお『シャラ・トージ』の写本のうちD本の文章はここまでである。『シャラ・トージ』（A、B、C本）はその後改めてハルハの起源、ハルハの王公の婚姻関係について記している(107-122)。この部分はこの年代記の最も価値のある箇所といえよう。ダヤン・ハーンの子（一説に末子）ゲレセンジェがハルハの祖となった事情は先に紹介した『アサラクチ史』に記されているが、『シャラ・トージ』の記すところとは少し異なっている。

ゲレセンジェが七ホシグ（外ハルハのこと）に座した事情は、ダヤン・ハーンのもとにチノス部のウダ・ボロトが毎年野生ロバを殺して乾物にしたものを届けていた。ある時に、「隷民 qaraču kümün をジャライルとケルートのシグチたちが支配している。彼らにどうして支配させようか。今私はハンであるご主人《エジエン》から一人の息子を求めるために来たのである。」と申し上げれば、〔ダヤン・〕ハーンは同意して、ジミスケン・ハトンの長子、ゲレ・ボロトを与えた。ウダ・ボロトは翌年ゲレ・ボロトをハーンのところに連れて来て申し上げるには、「ご主人であるハーンの息子の力は大きい。長のいないハルハの〔民の〕性質は凶暴である。慈むべきあなたの貢民《アルバト》がこれより後刑罰を受けることにならなければよいが、私は。」と戻してくるときに、遊んでいたゲレセンジェという名の子供を連れてきたのを知って、ハーンの傍らにいた役人達が、「ハーンは恵んで自分の子を賜ったのに、逆に戻してきて、今どうして密かに盗んで行くのか。追って〔つかまえて〕処罰しよう。」と言うと、ハーンは「〔その子を〕奴隷として使うのではないので連れて行くがよい。」と追わせなかった。ウダ・ボロトは〔ゲレセンジェを〕子供のように育ててオジイェトのモングチェイ・ダルガの娘、ハトンハイという名の者、ウリヤンハンのメンドゥの娘、ムンクイという名の者の二人を姻戚とし婚約して、オジイェトの娘と結婚させて連れてくるとき、白いラクダに乗せて黄羊の礼服を着せて与えた。ウダ・ボロトの長子トクタフはフェルトと木を集めて小さな家《ゲル》を編み、家畜の乳を搾り、〔彼の父〕ウダ・ボロトからは嫁であるために、家には入らず搾ったその乳を〔家の〕格子の目を通し外から渡して暮らした。メンドゥの娘をチャハルが奪い取ったのであった。そのときチャハルのある人と運命を共にするようになったとき、〔彼女は〕「昔、私が婚約したのはハルハのウダ・ボロトである。」と言ってハルハに逃げてくれれば、ウダ・ボロトは〔彼女を〕ゲレセンジェに娶らせた。そのときゲレセンジェを他の〔妃とも〕結婚させたのであった。大妃は〔家の〕右奥に寝て、小妃は〔ゲレセンジェの〕左側に寝て暮らすうちに、大妃が言うには、「お前たち二人が共に楽しみ寝るのを私はどうして見ようか。私の家から出るがよい。」と言った。〔二人は〕家が無く外で寝るようになった。ウダ・ボロトは自分の小さな家に入らせて一緒に食事をし暮らしたとき、大妃はトクタホの〔家の〕外に来て言うには、「お前たちとムンクイは一つになった。お前たちから私はどうして離れたのか。」と大声で泣いた。ジャライル・ホンタイジがハルハの主人《エジエン》となった事情はこのようである。(107-109)

この話の、ゲレセンジェがハトンハイとムンクイの二人の妃と結婚するところまでは『アサラクチ史』とほぼ同じである。後半部分は『アサラクチ史』には記載が無く、特にムンクイをチャハルが奪い取ったということや大妃ハトンハイが疎外されたという話は『シャラ・トージ』独自のもので興味深い。

『シャラ・トージ』はこのあと改めてゲレセンジェの後裔の系譜を記しているが、先にも触れたように、特に彼らの婚姻関係について詳細に記している。例えばゲレセンジェの第二子ノヤンタイについて次のように記す。

ノヤンタイの妃はケルートのバヤスホ・チンチの娘バンダイ・バヤン・ハトン。〔彼女〕から生まれたダライ・アバイ(女)をホルチンのジョリクトに与えた。オブゲルジン・アバイ(女)をゴルラスのモンクイに与えた。ブリンハン・アバイ(女)をジャライルのモーダイに与えた。トベト・ハタン・バートルは辛亥(一五五一)年生まれである。(111)

また第三子ノゴノホ・ウイジェン・ノヤンについては次のようである。

ノゴノホ・ウイジェン・ノヤンの妃はギルイェト部のベキの娘エチェンゲン・ジョリクト・ハトン。〔彼女〕から生まれたエビデイ・アバイ(女)をノムの子ビクトに与えた。アバダイ・サイン・ハーンは甲寅（一五五四）年生まれ。アボホ・メルゲンは丙辰（一五五六）年生まれ。キタト・イェルデンは庚寅（庚申一五六〇）年生まれ。ブリヤト・セチェン・チュグクルは辛酉（一五六一）年生まれ。バラハイ・ホシグチ・ノヤン、オドハン・ボディスンは乙丑（一五六五）年生まれ。小妃は同じジョリクト・ハトンの孫アルタイ・ハトン。〔彼女〕から生まれたチャガクチン・アバイ（女）をノムの子ブリヤダイに与えた。トロイ・アバイ（女）をジャサクトの叔父ボケに与えた。(111-112)

これらは『シャラ・トージ』に記されている婚姻関係を示した記述のごく一部であるが、ゲレセンジェの子孫たちがハルハの有力部族であったとされるジャライル部やケルート部の人間と多くの婚姻関係を結んでいることが分かる。この他ノゴノホは二人の女子をノムの息子たちに嫁しているが、ノムとはチンギスの異母弟ベルグテイの子孫で、内蒙古のアバガナル部の祖となった人物で、『シャラ・トージ』ではノム・テメゲトゥ・ハーンの名で出ている(103)。またアバダイの娘チムダルが嫁した「キタトの子マジク」のキタトはやはりノム・テメゲトゥ・ハーンの子であり、またマジクはキタトの長子マジク・ゲレルトゥ・ウバシである(104)。またノゴノホの他の二女がオンニト部のトゥメン・ジャサクト、並びにその叔父に嫁している。このように有力者との間に複数の婚姻関係を持つ例も多く見られる。これらのことはハルハ（外モンゴル）におけるゲレセンジェの子孫の権力が浸透することに役だったであろう。いずれにせよ『シャラ・トージ』にチンギス・ハーン家とハルハの支配者層の婚姻関係が多く記されていることは、そのことに著者が強い関心を持っていたことを意味している。

なお『シャラ・トージ』はすでに紹介したように一八世紀初頭に編集されており、本来であれば第十一章に入れるべきであるが、『アサラクチ史』との関係から、第八章に入れた。

第九章　ロブサンダンジン『アルタン・トプチ』

一、ロブサンダンジン『アルタン・トプチ』について

通称『アルタン・トプチ』と呼ばれるものはいくつかあるが、その一つがロブサンダンジン『アルタン・トプチ』である。その正式な呼称は Erten-ü qad-un ündüsülegsen törö yosun-u jokiyal-i tobčilan quriyaysan altan tobči kemekü orosibai（『古のハンらを根源とする政治の由の著作を簡略にし集めたアルタン・トプチというもの』）である。この『アルタン・トプチ』は編者の名を付してロブサンダンジン『アルタン・トプチ』、あるいは著者不明『アルタン・トプチ』よりも後に知られたというので『新アルタン・トプチ Altan tobči nova』とも呼ばれている（以下ロ氏『アルタン・トプチ』と略称）。現在この年代記の写本はモンゴル国立中央図書館に一本だけ所蔵されている。貝葉経タイプの写本で、

一八八葉からなる。ジャムツァラーノはこの写本は一八世紀の書体で書かれていると述べている（Žamtsarano、1955, 56）。この写本は一九二六年に、当時モンゴルの科学委員会初代委員長であったジャミヤン公によりセチェン・ハン・アイマク、当時のハルハのバイン・トゥメンの前のサン・ベイセ旗のヨンシイェブ・タイジのところで発見された（ibid., 56）。この経緯についてモンゴルのダムディンスレンは「『アルタン・トプチ』を誰から獲得したのか」という小文を記している（Дамдинсурэн, 1990）。氏は一九五〇年代に関係者を訪ねて調査を行い、ヨンシイェブ・タイジというのは実際にはヨンシイェブのダーリー・タイジであったことをつきとめている。ただし『アルタン・トプチ』の写本はダーリー・タイジの家に代々あったものではなく、ある人の証言ではバルガ（内蒙古の東部）の鑲紅旗のブグシルという者が持っていた。その後彼の孫でサムボーの手に渡り、次いで八月（年は不明）ガンジュルという名の定期市にダーリー・タイジがバルガに行って入手したという。ジャミヤン公はソドナムラムジャブという人を介してダーリー・タイジからこの写本を入手しようとしたが拒否された。その後ラブダン・ザイサンという人がこの件でダーリー・タイジと話をし、ジャミヤンダグワという金持ちがダーリー・タイジからそれを買い取ってフレー（現在のウラーンバートル）に持ってきてジャミヤン公に渡した、という。その後この年代記はモンゴル科学委員会図書館に蔵され、現在はモンゴル国立中央図書館の所蔵となっている。

ロ氏『アルタン・トプチ』はその後ブリヤドフという人物が原写本の写真版を旧ソ連科学アカデミー東洋学研究所にもたらした他、ジャミヤン公自身によって書写された写本がフランスの東洋学者ペリオに寄贈されている。後者は貝葉経タイプの二六六葉からなる写本であるが、原本と比べると異なった表記も見られる。一九三七年にモンゴル科学委員会はこの『アルタン・トプチ』をモンゴル活字で印刷し、上、下二冊本に分冊して公刊したが、原本は不分巻である。この本の表紙は黒灰色のやや厚手の紙であり、ホッチキスで綴じるという簡素な装丁である。表題は黄色のモンゴル文字でAltan tobčiとのみ記されており、裏表紙に五〇〇部印刷したことが記されている。当時のモンゴ

1937年出版のロ氏『アルタン・トプチ』

ルは旧ソ連以外とは外交関係が無く、このような出版物が公刊されたことは他の国に伝わらなかった。しかし一九四四年、モンゴルを訪れたアメリカの政治学者で、モンゴル研究者としても知られるオーウェン・ラティモアがこの活字本『アルタン・トプチ』を入手しアメリカに持ち帰った。一九五二年にこの活字本はハーヴァード大学のハーヴァード燕京研究所から Scripta Mongolica の第一集として写真版で公刊され（Mostaert, 1952）、一般のモンゴル研究者が容易に見ることが出来るようになった。なおモンゴルの研究者シャグダルはこれを現代モンゴル語に訳し（Шагдар, 1957）、旧ソ連のモンゴル学者シャスティナは原写本をもとにロシア語訳、並びに注釈を刊行した（Шастина, 1973）。中国内蒙古社会科学院の喬吉はハーヴァード版を底本にして改めてモンゴル活字による校訂本を刊行している（Čoyiji, 1984）。また色道尔吉は漢訳し注釈を施している（色道尔吉、一九九三）。しかし一九三七年に公刊された活字本は誤植が多く、正確な意味がとれない個所が多数見られる。一九九〇年、モンゴルのビラによって原版の写真版が公刊され（Бира, 1990）、ようやくその原典の姿をを見ることが出来るようになった。（以下ロ氏『アルタン・トプチ』からの引用は特に記す以外はこのビラの刊行したテキストに依る）

二、編者と編纂年代について

この『アルタン・トプチ』の最後に、

あー、奇蹟ある、神通力ある聖者ら、ハンらの根源を種々の歴史から、
比丘であるシャシャナ・ダラ、ロブサンダンジンと言われる国師が、
広大なる大国を〔一つに〕つなげるがよい。」と努め記させたそれによって、
衆生すべてを白き功徳により支配し、
命、齢が長くなって、
安寧と喜び持つ者となるがよい。(176b-177a)

と記されていて、ここに記されるロブサンダンジンがこの『アルタン・トプチ』の編者と考えられている。このロブサンダンジンについては比丘 ayay-a tegimlig とか国師 güüsi という呼び方で呼ばれていることからチベット仏教の僧侶(ラマ)であったことは間違いない。ジャムツァラーノはロブサンダンジンについては何も知らないとするが、ただモンゴル文『五台山志』の著者であり、一七世紀の後半から一八世紀前半に活動した人物と述べている(Žamtsarano, 1955, 56)。ビラもこれを支持し、『五台山志』すなわち正式な表題は Uda-yin tabun ayulan-u orusil süsügsen-ü čikin-ü čimeg orusibai(『五台山の序、信者の耳飾り』)であるが、その奥書に著者が自らスマディシャシャナダラ、あるいはグシュリ(グシ)・ロブサンダンザンと表明

していることを紹介している。この『五台山志』は一七二一年に著されたものであること、またロブサンダンジンはハルハのザヤ・パンディタ・ペリンレイ（一六四二―一七一五）の弟子であったと紹介している（Бира, 1978, 227-230）。しかしロブサンダンジンについてのこれ以上の経歴は分からない。

このロ氏『アルタン・トプチ』は初期のモンゴル年代記と同様に編纂年代を記していない。そのためこの年代記の編纂年代についてはその記述内容、あるいは編者の活動した時代を根拠にしていろいろな見解が出されている。ジャムツァラーノは編者ロブサンダンジンの活動年代について記してはいるもののその編纂年代については具体的に検討はしていない。モステールトはロ氏『アルタン・トプチ』にオルドスが六旗からなると記されていることに注目し、オルドスが六旗に編成されたのは一六四九年で、七旗に再編成されたのが一七三六年のことであるから、一六四九年から一七三六年の間であるとした（Mostaert, 1952, X）。ハイシッヒはチャハル王家の最末裔で一六五一年に生まれたブルニ親王については記しているが、彼が一六七四年に起こした清朝に対する反乱については記していないこと、またロ氏『アルタン・トプチ』はハラチン王家の最も新しい王公としてブラの名を記しているが、その子には言及していないこと、しかし一七三五年に編纂された『蒙古世系譜』にはダライとロミという子がいたと記されていること、そのうちダライは一六五五年に生まれていることなどから、ロ氏『アルタン・

トプチ』は一六五一年から一六五五年の間に編纂されたと結論している（Heissig, 1959, 53-55）。なおハイシッヒは『五台山志』の編纂年代を一六六七年としたが、この点はビラによって一七二一年が正しいことが確認されている。

ビラはロブサンダンジンが著した『五台山志』は一七二一年に編纂されたものであること、また著者はこの時代に起きた事件についてすべてを知っていたわけではないし、また知っていても何らかの理由で書き得なかったことなどを根拠に、ロ氏『アルタン・トプチ』は一七世紀のほぼ終わりから一八世紀の初めに編纂されたと述べている（Бира, 1978, 232）。その成立年代についてはその後他の年代記との関連で改めて問題にされた。すでに『アサラクチ史』のところでも紹介したように、石濱裕美子はロ氏『アルタン・トプチ』は一六七七年に編纂された『アサラクチ史』を利用していることを論証しており（石濱裕美子、一九八六）、それが編纂されたのは一六七七年以降のことであることは間違いない。その編纂年代を確定することは出来ないが、現在では一七世紀末頃という見解が多くの研究者によって受け入れられている。

このロ氏『アルタン・トプチ』はチンギス・ハーンまでの歴史やチンギス・ハーンの事績について『元朝秘史』の記述を非常に多く利用していることが特徴である。この点については著者不明『アルタン・トプチ』や『蒙古源流』も『元朝秘史』と似ている記述があり、それを利用したと考えられるが、ただロ氏『アルタン・トプチ』と比較すると量的にも僅かであり、特にチンギス・ハーンの事績については多くが『元朝秘史』の記述と一致していない。このことからビラは著者不明『アルタン・トプチ』や『蒙古源流』の記述は直接『元朝秘史』から引用したのではなく、口承に基づいたものであるという見解を示している（Бира, ibid, 212-213）。これに対してロ氏『アルタン・トプチ』に記されるチンギス・ハーンの事績は明らかに『元朝秘史』を直接引用したものである。すでに紹介したように『元朝秘史』は漢訳されたときに二八二の節に分けられている。このうちロ氏『アルタン・トプチ』に引用されている『元朝秘史』は、ハイシッヒ、モステールトなどの研究によると、第一―第三八節、第四〇―第一七六節、第二〇八節―第二五四節、第二五六節―第二六四節、第二六六節、第二六八節に及ぶという（この他第二〇〇節、第二七三節も引用されているという見解もある）。節の数で言えば全体の八二パーセントが引用されていることになるが、ただ節によっては全文が引用されず、一部しか記されていないものもあり、文章の量からみると三分の二余りになる。しかし『元朝秘史』の文章の大半がロ氏『アルタン・トプチ』に引用されていることは間違いない。

問題なのは『元朝秘史』がどのようにして一七世紀のモンゴル人に伝わったのかということである。『元朝秘史』の項でも紹介したように『元朝秘史』は元朝時代は大都の宮廷の奥深くに蔵されていたが、それはラシーッド・アッディーンの『集史』にも利用されており、その意味で『元朝秘史』が「秘史」として元朝の宮廷にのみ秘されていたわけではない。何らかのテキストがモンゴルの他の王公の手に渡っていたことは否定できない。しかしモンゴリアの政治情勢は一四世紀後半から一五世紀後半まで戦乱が続いており、まとまった記録が残されることは極めて困難な状況にあった。このことはこの時代のハーンの系譜すら正確に伝わっていないことが如実に示している。その意味で『元朝秘史』のテキストがこの時代を越えて伝えられたというのは奇蹟に近い。ただし先にも紹介したようにロ氏『アルタン・トプチ』が引用した『元朝秘史』は現在伝わっている『元朝秘史』そのものではなく「異本『元朝秘史』」と言うべきものであり（吉田順一、一九七四）、そこには『元朝秘史』に記されていない多くの伝承も含まれている。なおロ氏『アルタン・トプチ』と著者不明『アルタン・トプチ』との関係について触れておきたい。著者不明『アルタン・トプチ』の表題がQad-un ündüsün-ü quriyangγui altan tobči（『ハンらの根源、簡略アルタン・トプチ』）とあることからロ氏『アルタン・トプチ』の簡略版という見解もあった。確かに内容的には以下にも紹介するようにロ氏『アルタン・トプチ』の方が著者不明『アルタン・トプチ』よりもはるかに多く、豊富である。しかし両者の内容を比較した吉田順一は決してそうではなく、逆であり、著者不明『アルタン・トプチ』に書き加えたのがロ氏『アルタン・トプチ』であるということを論証した（同）。また石濱によりロ氏『アルタン・トプチ』が一六七七年に編纂された『アサラクチ史』を利用していることも明らかになり、吉田の見解が改めて確認されたと言える。

三、ロ氏『アルタン・トプチ』の内容について

a、チンギス・ハーンの生誕からモンゴル統一まで

モンゴルの王統がチベット、インドに繋がるという見解はロ氏『アルタン・トプチ』でも記されている。その内容は先行する年代記と基本的に同じである。

チンギス・ハーンの祖先やチンギス・ハーンの活動については大量の『元朝秘史』が引用されている。すなわち第一節から第一七六節（第三九節は欠く）まで、つまり一二巻本『元朝秘史』でいうと第一巻から第六巻の半ばまでにあたる。これはロ氏『アルタン・トプチ』に引用されている『元朝秘史』の文章のほぼ三分の二にあたる。すでに紹介したようにロ氏『アルタン・トプチ』は異本『元朝秘史』とも言うべきものが利用されているが、本書では本来の『元朝秘史』に記されていない話を中心にいくつか紹介してみたい。

チンギス・ハーンの名の由来

チンギス・ハーンの生誕については、基本的に『アサラクチ史』に依っている。その名の由来について次のように記している。

チンギス・ハーンが生まれて七日経ったあと、海の砂州の中に、黒みを帯びた鳥が黒い石の上で太陽に向かい回って三日鳴いた。イスゲイ（イェスゲイ）・バートルは、「これは吉祥を持つ鳥である。」と言ってその黒い石を割ってみると、金印が現れて天に飛んで上った。

> その石はもとの通りになって、その鳥がまたもとの通りに鳴いた。また割ると銀印が現れて海に入った。またその石が〔元の通りに〕なってその鳥がまた鳴けば、イスゲイ・バートルが言うには、「この子が生まれてこの黒っぽい石は吉祥を持つものである。」と言ってまたその石を割ってみれば中に玉璽があった。取ってきて〔それを〕尊重して香〔を燃やし〕、灯りを灯しているうちに、その黒っぽい鳥は〔天幕〕の煙出し穴の上に座ってチンギス、チンギスと鳴いた。その鳥の声が出た事情によりチンギス・ハーンと名付けたのはそのようであった。(12b-13a)

これも『アサラクチ史』を利用しているが、『アサラクチ史』では石を割ったときに出て来たのは玉璽(ハスボー・タムガ)のみであったとするのに対し、ロ氏『アルタン・トプチ』ではそれが出る前に金印、銀印が現れたとしている。次いでこの玉璽の由来について次のように説明する。

彼が帰依したラマはサキャ〔派〕のクンガ・ニンボであった。そのラマのお言葉により梵天という名の町の北門より二里《レワル》の地の先にダライ・ダグリスフイという名の寺を建てた。ソト・ボグダ・チンギス・ハーンは四五歳のときにハーン位に座した。そのチンギス・ハーンは五色四夷国を始め南贍部洲の三九一の氏族、七二〇の言葉を持つ人々の貢物を取って、手を地に、足を大地に〔つけるように〕安寧になって転輪王のように有名になった。

仏が涅槃に入って三二五〇年余り経ったのち、ソト・ボグダ・チンギス・ハーンが生まれる前に、南贍部洲の国の一二人の悪いハンが生まれて、すべての衆生が大いに苦しんで暮らす時、力あるシャカムニ仏に予言を与えられて、広大なる梵天の化身であるソト・ボグダ・チンギス・ハーンがこの南贍部洲の衆生を支配するために生まれことを、すべての国たみが知らないのではないかと、〔それより〕三年前にサキャのクンガ・ニンボ・ラマがおっしゃるには、「上天よりその命により堅固な意思を持つ如意石のようなボグダ・チンギス・ハーンが生まれ、すべてを支配する者となるだろう。」と言って、中国のイリシダとシクビバという名の二人に、ブルハン・ハルドン山の赤い石に〔そのことを〕書かせた。チンギス・ハーンは上天のシャカムニ仏に予言を与えられて、下のナンディ・オバ、ナンディ龍王が玉璽を出してやったのがそれである。(13a-13b)

これについては『アサラクチ史』に関係する記述はない。チンギス・ハーンがチベット仏教と関わりを持つことは無かったが、これについてはチベット年代記にクンガ・ニンボとチンギス・ハーンが関係を持ったと記しているものがあり、それに依ったものであろう。『蒙古源流』にもチンギス・ハーンがチベット遠征をした時にサキャ・チャク・ローザワ・アナンダ・ガルビ(クンガ・ニンボ)と書簡のやりとりをして帰依を表明したことが記されている。もっともこのクンガ・ニンボという人物はサキャ寺の第二代住持で、その生没年は一〇九二―一一五八年であり、いずれにせよチンギス・ハーンとの接点はない。なおロ氏『アルタン・トプチ』は後の方でもダライ・ダグリスフイ寺を建てたと言うことを繰り返し記している。これも事実ではない。この伝説はロブサンダンジンの伝える『元朝秘史』の第六八節と第六九節つまりテムジンの生誕と名前の由来について語られた話の間に無理矢理突っ込まれているもので、文章の脈絡が合わない。

イェスゲイの死

『元朝秘史』はホンギラトのデイ・セチェンの娘、ボルテをテムジンの許嫁として決めたあと家に戻る途中、宿敵のタタールの者に毒を盛られて亡くなったことを記しているが、その時のテムジンの感情については何も記していない。しかしロ氏『アルタン・トプチ』は次のように記す。

イスゲイ・バートルが亡くなったのち、トムジン（テムジン）は地面に向かって倒れ横たわって大いに悲しむとき、ホンホタンのチャルカ・セルグケンが言ったのであった。「ナマズのようにどうして大声で泣くのか。〔家の〕壁、兵を強くしようと言い合わなかっただろうか。口の大きい魚のようにどうしてそのように悲しむのか。お前は。自分のあまねき国を造ろうと言い合わなかっただろうか。」と言えば泣くのをやめたのであった。（15b）

父イェスゲイ（イスゲイ）の死に対してテムジンが大泣きしたという話は他の年代記にも見

られない。しかしこのような話があっても不思議ではない。

タイチュート部との戦いと六人の臣下への讃辞

チンギス・ハーンがコイテンの戦い（酉の年、一二〇一年）でジャムハを打ち破り、さらにタイチュート部を滅ぼしたことを記したあとに、そこで功績をたてた六人の臣下に対する讃辞が記されている。讃辞は非常に長いもので、原写本では六葉余りに及ぶ。『元朝秘史』では第一四八節のあと（タイチュート部を滅ぼしたこと）に位置しているが、文章上の繋がりはない。この文章は本書第五章、著者不明『アルタン・トプチ』で少し触れたが（一四八頁）、その本文の後に付されている（北京版Ⅰ、一二六―一三八頁）。藤岡勝二の『喀喇沁本蒙古源流』では「成吉思汗行軍記」という表題が付されている（一九四〇、付録、一―一〇頁）。長いのでその一部だけを紹介する。

それからエジェン（チンギスのこと）はその六人の将軍を連れて道を眺めて、物見をしてチャガライ山を北にして、ジャラマン山を南にして行くうちに、エジェンの下から栗毛の牡山羊が飛び出すとき、エジェンは斑点のある灰色の馬で背後から追いかけ追いついて、弓をいっぱい引いて金の鏃で身を丸くするまで射て殺した。そこで六人の将軍らは下馬してそれを取って鞍紐で結ぼうとするときエジェンはおっしゃった。「お前たちはこの〔皮〕を剝がして焼け。私はシラ・タブサン山に登って物見しよう。」そこでエジェンはシラ・

タブサン山に登って物見をしている間に、エジェンは眠くなって斑点のある灰色の馬のたてがみの上で鞭を支えにしてまどろんだ。そのまどろむ時に夢を見た。そこで下って戻ってきてその夢をその六人の将軍におっしゃるには、「この夢で私の灰色の心臓がポンポンと鳴った。私の短い肋骨がヒューヒューと音がした。三つの鞍部の向こうにあるシラ・タブサン山の上で三本の黒い纛を持った三〇〇人の敵と会う。その先鋒は赤く額の白い馬に乗り、燦然と輝く鞍をつけ、青白い房をつけた少し若い黒い人で、濃い黒ひげをつけ、全身赤い甲冑を帯びた、そのような人と出会う。彼を一目見た。針のように目を細めて糸のように赤く輝いて見えた。その私の夢は本当であるなら、我が六人の将軍よ、お前達はどうするか。」と尋ねた。(45a-45b)

これに対して六人の将軍は一人一人答える。

シギ・ホトクが言った。「私はいつも遠くを眺めていました。〔彼は〕モンゴル人であろうか。メルキット人であろうか。タイチュート人であろうか。識別してあげましょう。」ジェルメが言った。「死ぬべき命、衰える家畜のたてがみを惜しみません。横縄を刀を持って切りましょう。足跡の路が出来るまで斬りましょう。三人の黒い纛を持った者の一人を斬って殺したのち、その纛を奪い取って直ちに出て、纛の先を下方に突き刺して、大きな円を描いてあげましょう。」チュー・メルゲンが言った。「私は怯えておりました。驚き逃れようとしました。あなたは私を指示して怒鳴って呼びました。私はめぐり戻ってきてエジェンの示した隙間（機会）を失いません。」ボゴルチが言った。「前から来る敵を遮りましょう。あなたの恐れ多きお命に利益となりましょう。エジェンの黄金の手綱をどんなところでも離れないようにしましょう。」ブグルルが言った。「〔敵が〕射る矢の盾となりましょう。ヒューヒュー音をたてて来る矢の遮蔽物となりましょう。エジェンの黄金の身体に矢が当たらないようにしましょう。」ムフリダイが言った。「あなたの敵を共に打ち負かしましょう。あなたの獲物を共に納めましょう。自分の馬の尾に霧を出しましょう。自分の馬のたてがみの上に太陽を出しましょう。敵の行く手を迷わせて、〔敵を〕避けることなく行って、自分の力を尽くしましょう。」エジェンは六人の将軍の言葉を受けて、焼いた牡山羊の肉を解体して食べた。（45b-46b）

ここではシギ・ホトク、ジェルメ、チュー・メルゲン、ボゴルチ、ブグルル、ムフリダイ（ムハリ）という六人の大臣《サイト》がチンギス・ハーンに対し全身全霊をもって服従することを誓ったことが記されている。このあとチンギス・ハーンはこの六人の大臣に対して自分が夢に見たことを確認するように求め、シギ・ホトクがシラ・タブサン山に登ってみると、果たして夢のように三本の黒い纛を持った三〇〇人のタイチュート部の者がシギ・ホトクを襲撃したという。そこでこの六人の大臣はチンギス・ハーンに誓った通り力を尽くしてタイチュート部の者を制圧した。これに対してチンギス・ハーンはその一人一人に対して賞賛の言葉を贈ったことが記されている。何人かについて紹介してみよう。

はじめにシギ・ホトクを讃えた。

「〔やって来た者達が〕メルキット人〔かどうか〕を察し、

モンゴル人〔かどうか〕を熟慮して、

〔最後に敵の〕タイチュート人であると認識してくれた、

タタールの我が良きシギ・ホトクよ。」

と讃えた。ジェルメを讃えた。

「狩りをする獣を〔追い出す〕煙となり、

旗を持つ敵を〔攻める〕先鋒となり、

〔私の〕乗るべき馬が無く行軍する時に馬を連れてきてくれて、

喉が乾いた時に乳酪を持ってきてくれて、

眠ることなき、飽くことなき心を持ち、

国たみの前でその力を尽くしたウリヤンハンの我が良きジェルメよ。」

と讃えた。チュー・メルゲンを讃えた。

「我が命によって示した機会を失うことなく、

明智な人の下唇で、善き人の紐で〔敵を〕散り散りになるまで射て、
赤い額のはげた馬を連れて戻ってきた、
破壊者である敵を僅かにし、
戦った敵を半分にしたジュルチトのチュー・メルゲンよ。」
と讃えた。（48b-49a）

このあとボロフル、ムフリダイ、ボゴルチらを同じように讃えた詩歌が続く。そして最後にボゴルチによるチンギス・ハーンへの讃歌で締めくくられる。

エジェンは六人の将軍を讃え終わって出馬していくとき、そのエジェンの前でボゴルチは灰色の毛の駿馬に乗って、その赤い色の刃先を鞘に入れて、パカパカと小走りで行って自分のエジェンを讃えて歌った。

「イスゲイ・バートルを父に持ち、
オゲレン・ハトンを母に持ち、
九勇士らを臣下に持ち、
総じて五色四夷国をその力に従えた、
我がソト・チンギス・ハーンなるエジェンよ。
オゲレン・ハトンなる母を持ち、

オゲデイ、トルイなる化身の子を持ち、
仇ある敵をその足の甲で踏みにじった、

〔我がエジェン、ソト・チンギス・ハーンよ。〕

強力なるハーンがおられるときは何事に注意をしましょうか。

共に行けば他国の敵をどうして恐れましょうか。

白鳥の雛のようにゆらゆら揺れるな。

嘘つきの悪人の言葉には関わるな。

戦う敵に自分の命、身体を惜しむな。

野鴨の雛のようにベラベラしゃべるな。

能辯な悪人の言葉には関わるな。

戦う敵に自分の命を惜しむな。」

駿馬の如きボゴルチの歌った歌はこれである。ソト・ボグダ・チンギス・ハーンは昼間行軍して三〇〇人のタイチュート人を降して無事にその家に戻ってきて、平穏に暮らした。

（49b-50a）


このチンギス・ハーンとその六人の将軍によるタイチュート部誅滅の話は『元朝秘史』よりもはるかあとに成立したものであることは間違いない。ジャクチト・セチェンはこの文章の中に一五、一六世紀のモンゴル文の特徴が見られるという説を紹介した上で、さらにその中に仏教的要素が極めて僅かしか見られないことから、一六世紀にアルタンが仏教を受け入れてからまだそれが十分普及していない時代の作品である、という見解を示している（札奇斯欽、一九七九、三六頁）。

ボゴルチへの讃辞

著者不明『アルタン・トプチ』付編や『喀喇沁本蒙古源流』は六人の将軍の讃歌で終わっているが、ロ氏『アルタン・トプチ』は続けてボゴルチ（ボールチュ）への讃辞を記している。またソト・ボグダ・チンギス・ハーンはナフ・バヤンの子、駿馬のごときボゴルチと二人でチベットの地の向こう、インドのこちらの牧地を見ていくうちに、ジルという名のノヤン（領主）が浅黄色の白条毛の馬とリス皮の外套と一歳の牝馬と、この三つの贈り物を奉じてきた。その三つの贈り物をボゴルチには与えず、家（本土）から迎えにきたウレ・ジャンダンに与えた。ボゴルチはその後自分の家に戻ってきた。ボゴルチが戻ってきたあと、エジェンはオチル・セチェンを密偵に派遣した。オチル・セチェンはそこで行って家の壁の間で盗み聞きをした。ボゴルチの妻が尋ねた。「エジェンに従ったボゴルチへの賜り物は何であったでしょう。」ボゴルチが言うには、「ジルという名のノヤンが浅黄色の白条毛の馬とリス皮の外套と一歳の牝馬のその三つの贈り物を奉じてきた。その三つの贈り物を私にはくれず、ウレ・ジャンダンに与えた。」ボゴルチのその言葉に妻が言うには、「〔心が〕変わって〔こちらに〕留まったウレ・ジャンダンに浅黄色の白条毛の馬を与えたのは何故でしょう。同輩で〔エジェンに〕従った我がボゴルチは如何なる罪を犯したのでしょうか。ホトクト・チンギス・ハーンは媚びるような性格の人ではありません。どうなったのでしょうか。砕けて（怖じけて）〔こちらに〕留まったウレ・ジャンダンにリスの毛皮の外套を与えたのは何故でしょう。いつも付き従って行った駿馬の如き我がボゴルチはどんな罪を犯したのでしょう。恩寵を与えるチンギス・ハーンは媚びるような性格の人ではありません。老いて〔こちらに〕留まったウレ・ジャンダンに一歳の牝馬を与えたのは何故でしょう。成長して付き従った我がボゴルチは如何なる罪を犯したのでしょう。吉祥あるチンギス・ハーンは媚びるような性格の人ではありません。」ボゴルチはそのような妻の言葉に返事をした。「長い外套を着て湿った考え（心が狭い）を持つ婦人とはまさにこのことだ。〔心が〕変わって〔こちらに〕留まったウレ・ジャンダンに浅黄色の白条毛の馬を与えたのは何であったのか。ホトクト・チンギス・ハーンの黄金の紐（お命）が堅固になるがよい。変わることなく〔常に〕付き従って行けば分け前、賜物を受けるというものだ。砕けて〔こちらに〕留まったウレ・ジャンダンにリスの毛皮の外套を与えたのは何であったのか。幸いある我がチンギス・ハーンの黄金の紐が堅固になるがよい。いつも付き従って行く間に恩寵、賜物を受けるだろう。老いて〔こちらに〕留まったウレ・ジャンダンに一歳の牝馬を与えたのは何であったのか。幸いある我がチンギス・ハーンの黄金の紐が堅固になるがよい。いつも付き従って行けば施し、賜物を受けるだろう。」その言葉をオチル・セチェンは戻って行ってハーンであるエジェンに語った。ハーンであるエジェンはそれよりのちボゴルチをいつまでも大いに慈しんだ。エジェンがおっしゃるには「婦人の悪い言葉を男子が諭すがよい。言葉を理解し知るものはオチル・セチェンである。」(50a-51a)

この、ボゴルチが功績を立てたにも拘わらずチンギス・ハーンから何の恩賞も受けず、そのことで妻から不満を言われたことに対し、ボゴルチがそれを気にせず、ただチンギス・ハーン（エジェン、主上）の長寿だけを願い、いつかは恩賞を受けるだろうと答えた、という話は、先にも紹介したように『蒙古源流』にも見られる。ただ話の設定が異なっていて『蒙古源流』では西征から帰還した後のこととなっている。

チンギス・ハーンによる教訓話

ロ氏『アルタン・トプチ』は『元朝秘史』には記されない多くの教訓話を伝えている。例えば『元朝秘史』の第二四三節と第二四四節の間にあたる箇所には、(一) チンギス・ハーンの四子に対する教訓、(二) 四人の勇士に対する教訓、(三) 弟たち、子供達に対する教訓、(四) ハサルらをはじめとする弟たちに対する教訓、(五) メンゲトゥ・セチェンの寓言、(六) オッチギンの讃辞、（七）チンギス・ハーンの上天への讃辞、（八）オッチギンに対するタングートのゴア・セチェンの助言等が記されている（90a-94a）。これらの話は前後関係はなく、それぞれが独立した話になっている。そのいくつかを紹介してみよう。

ソト・ボグダ・チンギス・ハーンがその四人の息子に諭しおっしゃるには、「高い山の峠を目指せ。広い海の浅瀬を目指せ。遠いといって絶望するな。行けば〔必ず〕到着するものだ。重いといって絶望するな。持ち上げれば〔必ず〕持ち上がるものだ。肉を食べる歯は口にある。人を食べる歯は心にある。身体が強ければ一人に勝つ。〔しかし〕心が強ければ多くの者に勝つ。」とおっしゃったのであった。

ソト・ボグダ・チンギス・ハーンは四人の勇士たちに諭しおっしゃるには、「三メルキトに追われてブルハン・ハルドン山の上に逃れ上ったが、前に迫られ、後ろに突然攻撃されて捕らえられそうになったとき、永遠の天に守られて扉と手綱を開けて、これらの民を集めて、お前たちは〔私の〕長い引き綱を持ち、〔私の〕天門を開けるとき〔創業のときには〕、〔臣下は〕一人二人となして（一人二人しかいなかったが）、〔最後に〕私はあらゆる者のハーン、国の主となったぞ、私は。今後、お前たち我が一族は奮闘して得たハーンである私の名を慈しみ守るがよい。駆け回って〔苦労して〕得た丸き（完全な）政権を等しく守るがよい。」とおっしゃったのであった。

このような訓話の最後は次のように締めくくられている。

チンギス・ハーンは上天を讃えおっしゃるには、「自身の政権によって、大地の上には自分以外の者を〔もっと〕力ある者とはさせなかったぞ。私の上に〔あるのは〕私の帽子〔だけ〕であるぞ。」と帽子を脱いでとって後ろに置いて叩頭して、その日は暗くなるまで酒を大いにお飲みになったのであった。ソト・ボグダ・チンギス・ハーンは自分の弟たち、息子達に酒を与えて、国の支えである政権の鍵を簡略にし諭しおっしゃったのはこのようであった。(93a)

またロ氏『アルタン・トプチ』にはホンホタンのシャーマン、テプ・テンゲリを打倒したこと（『元朝秘史』の第二四六節）と金朝遠征（同第二四七節）の間にさらに多くの教訓話が記されている（99a-111a）。それは（一）女真遠征、（二）フラン・ハトンを妃の一人にしたこと、（三）側近のアルガスン・ホルチに対する譴責、（四）ムハリ国王に対する訓諭、（五）一族への教訓、（六）盟友ジャムハとの対立、（七）チンギス・ハーンとその四子との酒席での会話、（八）チンギス・ハーンの教訓、（九）ゴア・セチェンの提言、（一〇）フイリダイ・セチェンとチンギス・ハーンの問答、（一一）アラムチャ・サルタグルとジェルメとの問答、（一二）チンギス・ハーンの息子、弟達に対する教訓、（一三）訴訟に携わる者への教訓、（一四）ゴア・セチェンの子を斥候として使ったこと、（一五）ケレイトのワン・ハンの妻アイマルジン・エメゲンへの教訓などのテーマで記されている。これらのうち（一）女真遠征、（二）フラン・ハトンを娶ったこと、（三）アルガスン・ホルチに対する譴責などの話は著者不明『アルタン・トプチ』や『蒙古源流』などにも記されているが、（四）ムハリ国王に対する訓諭以下の話はロ氏『アルタン・トプチ』のみに記されるものである。これらについてもいくつか紹介してみよう。まずムハリ国王への訓諭は次のようである。

ソト・ボグダ・チンギス・ハーンがその国の主《エジエン》となり、オノン河の源に九つの足のある白い纛を立てさせるとき、ジャライルのムハリに国王、丞相、太師の称号を与えると、タングト（マングトの誤り）のフイリダルの子モンケ・ガルジャグが言うには、「その国という名を汚すな。王というその名に驕るな。丞相というその名に満足するな。太師というその名をためらうな。恩賜の飲み物に酔うな。酒に耽るな。一層自分の力を尽くせ。」と言ったのであった。（102b）

『元朝秘史』第二〇二節にはこれと似た記述が見られ、寅（一二〇六）年にオノン河の源で九つの足のある白い纛を立て、チンギスがハーンに即いたこと、そしてムハリが国王の称号を得たと記されている。太師の称号を得たことについて『元朝秘史』には記されていないが、『元史』巻一一九、木華黎伝には「丁丑八月、詔して太師、国王、都行省承制行事に封ず。」とあるから丁丑年、すなわち一二一七年に国王とともに太師の称号を得たことは事実である。ただし丞相の称号を得たということは事実ではない。

この箇所にはこの他様々な教訓が記されている。

上天の命により生まれたソト・ボグダ・チンギス・ハーンがおっしゃった。「二心持つ人の名は男ではなく、女と言われる。ただ一つの心持つ男は男ではなく宝石と言われる。ただ一つの心持つ女は女ではなく男と言われる。二心持つ女は女ではなく犬と言われる。そのような者とどうして親しみあおうか。」とおっしゃったのであった。

チンギス・ハーンがおっしゃるには、「庶人が強い酒を飲めば〔酔って〕皆より上であると思うのである。過酷な政治を蒙れば、〔人は〕どう猛な犬より悪くなるのである。黒い鼠がおいしいチーズを味わえば王等と同じであると思うのである。黒い鼻先を持つキツネが駆けてくるのを見れば、黒いその穴の入口〔に入ること〕を争うのである。」

またチンギス・ハーンがおっしゃるには、「門から落ちた雪は囲いの土が救う。互いに争い、互いに殺し合う敵に対しては古くからの親族が救う。南に雪が降れば山陽の土が助ける。殺し合って争い合って敵となれば、老若の一族が助ける。平和な年月に、互いに睦まじくする時も、対立する時も、訴訟は厳しくしないように。」とおっしゃったのであった。

(105a-105b)

これらは恐らくモンゴル人の間で一般的であった教訓話がカリスマ的存在であるチンギス・

ハーンの語った教訓話へと作り替えられたのであろう。
また子供、弟、親族に対して次のように教訓したという。
チンギス・ハーンが息子達、弟たち、一族たちを諭すのには、「肥えた牡牛を先に集めるよりは賢い牡牛を先に集めた方がよい。肥えた牡牛を先に集め、天の一声（雷）に従って行き、賢い一族の所に到達し、家畜を追って進んで運ぶ。賢い牡牛が勝れていることはこれである。乗るための牡牛を先に集めるよりは、一族の牡牛を先に集め鍛える方がよい。乗るための牡牛を先に集め、天の道理が雪のように裁断しても、賢い一族の所に到達し、乗るべきもの、牽くべきものを連れてくる。一族の牡牛が勝れていることはこれである。」とおっしゃった。（107a-107b）
さらに断事官に対しては、
ハンなる者の政治は暗闇にも惑わされず、親しき者にも誤られない。専心により行え。誰かに傾くことを戒めよ。言葉を長くするな。重い〔罪〕無き者の罪を重くするな。声を立てる者を騒がすな。口巧みな者にたきつけさせるな。自分の衣服の裾に鈴を付けるな。自分のズボンに股にソリを繋いで来るな、お前たちは。（108a-108b）
と教訓したと記している。比喩的に述べている箇所は意味が取りにくい。そしてこの一連の教訓話の終わりに次のような文が記されている。

ソト・ボグダ・チンギス・ハーンの時代に知恵者、賢者、明哲な者らが韻を踏み語ったことなどを後世の規範とするがよいと、今、冊子《デブテル》にして書いた。(110a)

興味あるのは最後に記されている「冊子にして書いた」という文である。恐らく当時チンギス・ハーンの活動とそれに関係する教訓話をまとめた冊子があって、ロブサンダンジンはこの部分でそれを引用したのであろう。一七世紀において、チンギス・ハーンにまつわる非常に多くの格言、教訓話が伝わり、また創作されていたことはこれらからも明らかである。

フビライ・ハーンの誕生説話

フビライ・ハーンはパクパ・ラマを帝師とし、チベット仏教を保護したことから、後世のモンゴル年代記にはフビライとチベット仏教に関する説話が多く記されている。これもその一つであるが、彼の生誕にまつわる伝説である。

またソト・ボグダ・チンギス・ハーンは仏法の功徳を突然知って、ラサにある〔チョカン寺〕シャカムニ仏に供物を供えるため使者を遣わすときに、サキャのマンジュシリ・ラマに、「私の一族に一人の菩薩の化身を、私の子孫に生ましめよ。」と申して遣わした。そこでマンジュシリ・バンディタは、「金の小箱の口を開くな。」とおっしゃって、「これをボグダ・チンギス・ハーンのところに持って行って与えよ。彼の息子の嫁は菩薩の化身である。この小箱を、大祭の祝いを行って、ソマンダリ（トルイの妻ソルハクタニ・ベキ）に明けさせてみよ。」とおっしゃって与えた。それらの小箱を酉の年の一〇月一五日に大祭の祝いを行って、トルイ・エジェンのエシという称号を持つその花嫁に明けさせてみれば、中に三つの金の蚊がいたのであった。その蚊はエシ・ハトンの鼻の穴から入ったのであった。エシ・ハトンの黄金のごときお腹に入って一〇ヶ月経って、ハラホルム城で転輪王の化身〔フビライ・〕セチェン・ハーンとアリ・ブハ・エジェンが双子で生まれたのであった。(114a-114b)

ここに記されていることはすべて事実ではない。特にフビライと末弟のアリ(アリク)・ブハが双子で生まれたということは問題外である。またフビライの生まれた年を酉(一二一三)年としているが実際には亥(一二一五)年である。またハラホルムで生まれたとしているが、ハラホルムはオゲデイの時代に建設されたもので、この時代にはまだ存在していない。フビライの生誕地については他に甘粛省の張掖にある大仏寺(西夏時代の創建)という伝承があるがそれも全く信頼にあたらない。しかしこの説話を史実との関係で論じても意味はない。一六、一七世紀以降、チベット仏教がモンゴル人の間に浸透していく中で、フビライはチベット仏教の保護者として転輪王と呼ばれて崇拝された。その意味で、この説話はフビライを神格化する中で作られたもので、モンゴル人達に一層フビライに対する崇拝の念を強める役割を果たしたと言えよう。

チンギス・ハーンの病気とトルイの死

ロ氏『アルタン・トプチ』はこれに続いてトルイの死に関する説話を伝えている。ボグダ・エジェン（チンギス）のお体が重い病気になり、またトルイも病気になった。占い師たちは、「この二人のうち一人が良くなれば一人は悪くなる。」と言ったときトルイ・エジェンの妃チャフル（チャウル）・べキが天にお祈りするには、「ハンであるエジェンがお亡くなりになれば、すべての国びとが孤児になります。トルイ・エジェンが亡くなれば私一人が寡婦になるということです。」と祈った。そう祈ったことによりトルイ・エジェンはお亡くなりになった。ボグダ・エジェンのご病気が回復されたとき、その気持ちを尊重し、「自分の夫のことを考えず、父を尊重して大いなる政事のことを考えた故に、ボグダ・エジェンである私はお前を息子の嫁 beri とは呼ばないぞ。べキ（強力な）太后と呼ぼう。小 siu とは呼ばないぞ。ソタイ太后と呼ぼう。」と称号を与えて、八オトク・チャハル万戸を選んで与えて恩賜した。ケレイトのオン・ハーンの弟、ジャハ・ガムブの娘、チャフル・べキというのはこれであった。（114b）

ここに記される内容の多くも事実と異なる。例えばトルイが亡くなったのは一二三二年のことで、チンギス・ハーンが亡くなってから五年後のことであり、このようなことはあり得ない。またチャフル（チャウル）・べキというのはジャハ・ガムブの娘ではなくワン・ハンの娘であり、トルイとは結婚していない。ただしこの話のモチーフは『元朝秘史』に記されているものとよく似ている。すなわち、一二三一年、オゲデイが金朝遠征時に病気に罹ったとき、トルイがオゲデイに対し、「まことに、ハーンである私の兄、あなたがお亡くなりになれば、多くのモンゴルの国びとは孤児となるでしょう。金国の民は喜ぶでしょう。ハーンである兄の立場に私がなりましょう（私が身代わりになりましょう）。」と言ったという。そしてトルイはそれから間もなく亡くなったという。八オトク・チャハル万戸は一五世紀末から一六世紀のモンゴルに存在した集団であるから、この話もそれより後に創作されたことは間違いない。

チンギス・ハーンの死

チンギス・ハーンの最後の事業になった西夏遠征について、ロ氏『アルタン・トプチ』もかなりのスペースを割いて記しているが、その内容は基本的に、先に紹介した著者不明『アルタン・トプチ』の記述と同じである。チンギス・ハーンはこの西夏遠征の帰途亡くなるが、これについてロ氏『アルタン・トプチ』は次のように記す。

〔在位〕二二番目の年、丁亥（一二二七）の年に、その六六歳の七月一二日にお亡くなりになった。（126a-126b）

この在位二二年の七月一二日に亡くなったというのは『元史』巻一、太祖本紀や著者不明『アルタン・トプチ』と一致するが、ここでは後者を踏襲したものであろう。またチンギス・ハーンが亡くなったあと、その遺体をモンゴルに運んだときに、ソニト部のギルゲデイ（ギルゲン）・バートルがその死を悼んで詠った挽歌が記されているが、著者不明『アルタン・トプチ』の記すものと基本的に同じである。

ロ氏『アルタン・トプチ』は、チンギス・ハーンが亡くなったことを記したあと、オゲデイの即位を記す前に、チンギス・ハーンの統治について総括し、その子孫、臣下、そして彼が支配した国々について触れている。これらの記述の多くは伝説的要素が強いが、一部には注目されるものもある。例えばチンギス・ハーンの子供たちについての記述である。

ソト・ボグダ・チンギス・ハーンの動じることなき麝香猫のような四人の弟は、ハサル、ベルゲテイ、オチグ（オッチギン）、ハチグ（ハッチギン）これらである。玉座の第一妃ボルテ夫人から生まれたのはジョチ、チャガタイ、オゲデイ、トルイの四人であった。〔娘は〕アラハ・ベキ、イルガルドン・ベキ、セチェイケン・ベキの三人の公主であった。フラン・ハトンから生まれたのはクルゲ、イスイ・ハトンから生まれたのはジョチベイ、イスケン・ハトンから生まれたのはハラチャル、ハラグト、チャグルのこれら三人であった。(128a)

チンギス・ハーンから生まれた子供たちについては『元史』（巻一〇七、宗室世系表、巻一〇九、諸公主表）に記されている他、ラシード・ウッディーンの『集史』にも記されているが、後者の方が詳細である。興味あることはロ氏『アルタン・トプチ』に記されているチンギス・ハーンの諸子に関する記述が『集史』と多く一致することである。『集史』はチンギス・ハーンの子について、ボルテ夫人からジョチ、チャガタイ、オゲデイ、トルイの四人の男子の他にフジン・ベキ、チェチェイゲン、アラハイ・ベキ、トゥメルン、アルタルンという五人の女子が生まれたと記している（Thackston, 1998, vol.1, 147）。ロ氏『アルタン・トプチ』にはフジン・ベキ、トゥメルンは記されていないが、他の三人の女子は記されている。この他の妃から生まれた子についても、フラン・ハトンの子をクルゲとし、イスケン・ハトンの子をチャグルとしている点は『集史』と一致している。

最後に、チンギス・ハーンの統治について、

四〇万戸モンゴル、四万戸オイラト、六万戸オジイェト、〔中略〕等々、このような国々をその力に従えて、虎が摑むように、熊が腹を切り開くように、自分の思い通りに行って、このような国々から貢物を取って、南瞻部洲の上に仏のお言葉によって、天の助けによって、黒い頭を持つ人間の姿ではあるが、このような国の大半を占め、五色の大国と四夷国民〕を探し、逆らう者を征服して平和にし、人衆を集め、政権を互いに助け合う良きアラト（人民）を万戸長、千戸長、百戸長、十戸長とし、内の〔チンギスの〕身を守る一万人の宿営士と八千の箭筒士をケシクテン（近衛兵）とし、兵を治める勇敢なノヤンらに兵士を治めさせ、人衆の税、人頭税を〔徴収する〕ダルガ、シュレンゲ（領催）、デムチを置いた。

裁判を行うジャイサン〔宰相〕等を置いた。人衆を治めるチェルビ〔侍衛〕と兵士を監督するチェルビを置いて、それぞれに任し、官制を完成させて、五色の大国〔の人衆が〕手と足が〔しっかりと〕地に付くように、平和に楽しませた。（130b-131a）

チンギス・ハーンはモンゴリア統一時に、万戸、千戸など十進法による軍事的、社会的集団の体制を確立し、またケシクテンの制度を作ったが、それはここに記されている通りである。

b、オゲデイ・ハーンから順帝トゴン・テムルまで

チンギス・ハーン以降のモンゴルのハーンの事績についてロ氏『アルタン・トプチ』の記述は著者不明『アルタン・トプチ』や『蒙古源流』、『アサラクチ史』と比べてさほど目新しいものはない。ただその中にあってフビライの事績だけはやや詳しく記している。フビライに関して興味あるのは次のような文章である。

その後六年経ってトルイ・エジェンのケレイトのオン・ハーンの弟ジャハ・ガムブの娘〔ソルハクタニ・ベキ〕から生まれたソト・フビライ・セチェン・ハーンがその四五歳のときに上都で大位に即いた。そのフビライ・セチェン・ハーンには四部の兵が備わっていたのである。大理 Jang という国とミニャク〔タングート〕の国をその果てまで従えた。キタト Kitad の六州とマンジ Manji をその果てまで従えた。インドの東、キタトの南にある杭州という名の大きな城はこの地に従来そのような大きな城は無いのであった。それを果て

まで従えた。仏の教え、法を太陽のように高揚させ広めた。(132b)

大理はモンケの南宋遠征時にウリヤンハダイによって征服されている。キタト Kitad は契丹に起源する言葉で現在では中国を指すが、元朝時代は旧金朝支配下の住人で漢人と呼ばれた人々を、またマンジ Manji は旧南宋支配下の住人で南人を指すと言われる。ただしここではキタトは北中国を、マンジは南中国を指すものとみるべきであろう。モンゴル年代記で南中国をマンジと呼んでいるのは他には無い。杭州 Qanjuu の位置については妙な説明をしているが、元代に繁栄した杭州についてモンゴル人の間に後世まで記憶されていたことを示している。このあとフビライとチベット仏教との関わりについて記されているが、それは『アサラクチ史』に依って記したものである。

フビライ以降の元朝のハーン(皇帝)の事績についてモンゴル年代記はほとんど記していない。ロ氏『アルタン・トプチ』はこれについてやはり『アサラクチ史』に拠っているが、ほとんど見るべき記述がない。中国に本拠地を置いていた元朝の最後のハーン、順帝トゴン・テムルが中国から追い出された話も同様である。

c、一四世紀末から一七世紀前半まで

トゴン・テムルのあとその子ビリクトゥ・ハーン(アーユルシュリーダラ、在位一三七〇—一三七八)が即位したが、それ以降一六世紀後半にモンゴルを支配したトゥメン・ジャサクト・

ハーン（在位一五五八－一五九二）まで、すなわち一六世紀後半にチベット仏教が入ってくるまでのモンゴルをめぐる歴史についての記述は、一部語彙の違い、出入りは見られるものの、著者不明『アルタン・トプチ』と基本的に同じである。ただしハーンの系譜については一部に『アサラクチ史』に基づいた記述も見られる。この時代のモンゴルの歴史に関するロ氏『アルタン・トプチ』の記述は独自性を持たず、その意味で精彩に欠くと言わざるを得ない。

各年代記に記される王統表（ビリクトゥ・ハーンからアダイ・ハーンまで）（括弧内は記述されている在位年数）

著者不明『アルタン・トプチ』
　ビリクトゥ・ハーン（九年）－ウスハル・ハーン（一一年）－ジョリクト・ハーン（四年）－エルベク・ニグレスクチ・ハーン（六年）－トゴガン・ハーン（四年）－オロイ・テムル・ハーン（一三年）－ダルバク・ハーン（五年）－オイラダイ・ハーン－（一一年）－アダイ・ハーン（一四年）
『アサラクチ史』
　ビリクトゥ・ハーン（九年）－ウスハル・ハーン（一一年）－ジョリクト・ハーン（四年）－エンケ・ハーン（四年）－エルベク・ハーン（六年）－グン・テムル・ハーン（記載無し）－オルジェイ・テムル・ハーン（記載無し）－ダルバ〔ク〕・ハーン（記載無し）－オイロダイ・ハーン（一一年）－アダイ・ハーン（一四年）
ロ氏『アルタン・トプチ』
　ビリクトゥ・ハーン（九年）－ウスハル・ハーン（一一年）－ジョリクト・ハーン（四年）－エンケ・ハーン（四年）－エルベク・ハーン（六年）－トゴガン・ハーン（四年）－オロイ・テムル・ハーン（三年）－ダルバク・ハーン（五年）－オイラダイ・ハーン（一一年）－アダイ・ハーン（一四年）

この表から見ると、ロ氏『アルタン・トプチ』の記述は他の二つの年代記の記述と異なるように見えるが、明らかに両者を折衷したものであることが分かる。すなわちジョリクト・ハーンまではすべて同じであるが、そのあと著者不明『アルタン・トプチ』はエルベク・ニグレスクチ・ハーン、トゴガン・ハーンとしているのに対し、『アサラクチ史』はエンケ・ハーン、エルベク・ハーン、そしてグン・テムル・ハーンが継承したとしている。これをロブサンダンジンは著者不明『アルタン・トプチ』のエルベク・ニグレスクチ・ハーンを除けて『アサラクチ史』のエンケ・ハーン、エルベク・ハーンを採り、そのあとは『アサラクチ史』のグン・テムル・ハーンを除けて著者不明『アルタン・トプチ』のトゴガン・ハーンを採っている。そしてその在位年数はそれぞれに記されたものをそのまま踏襲している。これはロブサンダンジンが両者を比較して自分が正しいと思ったものを採ったのであるが、どのような根拠に基づいたのであろうか。

d、チンギス・ハーン家の系譜と旗の関係

ロ氏『アルタン・トプチ』はチャハル王家の最後の王、ブルニ王とロブサン・タイジまでの系譜を記して本文を終えた後、改めてボルテ・チノ以来チンギス・ハーンの四子、すなわちジョチ、チャガタイ、オゲデイ、トルイに至る簡単な系譜を記し、さらにこれらの後裔がモンゴリアのどの集団を支配しているかについて記している。例えば、ハサルの後裔シラ・ハンをはじめホルチン部のノヤンらとなって、今のホルチンの右翼トゥシエトゥら親王五旗、左翼のジョリクト親王五旗、これらすべて一〇旗である。またアル・ホルチン一旗、三〔旗〕ウラト、ドルベン・ケウケト、モー・ミンガン、これら一六旗はハサルの後裔である。またボグダ・タイスン・エジェン（清の太宗）に頼って降ったホルチンの国人、ノヤンらもまたいるのである。（173b）

とか、

ベルゲテイ（ベルグテイ）の後裔はジャサクト・ハーンをはじめ万戸長となって、二〔旗〕アバガ、アバガナル、これら四旗である。ハチグ（ハッチギン）の後裔はアルチダイ、トゥルゲン・ノヤン、ノゴゲ・クリイェルをはじめ、ハラ・チェリク、二〔旗〕オンニトの王、ノヤン等がこれである。その中にいるセルゲク・ホシグチ、ドルギ・アムバンら、彼らはハチグの後裔である。オチグ（オッチギン）の後裔はゲゲデイである。その後裔は今誰か分からない。ある歴史書にグルルトのノヤンであるという。（173b-174a）

と記している。これらのうち、ハサル、ベルゲテイの後裔についてはほぼ正確であるが、ハチグ（ハッチギン）、オチグ（オッチギン）の後裔とその支配した集団に関する記述は正確ではない。『皇朝藩部要略』表、巻一によればオンニト（翁牛特）を支配したのはオッチギン（諤楚因）の後裔であり、ハッチギンの後裔ではない。

ロブサンダンジンはダヤン・ハーンの一一子とその後裔、また彼らが当時支配していた集団について紹介しているが、系譜については『蒙古源流』、『アサラクチ史』や『シャラ・トージ』ほど詳しくは記していない。もちろんロブサンダンジンがそれに関心が無かったわけではないが、ただそこに記されている系譜は正確ではない。例えば次のようである。

それよりダヤン・ハーンの一一子の後裔は、トロ・ボラトの子はボディ・アラク・ハーン、ココチュデイ・ノヤン、ジャサクト・ハーンである。その後裔はチャハルのノヤンたちである。(174b-175a)

この記述は誤解を招く。ボディ・アラクがトロ・ボラトの子というのは分かるが、ココチュデイ・ノヤンはボディ・アラクの子ダライスン・ゴデン・ハーンの子であり、またジャサクト・ハーン(トゥメン・ジャサクト・ハーン)もダライスンの子である。ダヤン・ハーンの第三子バルス・ボラトについても不思議な書き方をしている。

バルス・ボラトの子はメルゲン・ハラ・ジノン、コンドレン・ハーン、アルタン・ハーン、ラブク・ノヤン、ナリン・ノヤン、ボジダラ(ボディダラ)、ホジギル・ノヤン。これら七人の後裔はボショクト・ジノン・ハーンである。その子はハルグチュク・タイジである。(174b)

バルス・ボラトの子については六子いたという説と七子いたという説に分かれる。『蒙古源流』、

『アサラクチ史』は六子説をとっている。そのいずれが正しいかはともかく、ここに言うボショクト・ジノン・ハーンとは第四代順義王ボショクト・ハーンのことである。彼にはオムボという子がいたことは知られているが、ハルグチュク・タイジという子がいたということは他の記録に見られない。

『北虜世系』は『アルタン・トプチ』と同様に七子説をとり、『アルタン・ハーン伝』と

e、ハラチン部の系譜

ロ氏『アルタン・トプチ』の末尾に記されているハラチン部の系譜とそのチャハル部との関係についての記述は他にないユニークなものである。その系譜について一部紹介すると次のようである。

またある歴史書に、バルス・ボラトの子はコンドゥレン・ハーンである。コンドゥレン・ハーンの子はバイホダイ・ハーン、ダイチン、サリ、ビントゥ、オトフン・チュクル、オチェトである。バイホダイ・ハーンの子はハーン・アハイ・チョスキブ、その子ラスキブ、その子ノルブ・フルムシ。ノルブの子バラン。(175b)

ここでいう「ある歴史書」が何を指すのかは不明である。ただこの系譜のはじめの方に誤りがあり、〔バイスハル Bayisqal・〕コンドゥレン・ハーンの子はウイジェン・タイジで、その子がバイホダイである。それはともかくコンドゥレン・ハーンより五、六世代あとまでの系譜を示している点が注目される。この他第三子サリ、第五子オトフン・チュクルについても同様

に五世代あとまでの後裔の系譜を記している。『北虜世系』によればそれが編纂された万暦二二（一五九四）年頃、白紅大台吉（バイホダイ）とその三人の兄弟、擺独頼台吉 Bayidulai tayiji、察汗我不艮 Čayan ebügen、我不艮正台吉はまだ生存しているという（Serruys, 1958, Table VI）。ロ氏『アルタン・トプチ』はそれより五世代ほどあとの子孫について記しているが、『蒙古源流』などによれば当時の王公たちは一六歳から一八歳で最初の子を儲けており、そのことからすると最後の世代は一七世紀半ば前後に生まれたことになる。ただし彼らの子孫がその後もハラチン部を支配したわけではない。あとでも紹介するが、ハラチン部は一七世紀前半バルス・ボラトの子バイスハル・コンドゥレン・ハーンが支配するところとなったが、チャハルのリグダン・ハーンがモンゴルの政治的統一を目指して軍事活動を行った際、これに従わなかったために天啓七（天聡元、一六二七）年に滅ぼされた（和田清、一九五九、五五六頁）。そのとき清朝に降り、そのもとで旗に編成されたハラチン部の支配者はボルジギン氏ではなく、ウリヤンハン氏の者であった（『欽定外藩蒙古回部王公表伝』巻二三、伝七、喀喇沁部総伝）。その意味で一七世紀半ばまでダヤン・ハーンの子孫がハラチン部に多く残っていたとは考えにくい。ただ興味あることにロ氏『アルタン・トプチ』はこのあとハラチンにいくつかの集団があったことを述べている。

ハーンよりはじめ、すべてキヨト姓 Kiyud yasutai、ボルジギン氏のシルスト Sirsud、アスト、ハラチン、古ハラチン Qayučin Qaračin のサイト（大臣）、役人たちとすべての古いウルスをボロヌト・ハラチン Boronud Qaračin、他のウルスから入ってきたモンゴル人、漢人をハラヌト・ハラチン Qaranud Qaračin と名付けている。（176a-176b）

古くからハラチン部を構成していた人々をボロヌト・ハラチン（灰色のハラチン）、新たに加わった人々をハラヌト・ハラチン（黒色のハラチン）と呼んだということは大変興味があるが、その理由は分らない。

f、ハラチンとチャハルの抗争

前節で紹介したように、ハラチン部はリグダン・ハーンの服属要求に反抗してその攻撃を受けて崩壊したが、その後のハラチン部の支配者はダヤン・ハーンの後裔ではなく、ハラチン部を構成していたウリヤンハン部の者が支配者となった。この間の経緯についてロ氏『アルタン・トプチ』は興味ある伝聞を記している。

当初チャハルとハラチン二国は仲が悪かった。そののちハラチンのラスキブ、ボヤン・チヨクト、ブルハトらが、政治が平和なときにマンジュ（満洲）のタイスン・ボグダ（太宗）にオルチダイという名の者を送って、「マンジュとハラチンの我ら二国は講和して、政権を併せよう。」と遣わしたのをチャハルが聞いて、「ハラチンとマンジュが一緒になれば必ずや大いに害になるであろう。」と言った。これからさらに仲が悪くなって、チャハルとハラチンは戦争となって、互いに戦ったのであった。その後ハラチンからまたオミ・セチェンをタイスン・ボグダに遣わした。ボグダ（太宗）はトゥデイという者をオミ・セチェンと共にハラチンに遣わして、「マンジュとハラチン我ら二国の政権を一緒にしよう。お前たちは一人の良い者を出してトゥデイと共に遣わせ。」とおっしゃったとき、ハラチンからフビライ・セチェンを遣わした。ボグダは鑲藍旗の主、フィヤング・キヤ・ベイレ、セチェン・バクシ、アシ・ダルハン、ノムト・ジャルグチらを遣わして、オバリ・セチェンとともに天に白馬、地に黒牛を殺し祀って、二国は睦まじく暮らすために誓った。このようなためにハラチンのノヤンたちは自分の人衆を連れて大清国に降った。約束した書の言葉は「マンジュ、ハラチン我ら二国は講和するために、天に白馬、地に黒牛を殺して、一つの杯に酒《アラキ》を入れて祀り、叩頭してその政権を併せた。」（176a-176b）

この文のうち前半部について、ハラチンのラスキブらはコンドゥレン・ハーンの子孫として『アルタン・トプチ』に記されている。しかしリグダン・ハーンによるハラチン攻撃の前にハラチン側から後金国側に講和を求めたという記録は他にはない。『満文老檔』天聡二年九月一七日の条に、後金国の太宗がチャハルを追討するためにホルチン、ハラチン、アオハン、ナイマン、ハルハの王公に約束の地に来るように命じたことに応じて、ハラチン（カラチン）のハン、ラシヒブ（ラスキブ）らが後金国の太宗に会いに来たこと、貢物を奉じたが、返したと記されている（『満文老檔』Ⅳ、太宗1、一七七頁）。ただしこれはすでにハラチンがチャハルの攻撃を受けた後のことで、『アルタン・トプチ』の記す状況とは異なっている。後半の、チャハルの攻撃を受けたあとハラチンが後金国に講和を求めたことは事実で、天聡二年八月三日に講和が結ばれている。ただハラチンと後金国との講和に携わったとされる人物については『満文老檔』、『大清太宗実録』などに出て来る人物とは合わない。

以上ロ氏『アルタン・トプチ』について紹介してきたが、改めてロ氏『アルタン・トプチ』について概観すると、これは著者不明『アルタン・トプチ』に異本『元朝秘史』、当時伝わっていたチンギス・ハーンに関する伝説、格言、さらには『アサラクチ史』を大幅に取り入れて編纂したものと言える。『元朝秘史』の文章の三分の二以上を収録していることは『元朝秘史』研究にとって、言語学的にも書誌学的にも貴重である。またその間に数多く挿入されたチンギス・ハーンに関する説話、格言は、起源の古いものもあり、一三世紀から一六、一七世紀までのモンゴルの社会、文化を研究する上で貴重な資料となっている。ただここに記されている歴史記述は、例えば一三世紀以降のモンゴルの歴史について言えば著者不明『アルタン・トプチ』と『アサラクチ史』に依ったもので、一部を除きオリジナルな情報があまり見られないが、それはそれで先行する年代記があとに編纂された年代記にどのように利用されていったかを知ることができる点では意味があろう。

第十章　一八世紀前半のモンゴル年代記

一、『ガンガイン・ウルスハル』

（1）『ガンガイン・ウルスハル』について

一八世紀にも多くの年代記が編纂されたが、前代と比較すると編纂年代や編者の名がより明確に記されるようになっている。それは編者が漢語の知識を獲得し、漢文の史料に接触するようになったことも影響しているのかもしれない。本章で紹介する『ガンガイン・ウルスハル』も雍正三（一七二五）年に編纂されたことが明記されている。編者は内蒙古、ウジュムチン右翼旗のゴムボジャブでその正式な表題はČinggis ejin-ü altan uruγ-un teüke Gangga-yin urusqal neretü bičig orosiba（『チンギス・エジェンの黄金の一族の歴史、ガンジスの流れという名の書』）である。この年代記の写本は現在ロシア科学アカデミー東洋学研究所サンクトペ

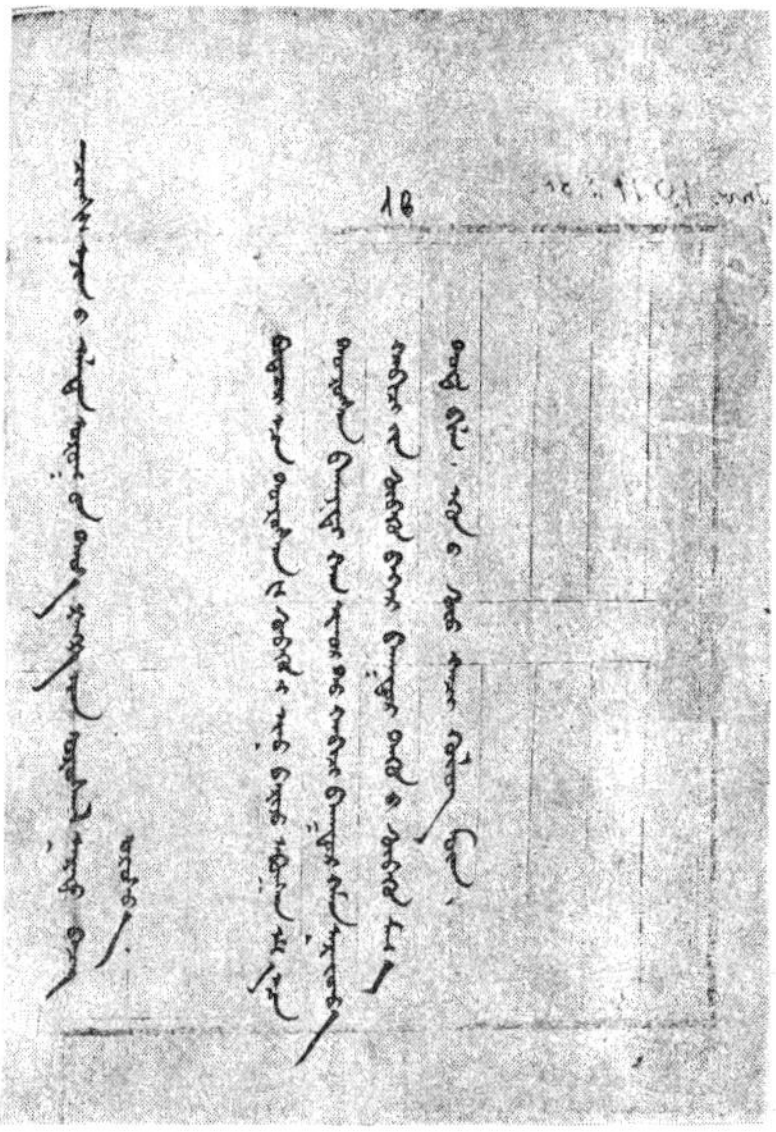

『ガンガイン・ウルスハル』
（Пучковский, 1960）

テルブルク支部図書館に一本だけ蔵されている。

『ガンガイン・ウルスハル』が発見されたのは一九〇九年から一九一〇年にブリヤートのモンゴル学者ジャムツァラーノによる内蒙古への文献調査によってであり、アバガ旗で得られたという。この年代記について本格的研究を行ったのはプチュコフスキーで、彼はソ連（現ロシア）科学アカデミー東洋学研究所所蔵のモンゴル語写本、版本の目録を公刊したときに（Пучковский, 1957）、その内容と著者について紹介している。彼は間もなくその写本のファクシミリ版と詳細な研究並びに固有名詞の索引を付して公刊した（Пучковский, 1960）。その後内蒙古社会科学院の喬吉はこのプチュコフスキーの公刊したテキストに基づいた活字本によるテキストに注釈と研究を付して公刊している（Čoyiji, 1981）。

（２）編者ゴムボジャブ

著者のゴムボジャブについてはすでにプチュコフスキー（Пучковский, 1960）や金岡秀郎（一九八七）、喬吉（一九九四）により詳しく紹介されている。以下それらによりその活動を簡単に紹介する。その生年、死亡年は明らかではないが一八世紀半ば頃まで活動していたらしい。ゴムボジャブはウジュムチン王家の出自であり、チンギス・ハーンの後裔である。『蒙古回部王公表伝』（巻三四、伝一八）にはチンギス・ハーンの二〇世孫で順治一四（一六五七）年から康熙二九（一六九〇）年までウジュムチン王家の長であった、扎薩克和碩車臣親王素達尼《ソダニ》Sudani の弟、協理台吉烏達喇什の子、袞布扎布 Gömböjab としてその名が見える。彼は康熙三一年に輔国公の爵位を得たものの間もなくその爵位は取り消されとされるが理由は示されていない。その後康熙年間に北京に行ったが、宮廷では彼がチベット語に堪能であることで知られていた。雍正帝は彼を北京にあった西番学総理 Töbed suryayuli-yin jakin suryayči sayid（チベット語学校長）に任命した。『アルタン・クルドゥン・ミンガン・ケゲストゥ・ビチク』には彼について「チベット語学校の長となった第一等台吉、四つの言葉を持つ（四カ国語に堪能な）ゴムボジャブ」と紹介されている（Heissig, 1958, IV, 3v）。四カ国語とはモンゴル、満洲、チベット、漢語のことであるが、彼がモンゴル人の中でも卓越した知識を持っていたことが分かる。その後彼はチベット文の『中国仏教史』を編纂し、さらにチベット文『タンジュル（テンギュル、丹珠爾）』を翻訳するために作成した辞書『メルゲト・ガルヒン・オロン Merged γarqu-yin oron』の編纂（一七四一―一七四二年）に携わり、また『テンギュル』のモンゴル語訳事業（一七四二―一七四九年）にも主要なスタッフとして参加している。この他にも『大唐西域記』のチベット語訳や医薬の書もチベット語で編纂している（金岡秀郎、一九八七）。そして一八世紀四〇年代末に亡くなったともいう（Пучковский, 1960, 6、なお以下、『ガンガイン・ウルスハル』からの引用文は特に記さない限りはこれによる）。

（3）利用した史料について

ゴムボジャブはその前文でこの年代記を編纂した意図について次のように述べている。

天のようなご主人様《エジエン》の黄金の一族 Ejen-ü Altan uruγ の主要な系統を大いに概観し、あれこれ要約することを望む者たちが、繰り返し繰り返し建議したことにより、彼らの望むように喜ばせて整理し、用意し、歴史、書物などから勘案し取って同時に記した。（text, 7）

この中でいろいろな歴史書を参照したと述べられているが、その奥書で、

綱目 Gang mu などの中国とモンゴルのいくつかの歴史書から［中略］要約した。（text, 64）

と具体的に記している。プチュコフスキーはここに記されている Gang-mu が『資治通鑑綱目』、（実際には明、商輅『続資治通鑑綱目』）にあたると指摘している。また第一章の始めに、

キヨト姓の黄金の一族の根源を、ある史書にはインド、チベットのハン等と結びついていたとあるけれども、ボダンチャル・エジェンは天より命を受けた故に、ドブ・メルゲンの血統を〔それに〕結ぶ必要は無い。一切識者五世ダライ・ラマをはじめとする大いなる賢者もお説きになっている。それ故に、Dai yuan ulus-un yool sudur（大元国の主要なる書）に従って根源と世代を要約し述べれば、（text, 7）

と記されていることに注目し、この中の Dai yuan ulus-un yool sudur について疑問符を付しながらも『元史』かもしれないとしている。実際『ガンガイン・ウルスハル』には『元朝秘史』以来のモンゴル年代記に見られる、蒼き狼からドブン・メルゲンに至る一二代の系譜が記されていない。そしてモンゴルの王統をボダンチャル（ボドンチャル）から始めているが、これは『元史』と同様である。このことから『ガンガイン・ウルスハル』が『元史』を利用したことは確実である。また興味あるのは多くの年代記がモンゴルの王統をチベット、インドの王統に繋げていることを批判していることで、「ボドンチャルは天命を受けている故にそれと繋げる必要はない。」と断言している。

ゴムボジャブはモンゴル文史料を参照したことは述べているが具体的な名前は記していない。プチュコフスキーも指摘しているように本文中に「モンゴルを概略した書 Mongɣol-i baruɣraysan bičig」というように一般的形でしか記していない。むしろ興味あるのはゴムボジャブがモンゴル語史料をあまり信頼していないことである。例えば元が明に追われた一四世紀後半のモンゴルのハーンについて、「後に午《ウマ》の年に昭宗皇帝、ビリクトゥ・ハーン、アユサラダラ（アーユルシュリーダラ）が大位に即いた。九年経って戊午（一三七八）年にお亡くなりになったのち、翌年の己未（一三七九）年にその子ウスハル・ハーンが大位に即いた。」に注をして次のように記している。

ビリクトゥ・ハーンにはウスハル・ハーン、マイダリ・バラ、ノダボーの三人の子がいた。マイダリバラは中国の事件で捕らえられ連れて行ったのを、大明洪武皇帝が崇礼侯と称号を授与して大臣にした。今、ウスハル・ハーンが三人の子のいずれだったか、大きな史書に〔記述が〕無く、推測すべき信頼〔性〕も無い。史書にも無い。これより以下、いくつかの史書に、他の事件の事情で出ているのに〔よると〕アーユ〔ル〕シュリーダラ・ハーンのちはテグス・テムル・ハーン。そのハーンがイェスデルの手にかかり亡くなったのち、大いに乱れた時は大明永楽の時であった。〔中略〕トガン・タイシの子はエセン・タイシであると言う等々の出来事が起きて来ても、すべての繋がりを得られない（手段が無い）故に、モンゴルを概略した書に従って書いて、確かな年代を中国書から〔取って〕編集した。（text, 23-23）

このようにゴムボジャブはモンゴル語史料に対して信頼性に欠けることを述べているが、このような評価は他の年代記には見られないもので、逆にそれだけゴムボジャブが漢文史料に通じていたことを示している。

（4）『ガンガイン・ウルスハル』の内容

a、一七世紀までのモンゴル史

著者ゴムボジャブは前書きを記した後、全体を二章に分けている。第一章（text, 5-48）はチンギス・ハーンの祖先から一八世紀初頭の外ハルハを支配したゲレセンジェの後裔達に至る事績と系譜であり、第二章（text, 49-66）はチンギス・ハーンの弟の後裔の事績と系譜である。ただし『ガンガイン・ウルスハル』は他の年代記と比べ、歴史的事件の記述が非常に少ない。例えばチンギス・ハーンの事績は次のように記されている。

法天啓運聖武太祖皇帝、英明で聖なるチンギス・ハーンは壬午（一一六二）年生まれ、吉祥あるその四五歳の丙寅（一二〇六）年の冬の最後の月に、オノン河の源に九つの飾り紐 kökül のある白い纛を立てて、ハーンに即いた。この纛をある史書には「九足のある」と言っている。ウーハン（アオハン）、ナイマン、タイチュート、タタール、ウイグル、サラグルなど遠地の四九余りの国をその力に集めて、大モンゴル・ウルスと名付けた。一二二年座して、六六歳の吉祥ある丁亥（一二二七）年の冬の最後の月に、六盤山でお亡く

なりになった。(text, 11-12)

チンギス・ハーンの事績については他の年代記では『元朝秘史』やそれ以外の伝承に基づいてかなり多くの記述がなされているが、『ガンガイン・ウルスハル』では基本的にこれだけである。逆にチンギス・ハーンの諸子に関して、彼らがどこに領地を持ち、どこを都としたかについて他の年代記には無い記述も見られる。

大タイジのジョチはトクモク民族 Toymoy ündüsün の地にハーンとなった。彼の後裔はスルタンという。〔スルタンは〕モンゴルのタイジというのと同じである。親王チャガタイは白帽の回子国にハーンとなったのち、ジルギル市 Jirgil qota を都とした。その五人の子のうち、長子アブドラン・ハーンは父の位に即いた。イマフリはサルタグル国にハーンとなって、サマルカン〔ド〕市を都とした。アダルマーマドはインド国にハーンとなって、バラシャ Balaša 市を都とした。第四子クングルはルム Rum 国にハーンとなって、イスタムブル市を都とした。第五子テムルは赤帽のオユンガ Oyungy-a 国にハーンとなってブハイル（ブハラ）市を都とした。これらすべては太宗ハーンの時に財産となして住まわせたのである。(text, 12-13)

ゴムボジャブが何を根拠にこのようなことを記したのか分からない。もちろん事実関係から見ればこれらの記述はほとんど信用できるものではないが、一八世紀初めのモンゴルの知識人が数百年前のモンゴル帝国の状況についてどの程度の認識を持っていたのかという点では興味がある。

フビライの事績についても『ガンガイン・ウルスハル』は簡単な記述に留めている。

憲宗ハーン（モンケ）の同母弟、世祖聖徳神功文武皇帝、セチェン・ハーン・フビライは乙亥（一二一六五）年生まれ、その四六歳のとき、庚申（一二六〇）年、中統元年ハン位に即いて、文武に明るい、聡明な大臣、役人を総体的に必要として、チベット、中国、安南交趾、扶桑、八媳婦国など四〇の海内外をすべてその力に集めた後、〔仏の〕教えと政権を太陽や月のように昇らせ知識ある者らを喜ばせ、衆生を安寧にして、大国を大元国と名付けた。八白室を定め建てて、大都を都とした。三五年座して、吉祥ある八〇歳の甲午（一二九四）年に大都でお亡くなりになった。(text, 14-15)

フビライの事績について他の年代記では特にチベット仏教の導入やパクパ・ラマとの関係について必ず記されているが、『ガンガイン・ウルスハル』ではほとんどそれに関する記述が見られない。ゴムボジャブにはチベット語やチベット仏教に関係する業績が多いことを考えるとこの点は不思議である。全体的傾向として、『ガンガイン・ウルスハル』にはモンゴルにおけるチベット仏教に関する記述が少ないと言える。

モンゴル年代記では元朝の皇帝の事績に関する記述は極めて簡潔である。『ガンガイン・ウルスハル』も同様であるが、他の年代記と異なる点は『元史』に基づいてそれが記されていることである。例えば元朝の第五代皇帝英宗シディバラについて次のように記されている。

> 仁宗皇帝の二人の子は英宗スダバン（シディバラ）、安王ウトス・ブハ（兀都思不花）である。睿聖文孝皇帝ゲゲン・ハーンは癸卯（一三〇三）年生まれ、その一九歳の辛酉（一三二一、至治元）年に大位に即いて冕帽袞服［中国Nangkiyadの礼服］などに代えて着て、秩序を定めた。三年経過して、その二一歳の癸亥（一三二三）年の秋の中の月（八月）にエネ・フという地で［上都の南にある。モンゴル人たちはMorin-u ebčigün、馬の胸骨という］御史大夫（hafan）テブシ（鉄失）の手にかかって亡くなった。（text, 19, 25）

英宗シディバラが南坡で御史大夫鉄失、赤金帖木児らによって殺害されたことは『元史』（本紀二八、英宗二）にも記されている。天順帝（在位一三二八年）についても次のように記されている。

> 泰定皇帝の四人の子、皇太子阿速吉八《アスキバ》、バドマ・ツェムボ・タイジ、スサン・タイジ、ヨンダン・チンボ・タイジこれらである。同じ年の七月、皇太子阿速吉八は大位に即いて、三ヶ月経って九月にトク・テムルの反乱で上都を破壊した。［それで］お亡くなりになった。（text, 26）

天順帝アスキバは父泰定帝の死後一三二八年左丞相の倒剌沙によって擁立されたが、武宗ハイシャンの子トク・テムル（文宗）を擁立しようとした燕帖木児との争いによって殺害されている。これも『元史』本紀三一、明宗などに記されている。

b、元朝北遷以降の歴史

元朝政権が明に追われてモンゴリアに移動して以降の歴史については大方ハーンの系譜について記すだけであり、具体的記述に乏しい。年号については先に紹介したように中国の年代を付している。例えば、「ウスハル・ハーンは大位に即いて一〇年経って、壬辰の年に、［洪武二一年に］、お亡くなりになった。」というように十干十二支で示した後に注を付けてそれに相当する明の年号を付している。リグダン・ハーンについても「リンダン・ホトクト・ハーンは壬辰（一五九二）年生まれ、その一三歳の甲辰（一六〇四）年に大位に即いて、三一年経って、その四三歳の甲戌（一六三四）年、中国大明の毅宗ハーンの崇禎七年、その政治を棄てて、シャラ・タラという地でお亡くなりになった。」(text, 32) と記され、明、最後の皇帝、崇禎帝の年号によって示されている。崇禎七年は清の年号では太宗の天聡八年にあたるが、ゴムボジャブはこの清の年号を取らず、明の年号で記していることは興味深い。

この時代に関する記述として興味あるのはダヤン・ハーンの死後のハーン位継承問題についてである。長子のトロ・ボロトはダヤン・ハーンの在世中に亡くなり、孫のボディ・アラクが幼いということで、ダヤン・ハーンの第三子バルス・ボロトがボディ・アラクを差し置いてハーン位を簒奪した。この点については『ガンガイン・ウルスハル』も触れているが、一部他の年代記には記されていないことを記している。

ダユン・ハーンがお亡くなりになったのち、ボディ・ホンタイジが幼いために、バルス・ボロトは一ヶ月大位を守ったのち亡くなったとき、アルス・ボロトが支配しようとしたのを左翼三大万戸が兵を出して追ったのち、ダユン・ハーンの孫、ボディ・ホンタイジ［戊午（一四九八）年生まれ］、八歳のとき、その次の年乙丑（一五〇五）、弘治一八年、大位に即かせ、ハルハ・ハーンと有名になった。［中略］ボディ・アラク・ハーンは四三年在位して、その五〇歳の丁未（一五四七）年、嘉靖二八年にお亡くなりになった。(text, 30)

いわゆるバルス・ボロトのハーン位簒奪として知られるこの事件に、『ガンガイン・ウルスハル』はさらにアルス・ボロトまで関与していたと記している。話としてはおもしろいが、この事件にアルス・ボロトが実際に関与していたことについては疑わしい。『アルタン・トプチ』や明側の史料による限り、『ガンガイン・ウルスハル』の記述は受け入れられない。またここに記されているボディ・アラクの四三年在位というのも事実とはかなり離れている。

(5) 清朝に対する感情

著者ゴムボジャブは先に紹介したように雍正帝の招きを受けて北京に移り、西番学総理に任命され、チベット語経典のモンゴル語訳などに従事している。従って彼の清朝や清朝の皇帝に対する態度は極めて従順であった。そのことは『ガンガイン・ウルスハル』の記述からも伺われる。

〔リグダン・ハーンが亡くなった〕その時に天の重い恩寵、重い庇護が我々皆の大清国に助けとなって、天命を与えたために、移動するモンゴル negükü Mongγol の聖チンギス・ハーンの後裔、省のノヤンら、国の一族すべては大清〔国〕の大いなる政権に頼って、平穏に永遠に一層楽しんだ。(text, 32)

あるいは

また清国の貴重なる政権が堅固になり、拡大したあと、能者の獅子の如き教え、種々の道理をすべて心に灯せ。(text, 65)

ここからはゴムボジャブの清朝に対する揺るぎない信頼が読み取れよう。なお一七世紀末、ジュンガルのガルダンと清朝との軍事衝突が起きたとき、ウジュムチン王家の一部の者がガルダンに組みしたことから処罰を受けた。この事件についての記憶はまだウジュムチン王家には生々しく残っていたに違いない。しかしゴムボジャブはこの事件には一切触れていない。

(6) モンゴルの諸集団について

『ガンガイン・ウルスハル』の特徴の一つは、一八世紀前半にモンゴリア各地に存在した集団と、その支配者の系譜について記していることである。チンギス・ハーンの後裔が支配する集団として、チャハル、ソニト、ウジュムチン右翼、左翼、ウーハン（アオハン）、ナイマン、オルドス、トゥメト、ケシクテン、ジャルート、バーリン、ハラチン、ウルト、ウリヤンハン、ハルハが、またチンギス・ハーンの弟、ハサルの後裔が支配する集団としてモー・ミンガン、ホルチン、アル・ホルチン、ドルベン・ケウケト（四子）、ウラト、青海のオールト、ハッチギンの後裔が支配する集団としてオンニト、オッチギンの後裔が支配する集団としてアバガ等々が紹介されている（text, 35-39）。これについていくつか紹介してみたい。まずチャハルについて次のように記す。

チャハルのノヤンらの根源。〔リグダン・〕ホトクト・ハーンの二子はエジェイ・ホンゴル・ホンタイジ〔後裔はない〕とアブナイ親王である。アブナイの二子はブルニ親王と一等タイジ・ロブサンである。モー・キタト・タイジの二子は内大臣シウシテイ・タイジ、アユー（アジュ・タイジ）である。これらの後裔は現在蒙古鑲黄旗にいる。チャハルのノヤン等はこれらである。（text, 35-36）

チャハル王家はモンゴルの正統の王家として清朝の支配に入って以後特別な待遇を受けていたが、ブルニのとき、康熙一四（一六七五）年に清朝に対して反乱を起こし、失敗して取りつぶされた。チャハル王家はここに断絶した。そしてチャハル部に所属した人々は八旗の中に組み入れられた。ここにモー・キタト・タイジと記されている人物は『蒙古源流』によればボヤン・セチェン・ハーン（在位一五九二—一六〇三）の第三子である（Urga, 68r）。ゴムボジャブは彼自身の時代に、蒙古鑲黄旗の中にボヤン・セチェン・ハーンの後裔がいたと記している。ただしこのことは『八旗通志』では確かめられない。

ゴムボジャブは先に紹介したようにウジュムチン王家の出身であったことから、ウジュムチン王家の系譜については他の史料よりは詳細に記している。これを『蒙古回部王公表伝』に記されている記述から構成できる系譜と対比してみよう。ローマ字転写は『ガンガイン・ウルスハル』のもの（text, 37-38）、括弧内の漢字表記は『王公表伝』（巻三四、伝一八、）のものである。

Darayisung göden qayan（庫登汗）— Ongyon duraqal noyan（翁袞都喇爾）
- Irekü bayatur noyan（綽克図巴図爾諾顏）
- Bayisi bingtü noyan（巴雅賽音氷図諾顏）
- Bayasqal erdeni
- Tusiyuči
- Nayantai ildeng noyan（納延泰伊勒登諾顏）

Janggi darqan noyan（彰錦達爾漢諾顔）
Dorji sečen jinong（多爾済車臣済農）
Sereng törö-yin noyan（色棱額爾徳尼台吉）
Ölji mergen dayičing
Enkedei bayatur
Erke lung tayiji
Süling noyan
Sabun noyan
（敦多布）
Erke kitad beyile（額爾克奇塔特）
Mooliqai beyile（茂里海）
Sabdan qan（色棱）
Mergen čögekür noyan（桑阿爾斎）
Čoyisengge ačitu qong tayiji（垂僧格）

- Čongqu tayiji（徳音楚克）
- Čegen tayiji
- Sečen čing vang Babai（察罕巴拝）
  - Qoltu tayiji
  - Sudani sečen jinong（素達尼）
  - Sumadi tayiji
  - Subudi tayiji
  - Udari tayiji（呉達喇希）
  - Adari tayiji

この表から見られるようにウジュムチン王家の系譜については『ガンガイン・ウルスハル』の方が『王公表伝』よりも詳細に記している。ただし編纂の年代は『王公表伝』の方が後であり（乾隆五四、一七八九年）、これより後の系譜も記しているが、何故か『ガンガイン・ウルスハル』に記されている系譜は大体が康熙年間の半ば頃まで活動した王公までに留まっている。『ガンガイン・ウルスハル』と『王公表伝』に記されている王公の系譜についてはこのようにそれぞれ一長一短がある。その意味で両者は相補う関係にあると言えよう。なおこのような清代におけるモンゴル諸集団とその支配者の系譜に関する記述はこの後に編纂された年代記、例えば『アルタン・クルドゥン』や『ボロル・エリケ』などにも踏襲されていく。

『ガンガイン・ウルスハル』の記述で興味があるのは一五―一六世紀のモンゴリアを構成した諸集団についてである。すでに前章でも紹介したように、元政権がモンゴリアに後退して以降の時代を、モンゴル文献はモンゴルが六万戸（Jiryuyan tümen）、オイラトが四万戸（Dörben tümen）から成っていたと記している。モンゴルの六万戸体制はダヤン・ハーンの治世時に成立したもので、左翼三万戸はチャハル、ハルハ、ウリヤンハンからなり、右翼三万戸はオルドス、トゥメト、ヨンシイェブから成っていた。この六万戸についての記述はかなりユニークである。まず六万戸のうちの左翼三万戸について次のように記している。

八オトク・チャハル、アルチュート Alčud とキシクテン Kisigten、ウーハン Uuqan、ナイマン Naiman、タタール Tatar、これら山南 ölge の四オトクである。ウジュムチン、ハグチト Qayučid、ケメクチト Kemegčid、ハルハ Qalq-a、これらが四オトクである。五オトク・ハルハ、ウリヤンハン、これらが左翼の三大万戸である。（text, 63）

このうち前半はチャハル万戸八オトクの構成について述べたものである。ただしここに記されているチャハル八オトクについての記述は不正確で、実際には右翼がハグチト、ケムジグート Kemjigüd、ソニト Sönid、ウジュムチンの四オトク、左翼がアラクチト Alayčid、アオハン

Auqan、ナイマンNaiman、ケシクテン、タタールの四オトクから成っていた。アオハンとナイマンはこれで一オトクとみなされていた。この他ウルートUrudもチャハル万戸を構成していた。(森川哲雄、一九七六)ゴムボジャブが出自したウジュムチン旗はかつてチャハル万戸に所属していたオトクの一つであり、彼がチャハル万戸の構成に関心を持ったのも当然である。ただし彼の時代にはすでに正確な情報が伝わっていなかったのであろう。次いでゴムボジャブは五オトク・ハルハを左翼三万戸の一つにしている。確かにハルハは左翼三万戸の一つであるが、五オトク・ハルハというのはその一部で、内ハルハとも呼ばれ、ダヤン・ハーンの第五子アルチュ・ボロトの子、フラハチ・ハサル・ノヤンに五子があり、その五子が分封された集団を示している。すなわちバーリン、ジャルト、ホンギラト、バユト、オジイェトの五オトクである。一般にハルハ万戸とはこれに外ハルハ七オトクを加えて一二オトクから成っていたとされる。

次いで右翼三万戸について次のように記している。

一二万戸(Arban tümen)オルドス、七万戸(Doloyan tümen)ウイグルチン、バーリン万戸、ウーシン万戸、バヤト万戸、ウラト万戸、ホンギラト万戸、イデ万戸、サルジュート万戸、イェケ万戸、ジルキン万戸、ヨンシイェブとアスト、ハラチン、これらが右翼三大万戸である。(同)

この右翼三万戸に関する文章は少し説明を要する。右翼三万戸について、個々の集団に万戸 tümen を付して記しているが、正確には万戸を構成する単位であるオトク otoɣ でなければならない。オルドスは一二オトクから成っていたとされ、一二オトク・オルドスというように呼ばれていた。右翼三万戸の一つ、トゥメトの名が無いが、七万戸、正しくはドロガン・トゥメト以下ジルキン万戸（オトク）までがトゥメトを構成するオトクを示していると思われる。また最後のヨンシイェブ以下の三集団は本来ヨンシイェブ万戸を構成していたもので、これで一つの万戸である。ここでもトゥメト万戸を構成する集団だけが詳細に記されているが、その理由は分からない。

『ガンガイン・ウルスハル』は一連のモンゴル年代記の中でもユニークなもので、歴史的事件の記述はさほど多くはないが、一六―一七世紀のモンゴル社会を知る上で重要な史料であることは間違いない。

二、『蒙古世系譜』

（1）『蒙古世系譜』について

『蒙古世系譜』のモンゴル語の表題は Mongɣol-un borjigid oboɣ-un teüke（『モンゴルのボルジギン氏の歴史』）である。雍正一三（一七三五）年に正藍旗蒙古出身のロミ Lomi によって編纂された。『蒙古世系譜』という表題はこの漢文テキストの一つで、鄧之誠（文如居士）所蔵の博西斎旧鈔本（漢文版）に付けられていたもので、一九三九（民国二八）年に張爾田がこれに注釈をつけて刊行したことからその名前で広く知られるようになった。

『蒙古世系譜』のテキストには満洲文、漢文、モンゴル文の三種が存在した。現在は漢文、モンゴル文のテキストのみが伝わり、満洲文のものは伝わっていない。このうち漢文版の写本は現在中国のいくつかの機関に所蔵されている。ただしそれは著者のロミ自身の原典ではなく、乾隆四六（一七八一）年に博清額 Bačingge がこれに増補したものである。なお博清額はダヤン・ハーンの第九子ゲレ・ボロトの子孫である。その三世祖ミンガンのときに満洲正黄旗に所属した。博清額は二等侍衛、広州都統、散秩大臣をを歴任している（賈敬顔、朱風、一九八五、二〇五頁）。その増補版は『蒙古博爾吉忒氏族譜』、『蒙古世譜図考』、『格勒博羅特伝』の三部からなる。このうち前の二つは博清額の編になり、一番最後のものは徳坤の編であるという（『内蒙古自治区線装古籍聯合目録』上巻、三四一頁）。納古単夫によればこの漢文版は四本の写本があり、二本は北京図書館に、一本は内蒙古図書館に、一本は内蒙古社会科学院に所蔵されている。ただし内蒙古社会科学院所蔵本は内蒙古図書館のものを写したものである。これら四本の写本の内、内蒙古図書館蔵本が最も良いものという（喬吉、包文漢、一九九四）。またこの漢文版は上下二巻に分けられている。増補版のうちの『蒙古博爾吉忒氏族譜』は内蒙古図書館蔵本が賈敬顔、朱風による『漢訳蒙古黄金史綱』の付録として紹介されている（賈敬顔、朱風、一九八五）。なお張爾田の刊行した『蒙古世系譜』については「『蒙古博爾吉忒氏族譜』の節抄本である」という説明があり（『内蒙古自治区線装古籍聯合目録』、同頁）、評価は低い。

モンゴル文テキストについてはドイツのハイシッヒが一九四三年、内蒙古の王爺廟（現在のウラーンホト）においてサイン・バヤル所蔵の写本を写真に撮ったものを一九五七年に公刊したものが知られている（Heissig, 1957、以下特に記さない限り、『蒙古世系譜』の文はこれによる）。その際このモンゴル文テキストとともに張爾田による漢訳文テキストのファクシミリを併せて公刊している。そのもとの写本の行方については不明である。他方内蒙古では一九五六年にモンゴル文写本の研究者であるメルゲンバートルが内モンゴル東部地区（具体的な場所は不明）の牧民から一本の写本を入手し、現在の内蒙古社会科学院図書館に収蔵した。しかしながらこの写本は文化大革命中に行方不明になり、現在はその手抄本だけが残されている（Nayusayinküü, Ardajab, 1989, 4）。この写本の表題は Mongγol-un jalγamjilaqu tüsimel-ün esi（『モンゴルを継承する役人の根源』）となっている。

モンゴル文テキストについては納古単夫、阿爾達扎布が校訂本を出している（Nayusayinküü, Ardajab, ibid.）。これはハイシッヒの公刊したテキストを底本に内蒙古社会科学院所蔵の写本との異同を示したものである。この校訂本によると字句については両者の間にかなりの異同が見られるが、内蒙古社会科学院所蔵本に第一巻の最初と最後に欠葉がある点を除き、内容的にそれほどの出入りは無い。

『蒙古世系譜』の原テキストについて、最初満洲文か漢文で書かれ、その後モンゴル語に訳されたという説が一般的である（Heissig, 1959, 123-124）。その根拠はモンゴル文テキストの、雍正一三年八月朔日に記されたロミの序文に、

今私は六〇歳を過ぎた。そのようなためにこの間のことを処理するために、順次見て終えて調べて確めて、煩雑なものを削って、重要なものを取って、根源、次第を記述し、家の記録を完成し、満洲字、漢字で記して（manju kitad bičig bičijü）、容易に見られるようにと残した。（I-4r）

とあって、原文を満洲文、漢文で書き、モンゴル文で書いたとは記していないこと、またモンゴル文テキストの最後に、

道光一九（一八三九）年季春（三月）一五日に、小書記 öčüken bičigeči が速記し翻訳したが、〔これを〕見る賢者たちは〔誤りがあれば〕どうか文字を訂正していただくように。

（同、II-20v）

と記されていることによる。これによればモンゴル語版はロミの編纂から一〇〇年以上経って、満洲文、あるいは漢文のものから翻訳されたことが読み取れる。しかしながら漢文版（博清額

の増補版に付載）のロミの序文ではこれと矛盾する記述が見られる。

今年耳順（六〇歳）を逾《こ》せり。爰《ここ》に退食の余において、広覧博稽し、詳しく考証を加え、繁を刪り、要を摘り、其の次第源流を録し、以て家乗を備う。訳するに清、漢文字を以てし、以て披覧に便ならんとす。（賈敬顔、朱風、一九八五、二〇七頁）

ここで「訳するに清、漢文字を以てし」というのは当然モンゴル文で最初に記し、その後満洲文、漢文に翻訳したという意味である。博清額の増補版はモンゴル語に翻訳される六〇年近くも前のものである。納古単夫は漢文版の記述を採用し、「見るべし、この書の稿本は最初は蒙文を以て記されたものであり、後に満漢二種の文字に翻訳された。」と主張している（包文漢、喬吉、一九九四、一〇三頁）。この二つの相矛盾する記述をどう説明するのか難しい。またモンゴル文テキストの方が博清額の漢文テキストよりも内容が豊富であり、この点も問題を複雑にしている。ここでは原典の言語について相矛盾する二説がある、ということに留めておく。

（2）著者ロミ

著者はロミLomi（羅密）で、ダヤン・ハーンの第三子バルス・ボロトの子でハラチン部を継承したバヤスハル・コンドレン・ハーンの八世孫にあたる。ロミの経歴については詳細なことは分からないが、ロミ自身が『蒙古世系譜』の序文で記している箇所と、乾隆四六（一七八一）年に博清額がこのロミの書に増補した『蒙古家譜』の序文の記述、さらには『八旗通志』によってある程度知られる。ロミの経歴については納古単夫による紹介があり（包文漢、喬吉、一九九四、一一〇―一一八頁）、ここではそれに基づいて簡単に紹介しておきたい。ロミ自身の正確な生卒年は不明である。しかしその序文の中で、『蒙古世系譜』を編纂した雍正一三（一七三五）年に「今私は六〇歳を超えた」と記していること、また博清額は『蒙古家譜』の序文の中で、同年、ロミが亡くなってから四一年経過していると記していることから、納古単夫はおおよそ一六六五―一七四〇年頃と推定している。その役職については『八旗通志』（巻一二、旗分志一二、正藍旗第一三佐領）に、額爾吉図が亡くなった後、索諾穆 Sodnom が佐領を管理し、索諾穆が亡くなったあと羅密《ロミ》が管理したこと、しかし羅密の人才が佐領を管理する能力に欠けたことから任を解かれた、と記されている。索諾穆はロミの兄にあたる。この時期について納古単夫は索諾穆が康熙二七（一六八八）年七月に亡くなっているから、ロミが第一三佐領の任についたのはこの頃、遅くとも康熙二八年のことであり、また当時彼は一八歳から二四歳の間であったと推定している。その後理藩院郎中の任に当たり、さらに雍正二（一七二四）年一二月、新たに設置された直隷布政使に任命され、翌三年八月に解任、京師に召還されている（『清代職官年表』第三冊、布政使年表）。ロミは雍正五年七月、蒙古鑲白旗の副都統に任じられ、雍正一〇年一〇月に任を解かれている。その後雍正一三年五月、蒙古鑲紅旗の都統に昇任した（以上『八旗通志』巻一一〇、八旗大臣年表四）。『蒙古世系譜』の中で彼は自身のことについてqosiyu-yi jakiqu sayid（都統）という称号で呼んでいるが、それはこのことを言ったものである。ただし『八旗通志』（続）ではやや異なった記述があり、雍正一三年五月に任命されたのは鑲白旗都統であり、乾隆二（一七三七）年二月に鑲紅旗都統になったという。そして翌三年一一月、病気を理由に職を辞している。納古単夫はそれからしばらくして、一七三九年から一九四〇年の頃に亡くなったとみている。

（3）『蒙古世系譜』の内容

すでに紹介したように『蒙古世系譜』にはモンゴル文テキストと漢文テキストが現存する。これらのうちモンゴル文についてはハイシッヒが公刊したものと、納古単夫が紹介する内蒙古社会科学院所蔵本があり、後者については欠葉があるものの、内容的に大きな違いはない。他方漢文テキストについては張爾田が公刊したもの（『蒙古世系譜』）と賈敬顔、朱風が公刊したもの（『蒙古博爾吉忒氏族譜』）とがあるが、前者は後者に比べて記述が大幅に少ない。特に元朝の皇帝の事績については後者にはかなり詳細な記述が見られるが、前者には名前だけでその事績は全く記されていない。『蒙古世系譜』が「『蒙古博爾吉忒氏族譜』の節抄本である」と言われる所以でもある。他方モンゴル文のものと賈敬顔、朱風が紹介した博清額による漢文の増補版とを比較すると、モンゴル文の方にやや記述が多く見られるが大体は一致する。その意味でここではハイシッヒが公刊したモンゴル文テキストをもとにし、博清額の増補版を参考にしてその内容を紹介したい。

a、序文

興味あるのはロミの序文である。その中で繰り返し時の支配者である清朝の皇帝に対する感謝の念を表している点が注意される。まずその冒頭で次のように記している。

我々ボルジギン氏の先をみると、西のインド国のマハーサマディ・ハーンより以来数千年経って、シャルバ・ハーンの子、クジュグン・サンダリト・ハーンに至ったのち、その国から離れて東方に移動してチベット国に到着してそこを都とした。八代経ってボルテチノア（ボルテ・チノ）に至ったのち、その国から離れて北方に行ってジャドの地に到着して、主《エジエン》となって座した。また二四代経って元国の太祖チンギス・ハーンに至ったのち、多くの部落《アイマク》を統合し、国の名をモンゴルとした。二代経ったのち世祖フビライ・ハーンに至ったのち、中国を得て世界を統一した。一〇代経ったのち、順帝トゴン・テムル・ハーンに至って、モンゴルの故地に座した。子孫達が継承しつつリグダン・ホトクト・ハーンに至ったのち、国の綱紀が乱れて多くの部落が耐え〔られずハーンから〕、離れたのち、密かに分れ出て、安寧を得ることが出来なかった。(I, 1r-1v)

このようにまず多くの年代記に記されている、モンゴルの王統がインドに起源することを述べる。そしてチンギス・ハーン、フビライ・ハーンについては国の統一、世界の統一という偉業を紹介するが、リグダン・ハーンの時代については「国の綱紀が乱れた」として否定的にみる。次いでリグダン・ハーンのもとを離れたモンゴルの部落が清朝に帰依したことを記している。

太祖上皇帝（ヌルハチ）が東方に興起したことに出会って、モンゴル国の種族、一族、ジノン、ノヤン等はそれぞれ誠心より降付したのち、〔太祖は〕高く厚い恩寵を授けて甚だ慈悲をかけお恵みになり、辺外に暮らしたいと言った者をあるいはハーン、あるいはベイレ、ベイセに封じてそれぞれの所属の部落を支配させ、北辺に守りとなして住まわせた。望んで内大臣になりたいという者は公、侯、伯の称号を世襲する爵位を得させて、あるいは公主、あるいはゲゲ（王女）を与えて子、孫に至るまで世襲させ評判のある顕貴となした。(I, 1v-2r)

清朝（後金国）の創始者ヌルハチのもとに降り、その庇護を受けたこと、様々な爵位を得たこと、さらには王室の女性を妻として与えられたことを記す。ロミが清朝に対していかに感謝の意を抱いているかはこれだけでも明らかであるが、さらに具体的な例を示してその気持ちを一層強調している。

またジャサクト・ハーン、トゥシェトゥ・ハーン、チェチェン・ハーン等の七旗のハルハらはオーレト（ジュンガル）のガルダンに破られて、属民《アルバト》、部落《アイマク》は逃れ散り散りになった。三ハーンや多くのノヤン等が次々と求めて降ったのを、世祖仁皇帝は衰えたものを繁栄させ、絶えたものを継承させる恩を与え、迎え受けて恩養した。特に官兵を出して散亡した者を集めて、三ハーンの称号を元のようにして、他のノヤン等はすべてその身分の通りにして、王、ベイレ、ベイセ、公、ジャサク、タイジとなしたのち、旗、ソムを編成して座らせた。皇帝自身兵を率いてガルダンを討伐して滅ぼしたのち、ハルハの者たちをもとの土地に戻して元通りに楽しませた。(I, 2r-2v)

ここでは一六八八年に始まったガルダンの外モンゴル侵略と一六九六年の康熙帝のガルダン遠征のことに触れており、この事件に関して康熙帝がハルハの王公をいかに厚く処遇したかを述べている。これはロミと同時代に起きた事件であり、彼にとって相当印象深かったと思われる。このあと奮勉して功績をあげたことを述べ、さらに次のように記す。

そのような故に今に至るまで代々厚き恩寵をお受けし、多くの聖者たちの恩寵を奉じた。高貴な公主、ゲゲ〔王女〕を与え〔られて〕国の姻戚となった。世代が交代し、官職を継承し、〔聖主を〕お守りする職責に至った。皆、尊い明るい世に生まれ、恒に聖主の恩寵を受けたことは、我がボルジギン氏の大いなる幸運と言えないであろうか。(I, 3r-3v)

ここでも清朝の支配者に対する感謝の念が語られている。『蒙古世系譜』が編纂された一七三五年は内モンゴルが清朝の支配下に入って一〇〇年を経過しており、その支配はすでに確固としたものになっていた。ロミは都統の地位を得ており、この文章は彼の清朝の皇帝に対する心からの帰依の気持ちを示したものと言える。

『蒙古世系譜』編纂の意図については一部先に紹介したが、次のようにも記している。

後の子孫等が先代の根源を知ろうとするなら、この檔子を広げて見る時につまびらかに知ることが出来て、家の伝統が遠く続くことを考えて、聖主の深い恩寵に頼って、誠実で、孝順であるように努めよ。誤ったり、散漫になるなどして私の真実により書いた思いに背かないように。これはまた私の大いに望むところである。(I, 4r-4v)

b、チンギス・ハーンと元朝皇帝の事績

『蒙古世系譜』もモンゴルの支配者はインドの王統に起源するという考えを支持している。それについては『アルタン・トプチ』に依拠しており新しい記述は見られない。チンギス・ハーンの事績についても同様で、またその記述も僅かである。ただチンギス・ハーン即位の際に国名をモンゴルと名付けたことについての記述は興味がある。

ハーンは壬午（一一六二）年生まれ、丙寅（一二〇六）年、四五歳のときに、多くの王、大臣等が大いに会盟して、九つの斿（はたあし）のある白い幢を立て、オノン河の源で即位したので、四方から奉じてきた貢物を受け取った。多くが皆帰属した。これより前、国号はバタ Bata であった。ここに至って始めて「モンゴル Mongγol」と号した。[mong というのは挫き征服し定めたという言葉。yol は中国 Dumudadu ulus を得て世界を統一し

たという言葉。」（I, 10v）

ここではチンギス・ハーンが即位したときに国号を「Mongγol」に変えたこと、また「Mongγol」の名の由来について解いている。「Mongγol」の意味についてのモンゴル知識人の見解としてはおもしろいが、モンゴルの名自体、チンギス・ハーン以前からあるものでその説明はほとんど意味をなしていない。なお「Mongγol」の意味についていろいろな説があり、いまだ定説はない。

『蒙古世系譜』に記されるオゲデイ・ハーンから元末の順帝トゴン・テムルまでのそれぞれのハーンの事績はすべて『元史』に拠っている。それも大体は本紀の記述を利用し、それを要約したものである。『蒙古世系譜』の特徴は、チンギス・ハーンから順帝トゴン・テムルに至るモンゴルのハーンの事績に関して、チベット仏教との関わりが一切記していないことである。もちろん『元史』本紀には皇帝とチベット仏教との関わりは記されていないので当然かもしれない。ただ他の年代記にはほとんど例外なくチベットの高僧がハーンの帝師になったということを記しており、ロミ自身そのことを知っていたはずで、敢えてそれを記さなかったのは、何か意図があったのだろうか。

c、元朝北遷からリグダン・ハーンまで

一三六八年、元朝の皇帝がモンゴリアに戻った時から一七世紀前半のリグダン・ハーンまでのモンゴルの歴史については、基本的にモンゴル年代記を利用している。どのような史料を利用したかは何も記していないが、『蒙古源流』と『アルタン・トプチ』、またそれらを多く利用して編纂した年代記を利用していると考える。詳しい説明は省略するが、『蒙古源流』にのみ、また『アルタン・トプチ』にのみ記されている記述が混在しているからである。この間のハーンの在位年数については一部相違はあるものの『蒙古源流』に近い。ただしハーンの生卒年、即位の年については全く記していない。ハーンの血縁関係については『蒙古源流』と同様の記述をしている。ただしダヤン・ハーンの子供についてはトロ・ボラトとウルス・ボラト、バルス・ボラトとアルス・ボラト、オチル・ボラトとアルチュ・ボラト、アル・ボラトとトロルトゥ公主がそれぞれ双子で生まれたと記されている点は（III, 2r）『蒙古源流』や『アルタン・トプチ』とは異なり、『アサラクチ史』、『シャラ・トージ』とほぼ同じである。

リグダン・ハーンが亡くなった後、その妃ソタイ太后が息子のエジェイ・ホンゴルと共に清朝（後金国）の太宗に降ったことは『蒙古源流』にも記されているが、『蒙古世系譜』はこれに関連して、他の年代記に見られない話を伝えている。

それよりリンダン・ホトクト・ハーンの二人の妃、ソタイ太后、ニヤンニヤン太后はハーンの長子エジェイ・ホンゴル、次子アブナイ・タイジを連れて移って来たとき、アルタン・エメゲンという地に到着し滞在した。次の日、出発するとき、マハーカーラ（大黒）仏をラクダに乗せよう、といろいろ努力して持ち上げても出来なかったために、二人の妃は仏に叩頭して祈り言うには、「仏よ、あなたを祖父の時代より祀って来ました。我々は今や力が尽きて如何なる方向に行くのか分からなくなりました。仏よ、慈悲を垂れるなら行くべき方向を我らに示してくれないでしょうか。」と祈り申し上げた。次の日早く見れば、南に向かせて祀った仏が東の方向に向いた。二人の妃は「直ちに東の方向に行けばよい。」と移動して行くと、トリ・マンハという土地に到着した。太宗皇帝が〔チャハル部の人を〕集め従わせるために派遣した四人の大臣が兵を連れて来るのに出会って降った。妃は〔伝国の〕玉璽をマハーカーラ仏と一緒に太宗皇帝に捧げ奉ったとき、マハーカーラ仏を奉天の西門の外に黄寺を建立し、また東の方向に向かせて祀った。エジェイ・ホンゴルを親王に封じたのち、国の公主を娶せた。後裔が無いために、その弟アブナイにまた公主を娶らせて親王に封じた。公主から生まれた子ブラニ（ブルニ）、ロブサン兄弟二人はチャハルの地に座したのであった。のちに背いたために討伐して滅ぼした。〔私ロミがチャンジャ・ホトクトに尋ねると、ブラニは今に至るまで死んでいないという。〕これよりリンダン・ホトクト・ハーンの後裔は絶えた。（III, 9v-10v）

ここに記されているリグダン・ハーンの死後のチャハルに関する話にはいくつかの点で興味がある。一つはリグダン・ハーンの死後、その妃であったソタイ太后とニヤン・ニヤン太后がマハーカーラ仏を持って清（後金国）の太宗に降伏した時、太宗は奉天Mukdenの西門の外に黄寺を建立し、そのマハーカーラ仏を祀ったという点である。この寺は現在の瀋陽にある実勝寺のことで、一六三九（崇徳三）年に太宗によって建立された。かつて実勝寺には本尊として、太宗がモンゴルを征服した際に得た金製の大黒天（マハーカーラ）仏が祀られていたが、現在では失われているという。この『蒙古世系譜』の記述はこれに相当する。もう一点は康熙一四（一六七五）年に起きたリグダン・ハーンの孫に当たるブルニとロブサンの反乱についての記述で、著者のロミがチャンジャ（チャンキャ）・ホトクト、すなわち内蒙古におけるチベット仏教界の最高の指導者が、ブルニが現在に至るまで死んでいない、と言ったということである。ブルニは反乱を起こしたが、それに対して康熙帝の命を受けたホルチン部の和碩額駙の沙津《シャジン》により鎮圧され、殺害されたことは疑いの無い事実である。この事件が起きてから半世紀以上も経過しているにも拘わらず、内蒙古におけるチベット仏教界の最高の権威者チャンキャ・ホトクトがブルニはまだ生きているとしたのは、源義経や明の建文帝のように、非業の死を遂げた者に対する共感と、モンゴルの嫡流であるチャハル王家こそやはりモンゴルの正当の支配者であると考えていたということであろうか。

d、チャハル王家とハラチン部の対立

『蒙古世系譜』が記している興味ある記述は、チャハル部とハラチン部とが対立し、ハラチン部が後金国（清朝）に降った経緯と、また一般のモンゴル年代記には記されていない、ジュンガルのガルダンのモンゴル侵略と、それに対する康熙帝の親征について記していることである。このうち前者のチャハル部とハラチン部との対立は、バルス・ボラト（ダヤン・ハーンの第三子）の第四子でハラチン部を継承したバヤスハル・コンドレン・ハーンの曾孫にあたるラスガブ Lasgab の時代、すなわち一七世紀初めに、ハラチン部とチャハルのリグダン・ハーンとの間に不和が生じたものであるが、これについて漢文テキストでは極めて簡単にしか記していないがモンゴル文テキストでは詳細に記している。

素よりハラチン国はチャハルと和合しなかった。バイホダイ・ハーンの孫ラスガブの時代に至ったとき、ボヤン・アハイ、チョクト（正しくは従弟、ロミの祖先にあたる）、ブルガト（チョクトの弟）ら兄弟たちは同意して、オルジェデイという名の者を使わして、「我々はマンジュ国と政治と教えを一つにして、努めて睦まじく暮らそう。」と太宗皇帝に申し上げたのをチャハルが聞いて、「ハラチンとマンジュ国が一緒になって会えば、〔我々に〕利とならない。」と、直ちにハラチンに出兵して互いに戦った。ハラチンの地からまたノミ・セチェンという者を奉天に使わした。太宗皇帝はトゥデイという名の使節をノミ・セチェンとともにハラチンの地に使わして、「お前達が〔私に〕降ろう、と言うなら、一人の良き者をトゥデイと一緒に遣わせ、」と命を降した時、ハラチンの地からウベリ・セチェンを派遣した。太宗皇帝は命により管旗将軍オドフン、キバ・ベイレ、アシ・ダルハン、ノムト・ジャルグチらを出して、ウベレイ・セチェンと共に天と地を祀って誓約させた。誓約する次第は、天に白馬を、地に黄牛を殺して一つの椀に酒、一つの椀に肉、一つの椀に血、一つの椀に乾いた骨、〔それらを〕飲み、天と地に確固とした言葉を述べて誓約したことは、「ハラチンがもしこの言葉に背いてマンジュ国に睦まじくせず、中国と以前定めたように勅書で恩賞を受けて交易をする以外に、こっそりと詳しい情報を届けたり、さもなくば、チャハル・ハーンの狡猾な計略に入るならば、天地は非難して、ハラチンの政権を執るラスガブ、ボヤン、チョクト、ブルガト、マンスル、スブディと言った者から、大小タブナンたちすべてに悪いことが及び、寿命は短くなり、この〔誓いをした〕血に等しき血が出て死んで、土に埋もれてこの〔誓った〕骨と等しき乾いた骨になるがよい。天と地に誓約した言葉に従って暮らせば、天と地は慈しんで寿命と福を長くして、子孫は千代に至るまで平和、安寧に暮らすがよい。」と言った。(III, 15-17v)

このハラチンの諸侯たちがチャハルと敵対し、後金国の太宗ホンタイジに降ったという話はロ氏『アルタン・トプチ』に伝えられているもの（Бира, 1990, 176a-b）と極めて似通っている。ただし異なっている記述も見られ、『蒙古世系譜』が『アルタン・トプチ』を利用したものとは思われない。『満文老檔』天聡二年にこれと関係する文章があり、特に後半のマンジュとハラチン（カラチン）が誓約したことについてほぼ同じ内容を伝えている。
〔天聡二年〕八月三日。カラチン国と講和について天地に誓った書の言。「我らマンジュ、カラチン両国が心を同じくして暮らすについて、天に白馬、地に黒牛を殺して誓約する。約束を守らずマンジュがカラチンに悪意を懐けば、天地はマンジュを非として、殃《わざわい》が至って寿命が短くなるがよい。天地に誓約した言を守って暮らせば、天地は愛しんで寿命を長くして我らの子孫は千世に至るまで安楽太平に暮らすがよい。」（『満文老檔』Ⅳ、太宗Ⅰ、一三八―一三九頁）

興味あるのは『蒙古世系譜』の方はハラチン国側がマンジュ（後金国、清朝）に対する裏切りをした時には罰を受けるとしているのに対し、逆に『満文老檔』はマンジュの方がハラチンに対して裏切りをした場合に罰を受けるとしていることである。これは『蒙古世系譜』がハラチン側の、また『満文老檔』がマンジュ側の、それぞれの相手に対して示した誓約を記しているためである。

e、清朝とジュンガル王国の対立

一七世紀末から一八世紀前半に編纂された年代記において、同時代の事件について記しているものは少ない。しかし『蒙古世系譜は』この時代に起きたハルハの内紛とそれに対するジュンガルのガルダンの介入、また康熙帝の親征に関して記している。

〔ゲレセンジェの七子の後裔は〕素より別々の国《ウルス》であった。順治の時代より中国と和平を結んで毎年使者を遣わして九白の貢を奉じて、互いに交易をして暮らした。後にジャサクト・ハーンとトゥシェトゥ・ハーンの二人が仲違いして出兵し戦う時、オーレトÖledのガルダンの弟ドルジジャブはジャサクト・ハーンのところに援護するために来たとき、トゥシェトゥ・ハーンの兵に殺されたために、ガルダンは恨みとしてその弟の復讐をしようと、兵を連れてきて、ハルハを大いに破壊した。ハルハのハーン、ノヤン等は次々と逃れて〔清側の〕歩哨兵の中に降ってきたのを聖祖仁皇帝は迎え受けて、恩養した。ドロン・ノールの地に会盟をして、ハルハの三ハーンの称号を元のようにして、他のノヤン等をすべて位によって王《ワン》、ベイレ、公《グン》、ジャサク、タイジとなして、旗《ホシグ》、ソムを編成して、審査して〔その長に〕即かせた。ハーン自ら大軍を率いてガルダンを討伐して滅ぼして、ハルハの者たちをもとの牧地に戻して、元通り大いに楽しませた。(III, 18v-19v)

ここには一六七〇年代から九〇年代に、ハルハで起きた大きな事件が極めて簡略に記されているが、目新しいものは何も記されていない。ただ多くのモンゴル年代記には一七世紀のハルハの内紛やジュンガル王国との関係についてはほとんど記されておらず、その意味でこの記述は特異なものである。ジュンガル王国はその後、乾隆二〇（一七五五）年から数年に亘る清朝の遠征によって滅亡するが、これは『蒙古世系譜』が編纂されるより後のことであり、当然そのことは記されていない。

『蒙古世系譜』は原典とされる満文や現存する漢文、蒙文のテキストの関係について不明な点が残されている。ただその内容は具体的に根拠を挙げてはいないものの、それ以前に編纂されたモンゴル年代記や『元史』などの漢文史料に基づいて記したもので、独自の記述はほとんど無い。しかしロミ自身の記している序文について紹介したように、その清朝に対する帰依の気持ちは極めて深いものである。それは一つにはチャハルのリグダン・ハーンの襲撃を受けて解体したハラチン部が清朝（後金国）の太宗の保護を受けて存続し得たこと、またそれ以来すでに一〇〇年以上も経過して、清朝の内モンゴルに対する支配が揺るぎないものになっていたためであろう。

三、『アルタン・クルドゥン・ミンガン・ケゲストゥ・ビチク』

（1）『アルタン・クルドゥン・ミンガン・ケゲストゥ・ビチク』とその著者について

この年代記は一七三九年に内モンゴル、ジャルート右翼旗のシレゲトゥ・グーシ・ダルマ Siregetü güüsi dharma によって編纂された。モンゴル語の正式な表題は Yisün jüil bölög-tü altan uruɣ-tan-u toda teüke altan yasutan-u sedkil-ün činggel buyu Altan kürdün mingɣan kegesütü kemekü bičig（『九種の章を持つ黄金の一族の明瞭なる歴史、黄金の骨持つ者たちの心の楽しみ、すなわち金輪千輻持つ者という書』）である（以下『アルタン・クルドゥン』と略称）。著者シレゲトゥ・グーシ・ダルマについては本文中に「ジャルート旗に生まれたウレムジ・ビリクトゥ Ülemji biligtü というダルマ Dharma である私は」と記されていることから（Heissig, 1958, facsimile, IV-21v）内モンゴル、ジャルート旗出身の僧であること、ウレムジ・ビリクトゥとも呼ばれていたことが分かる。また彼はフフホトにあるシレート召（寺）の住職の任にあったという（金岡秀郎、一九七六）。ハイシッヒの研究によれば、『ガンガイン・ウルスハル』の著者ゴムボジャブとともにチベット文『タンジュル（テンギュル）』のモンゴル語訳に従事したこと、また仏典の翻訳辞典である『メルゲト・ガルヒン・オロン』の編者の一人にも名を連ねている（Heissig, 1959, 125-137）。後者については先に紹介した『ガンガイン・ウルスハル』の著者、ゴムボジャブも同じ仕事をしている。

現在この写本は三種確認されている。すなわち一つはロシアの東洋学者パンクラートフが一九二五年に内蒙古で入手したもので、現在ロシアの東洋学研究所サンクトペテルブルク支部図書館に所蔵されている。五巻、一一八葉からなっている。プチュコフスキーにより、その二頁分が紹介されている（Пучковский, 1957）。冊子タイプである。第二の写本はデンマークの言語学者カール・グルーンベックが一九三八年に行った調査において、内蒙古のホルチン左翼後旗のオルドイ・ブリネバダラが一九三四年に書写したものを写真に撮ったもので、現在デンマークのコペンハーゲンの王立図書館に所蔵されている（コペンハーゲン本）。冊子タイプで六巻、九八葉からなり、ハイシッヒによりその写真版が公刊された（Heissig, 1959、以下に引用する『アルタン・クルドゥン』の文章は特に示さない限り、このハイシッヒの刊行したテキストに依る）。第三のものは一九五五年から五七年にかけて、内蒙古語言文歴史研究所（現内蒙古社会科学院）のメルゲンバートルが東トゥメト部の瑞応寺のラマから入手したもので、現在内蒙古社会科学院図書館に所蔵されている（内蒙古社会科学院本）。貝葉経タイプで、六巻、一〇九葉からなるが、第一巻、第二巻の中の計一一葉が欠けている。なおこの内蒙古社会科学院本には一七六七年あるいは一七七〇年に爵位を得たモンゴルの王公のことが記されているが、これは後世の書写者が書き加えを行ったものである（Čoyiji, 1987, 23）。またコペンハーゲン本と内蒙古社会科学院本に一部記述内容の違いが見られるが、後者の書写者が原典への書き加えと共に改変を行ったと考えられる。この写本は内蒙古社会科学院のチョイジにより活字本のテキストと注釈が公刊されている（Čoyiji, 1987）。『アルタン・クルドゥン』は分巻されているが、これについてはすでにふれたように、中国の著作物の影響を受けたと考えられる。

（2）『アルタン・クルドゥン』の内容

「アルタン・クルドゥン」は六巻からなるが、各巻の冒頭にその概要が記されている。まずその概要を紹介してみよう。

第一巻　始めは捧げの言葉、第二は器世界が定まったこと、第三は衆生が完成したこと、第四はインド、チベット、モンゴルの三〔国に〕ハン等の根源が先に広がったこと。

第二巻　チンギスの名と国を力あるものにさせたことと、〔チンギスが〕大位に即いて二二年経ったこと。

第三巻　チンギスから玉座を継承したジョチ、サガタイ（チャガタイ）とオゲデイと、トロイから順帝に至るまで、大元国の一六人のハーンと、昭宗皇帝ビリクトゥ・ハーンからリグダン・ホトクト・ハーンに至るまでの北にある唯一の元国を支配した二〇人のハーンが政治、教えをどのように助けたか。

第四巻　トロ・ボロト、バルサ（バルス）・ボロト、アルジュボロト、オチルボロト、アルボロト、ゲゲン公主、チン・タイジ、ゲレボロト、ゲレセンチェ（ゲレセンジエ）とこれら一〇人から分かれた旗と旗を支配したノヤン等の名、数とともに〔それらが〕どれほど多かったか、身分を持っていたか。

第五巻　ハサル、ベルゲトゥ（ベルグテイ）、ハチグ（ハチッギン）、オチュグン（オッチギン）の後裔、根源〔と彼らが〕大清国の省の王、ノヤン等となったこと。

第六巻　五色四夷国と九人の勇士、一〇万戸国の区別とともに、オイラト、オゲレトの概略史、ハサル・エジェンの〔後裔の〕国。

第一巻についてはすでに紹介した多くの年代記にみられるもので省略する。

第二巻は基本的にチンギス・ハーンの事績を記したものであるが、その始めにチンギス・ハーンの生誕について記し、その権威を一層高めるために釈迦との繋がりが強調されている。

如来が涅槃に入って二三〇〇年経った後、赤い顔を持つ者の地に尊き仏法が広まるだろうと予言したことと適合させて、父天、ホラ貝を守る者、チャガン・テングリの心の情面から南贍部洲の北東の方向に、この善劫（賢劫、現在世）の第四の時を支配する者、勝者釈迦は庚申三月新七日にスッダドナ・ハーン（浄飯王）とマハー・マーヤの子となり、ルンビニ園で母の右の脇の下からお生まれになって以来、二一二三年経つ時、共戴帝の黄金の一族、甘藷族の根源持つ能者釈迦の根源ある天の一族の根源もつボルジギン氏族、キヤト骨のイスゲイ・バートルの長子、チンギスという者になり、チンギス自身自らを帝釈天の子と言ったのである。（II, 2r-2v）

『アルタン・トプチ』や『蒙古源流』はもちろんインドの王統とモンゴルの王統との繋がりを記してはいるが、釈迦とチンギス・ハーンとの繋がりをこれほどストレートに記してはいない。もちろんチンギス自身がチベット仏教と関わりを持ったことは無いし、ましてや帝釈天と名乗ったこともない。

チンギス・ハーンにまつわる話は他の年代記の記述と比べて目新しいものは無いが、ただチンギス・ハーンに対する呼び方について興味ある文章がある。

人の父イスゲイ・バートルはテムジン、天の父はハス・タイボ（玉璽）、雲雀はチンギス（一一八九年にテムジンが即位した時、白い石の上に止まっていた雲雀がチンギス、チンギスとさえずったのでチンギス・ハーンと名乗ったという伝承に由来する）、白きソロンゴス国（朝鮮）はボグダ（聖者）、赤き中国は太祖法天啓運聖武皇帝 Tayizu čing tiyan gi yuwan sing u huwangdi、黒きチベットは強力なる人の中で最も力ある者 Sutu kümün-ü erked、黄色きサルタグルはチンギス・ハーン、蒼きモンゴルはグール・エジェン（普き主）、五色四夷国はテングリ（天）、もしくはテングリリク（天の如き）、現在の賢者は「全ての力の輪を回す者 Bükün küčün-ü kürdün-i orčiyuluγči」というように多いのである。（II, 9v）

この文章はチンギスに対する呼称が人、国によって異なるということで、「人の父イスゲイ・バートルはテムジン」というのは、チンギスの父イスゲイ（イェスゲイ）が彼をテムジンと名付けたということである。ただしいくつかの呼称についてはは根拠が不明である。

第三巻はチンギス・ハーンの後継者、モンゴル帝国、元朝（フビライよりリグダン・ハーンまで）の支配者の事績について記している。シレゲトゥ・グーシ・ダルマはこれを記すのに、多くの歴史書を利用したと記している。ただしその利用した史料の名は一部を除いて示してい

ないが、いくつかの記述から利用した史料が判明する。例えば長子ジョチについて、

大太子《タイジ》ジョチはトモク Tomoy（トクモク Toymoy）族の国にエジェンの命によりハーンに座した。ジョチの子はタウケ・ハーン、その子スルテ（スルタン）・ハーン。それから分かれ、その根源あるノヤンすべてをスルテ（スルタン）という。（中略）スルテの子はバートル・ハーン、それよりジェン・ゲル・ハーン、その子ハサク・ハーン。これより以降の者の名を知らない。（III, 2r）

と記しているが、これはまったく『シャラ・トージ』と同じである（Čoyiji, 1987, 155, n.3）。この他に『アルタン・クルドゥン』には『シャラ・トージ』にしか記されない文章が見られることから、シレゲトゥ・グーシ・ダルマはこれを利用した可能性が強い。例えばマンドハイ・ハトンが幼いダヤン・ハーンを伴ってオイラト遠征をしたときのこととして、オイラトを制圧したとき、マンドハイ・ハトンはオイラトに懲罰を与えて、

「自分のゲル（家）をオルド（宮殿）と言うな。オルゲ（örge~örüge 部屋）と言え。自分の髪の房を二本指より長くするな。あぐらをかいて座るな。肉を小刀で食べるな。口で噛みきって食べよ。アイラク（酸乳）をチェゲ（馬乳酒）と呼ぶな。」と法を定めた。オイラトは肉を小刀で食べることを乞うた。（III, 21r）

と記されているが、これは『シャラ・トージ』だけに記されている文（Шастина, 1957, 70）と

同じである。また弟、チャガタイの子孫とその分封地について、
親王チャガタイは白帽の回子国にハーンとなってジルケン Jirken（ヤルカン Yarkan）・ホタを支配した。その子アブダラ、イママフリ、アダルマーマド、クンゲル、テムルの五人の子のうちアブダラは父の座に、ハーンに座した（以下略）。（III, 2r）

と記しているが、これは『ガンガイン・ウルスハル』と全く同じである（本書三五七頁）。これらのことはシレゲトゥ・グーシ・ダルマが『ガンガイン・ウルスハル』も利用したことを示している。

『元史』が『ガンガイン・ウルスハル』や『蒙古世系譜』に利用されていたことはすでに述べたが、シレゲトゥ・グーシ・ダルマも漢語に通じていたことから『元史』を利用している。ただしそれによって歴史記述をするのではなく、モンゴル年代記の記述との違いを比較するために利用している。例えばフビライの後継者について次のように記す。

世祖フビライ・セチェン・ハーンにはチャムブイ・ハトンから生まれたドルジ、マンガラ、チンキム、ノモハンの四子がある。〔中国書に〔ドルジ、〕皇太子ジンキン、安西王マンガラ、北安王ノモハン、雲南王コンゴルチル、アヤジ・タイジ、西平王アグルクチ、寧王グンジュ、鎮南王トガン、フラト・テムル・タイジの一〇子があるという。〕まさにその『大元ウルスの書』（『元史』）に、皇太子ジンキン（真金）が先にお亡くなりになって、嫡孫

のテムルが三一歳の甲寅（正しくは乙未、一二九五）年にハン位に即いたと言ったあと、成宗欽明広孝皇帝オルジェイトゥ・ハーンと奉られ、一二年経って丁未（一三〇七）年の春の最初の月に大都でお亡くなりになった、と言っている。（III, 6v-7r）

一般にモンゴル年代記ではフビライの子は四子、すなわちドルジ、マンガラ、チンキム、ノモハンしか記されていないが、『アルタン・クルドゥン』は注釈の形（［　］の中）で中国書、すなわち『元史』巻一〇七、表二、元宗室世系表に記される、フビライの一〇子を対比して紹介し、さらにフビライを継いだ成宗オルジェイトの諡についても『元史』を利用して紹介している。ただこのように『元史』を利用したことを明確に示してはいるものの、その利用は極めて限定的であり、元朝皇帝の事績については『蒙古源流』など先行する年代記の記述と変わることはない。

『アルタン・クルドゥン』で特徴的なのは、ある歴史的事項について記したあと、別な伝聞がある場合に「ある歴史書に」という表現で注の形で紹介していることである。例えば順帝トゴン・テムルを継承した長子ビリクトゥ・ハーン以降のモンゴルの王統について次のように記している。

トガン（トゴン）・テムル・ハーンの長子、タイジ昭宗ビリクトゥ・アユシダラは大自在という丁丑（一三三七）年生まれ、その三四歳の庚戌（一三七〇）年にハン位に即いて、一〇万戸モンゴル国《ウルス》を支配し終えて、北にある大元国と言われたのち、唯一のモンゴル国のハーンという者となった。九年経ってその四三歳の時に報時という戊午（一三七八）年にお亡くなりになった。［ビリクトゥ・ハーン、彼にはある歴史書にマイダリ・ビラ Mayidari bila（買的里八剌）、タヤンブー・ヌー Tayanbuu nuu（天保奴）、テブー・ヌ Tebuu nu（地保奴）という三人の子があるという。ある一つの歴史書に Ei vang（益王）という者はこの中国名であろうか。］ビリクトゥ・ハーンの弟ウスハルは違越という己丑（一三四九）年生まれ、三〇歳の次の年、義成の己未（一三七九）年に大位に即いて、一〇年経って妙生の戊辰（一三八八）年にお亡くなりになった。［ウスハル・ハーン、彼をビリクトゥ・ハーンの子というのは父子の年と合わないようである。］（III, 12v-13r）

カギ括弧内が注であるが、この注は具体的に示していないものの『ガンガイン・ウルスハル』の記述を念頭に置いて記されている。前の注についていえば『ガンガイン・ウルスハル』にはビリクトゥ・ハーンの子として、注に記された三人の子が記されている（Пучковский, 1960 text, 23）。またあとの注は『ガンガイン・ウルスハル』の「（ビリクトゥ・ハーンが）お亡くなりになった後、翌年、己未年にその子ウスハル・ハーンが大位に即いた。」（ibid., 23-24）という記述に自身の見解を述べたものである。すなわち『ガンガイン・ウルスハル』ではビリクトゥ・ハーンとウスハル・ハーンを父子の関係とみているが、ビリクトゥ・ハーンの生年は丁丑（一三三七）年であり、年齢差が一二歳で両者の関係を父子とするのは不自然だ、としたものである。ちなみに『蒙古源流』ではやはり両者は兄弟の関係になっている。この頃の王統についてては議論のあるところであり、著者がこれについて意見を述べているのは興味深い。なおここに記される、報時、違越、妙生とはチベット暦の十干十二支の呼び方である。

この巻でその他興味ある箇所を紹介してみよう。まずダヤン・ハーンの名についてである。ダヤン・ハーンについてはすでに本書のいろいろな箇所で紹介しているのでそれ以上の説明を省くが、モンゴル年代記では彼は七歳のときに、マンドハイ・セチェン・ハトンと結婚し、彼女の推挙によってハーンに即位したとされる。一般にダヤン・ハーンのダヤンDayanは「大元」を指すと考えられているが、あとの時代の年代記においては違った意味でとらえている。『アルタン・クルドゥン』もそうである。そこには次のように記されている。

八白室の前で、「命は固く、政権は永遠に、道理は良き、すべての（dayan bügüde）ハーンとなるがよい。」とて、サイン・ダユン・ハーンという称号を奉って、大位に座らせた。

（III, 21r）

これによればダヤン・ハーンのダヤンDayanの語の由来は、「大元」ではなく「すべてのdayan bügüde」であるという。これは『シャラ・トージ』に記されていることを受け入れたものであるが、この時代にはもはやダヤン・ハーンの「ダヤン」の語源については忘れられてしまったのであろうか。

モンゴル最後の大ハーンと言われるリグダン・ハーンについてはいろいろな評価がされているが、モンゴル年代記の中で『アルタン・クルドゥン』はリグダン・ハーンの活動について最も詳しく記述している。ただシレゲトゥ・グーシ・ダルマはリグダン・ハーンがチベット仏教を保護したことを高く評価しているものの、その後半の活動に対しては批判の目を向けている。その全文を以下に紹介してみたい。

その子リンダン・ホトクトは数苑という壬辰（一五九二）年生まれ、その一三歳のとき、憤怒母という甲辰（一六〇四）年の次の年にハンに即いて、八オトク・チャハル万戸を左右各三万戸となし治めて、アバガ・ハラという名の山にチャガン・ホタ（白城）を建設して六万の堅固な兵により権力を手にし、力を完全にし、政権を掌握した。マイダリ法王ヨーガジャリから深き繊細な金剛乗の灌頂を受け、教えを助けて、その二六歳のときに、サキャのシャルバ・ダン・ジン・ホトクトの深き金剛乗、金剛珠の灌頂を受けて、〔彼に〕オチル・ダラ・ホトクトの称号を贈った。黄金の屋根を持つチャガン・スメ（白廟）を建てて、召シャカムニの像等を多く完成して、クンガ・オエセル訳者を始め三三人の賢き国師《グーシ》らにカンジュルをモンゴル語に翻訳させ、金字で書かせた。「リンダン・ホトクト・チンギス・ダイミン・セチェン、諸方の勝者、ダイタイスン、天の天、世界の帝釈天、転金輪法王」と有名になって、法王シャルバ・ダンジン・ホトクトを帰依処オチルダラとなし、クンガ・オエセル賢者《メルゲン》とマンジュシリ・バンディタ・グーシとシダト・アナンダ・グーシ二人をはじめ、賢者等を集めて敬って、右翼三万戸をチョロス・タブナン、左翼三万戸をシルグヌク・ドゥグレンにより支配させて、ノムン・アルスラン等の賢者、ノヤン等により政権を治めさせて、二人のソドナムをはじめ三〇〇人の勇士《バートル》により、政権を守らせ、イデル・アルスランとトゥルン・チダクチをはじめ政権の官吏等にその政治を行わせ、世界に政治と仏の教えを太陽の如く助け捧げているうちに、古の業《ごう》の力、輪廻の道理、時の気運、高いものがついに低くなり、集まったものがついに散る道理となったために、ハーンは突然、地の下から毒ある酒を得て飲んだことが原因となって、心に悪魔が入って、その政権には鉄を振り上げ、その一族には刃を持ち、やることは何をやっても誤り、真のことを何を言っても非難〔するようになり〕、その貴重なる大いなる政権を揺るがせ、そのすべての国たみを悲しませ、平和な政権を動揺させ、一般の国たみを苦しめ、平和にその六万戸を治めることが出来ず、学者、賢者らを外に追い出し、昔からの大臣、官吏等を責めて散らして、エケ・ダキニ・ホトクトを苦しめ我が儘に振る舞って、聖なる尊きラマを追い払って、その仏法を棄ててその六万戸を連れ、喜びあるチャガン・ホタ（白城）から移動した。チャハル万戸の国たみは望まなかったけれども時の力のためにどうしようもなく従って、チベットの地に牧地を営み、トゥメトのゲゲン・ハーンの教え、政権を殲滅したのち、黄河を渡って移動して、最悪の状況となったけれども総じて正気に返らず大いなる国たみは苦しみ従った。シラ・タラという名の地に到着したのち、理由無しに（事情不明で）お亡くなりになった。（III, 24r-26r）

内容的に一部内蒙古社会科学院所蔵本と異なっているが、根本的違いはない。前半はリグダン・ハーンの政治や仏教の保護活動について評価しているが、後半は「毒のある酒」を飲んだことから心に悪魔が入ったために、モンゴルの人々を苦しめ、また仏法を破壊するような行いをしたとしている。もちろんここに記されていることは必ずしも事実とは言えないが、リグダン・ハーンの活動に対するモンゴルの王公の反発が一〇〇年後になっても、依然として記憶に残っていたことを反映していると言えよう。

第四巻ではダヤン・ハーンの後裔たちの系譜と、清朝支配下のモンゴリアで彼らがどのような集団を支配しているかを記している。すでに紹介したように『蒙古源流』以降のモンゴル年代記にはチンギス・ハーン家の系譜が記されているが、『ガンガイン・ウルスハル』ではモンゴルの王公の系譜と共に、彼らがどのような集団を支配したかについても記されるようになる。『アルタン・クルドゥン』は『ガンガイン・ウルスハル』を踏襲しているが、さらに詳しい系譜を伝えている。これらは清朝時代に編纂された『欽定外藩蒙古回部王公表伝』などには記されていない人物の名も記されており、一七世紀から一八世紀前半のモンゴル史研究にとって貴重な情報となっている。延々と記されるその系譜は読み手にとってはやや退屈であるが、当時のモンゴルの王公とチンギス・ハーンやその他の祖先との繋がりが記されており、そのことは彼らにとって重要な意味を持っていたのと言えよう。残念なことにそれらの王公の活動についてはほとんど記されていない。僅かにアルタン・ハーンの活動、特にチベット仏教との関係について記されているが（VI, 7r)、極めて簡単なもので、『蒙古源流』、『アルタン・トプチ』に記されている内容を出るものではない。この他に外モンゴルのアバダイ・サイン・ハーンが外モンゴルにチベット仏教を導入したことについて『アサラクチ史』に依拠したことが記されている（IV, 17r)。これは『アサラクチ史』が早く内モンゴルにまで伝わっていたという点で注意される。

第五巻ではチンギス・ハーンの弟、ハサル、ベルグテイ（ベルゲテイ)、ハッチギン、オッチギンの後裔の系譜が記されている。特にハサルの後裔は内モンゴルにおいて一六旗を支配し、その数はチンギス・ハーンの後裔に次いで多いことから、かなり詳細な系譜が記されている。このハサルの後裔についてはその二四世孫にあたるホルチンの扎薩克和碩土謝図親王阿喇布坦《アラブタン》（康熙五九―乾隆二四年在位）の世代まで記されている（V, 3r, 14v-15r)。ベルゲテイの子孫はコペンハーゲン本ではアバガ部二旗については扎薩克多羅卓哩克図郡王七次襲の扎木巴勒扎布《ジャムバルジャブ》、扎薩克多羅郡王四次襲の索諾木喇布坦《ソノムラブタン》まで、またアバガナル二旗については扎薩克多羅貝勒四次襲の索諾木喇布坦、扎薩克固山貝子三次襲の班珠爾《バンジュル》までの系譜が記されている。これらはベルゲテイの二四世から二六世にあたる。なお『アルタン・クルドゥン』の内蒙古社会科学院本ではさらにこの後数世代を記している。例えばアバガ部扎薩克多羅郡王では第五次襲鼐布坦《ナイブダム》常忠 Naibdam kyab vang、またアバガナル部扎薩克多羅貝勒第七次襲車登扎布《チェデンジャブ》まで記されている（Čoyiji, 1987, 311-312）。しかし鼐布坦常忠は乾隆三一（一七六六）年に、また車登扎布は乾隆三五（一七七〇）年にそれぞれ爵位を承襲しており、『アルタン・クルドゥン』の成立年、一七三九年より後のことになる。このことは先にも述べたように、内蒙古社会科学院本の書写者が原典に書き加えを行ったためである。なお基本的な系譜は『ガンガイン・ウルスハル』に基づいている。

第六巻はモンゴリアの諸集団について紹介している。例えば年代記にしばしば登場する、いわゆる「九州、五色四夷国」について説明する。

それよりチンギス・ハーンが天命により南贍部洲の東の方向の一二のハーンの国を支配して、九州 yisün muji、五色四夷国となしたことは、中心はこちら側の七二アイマク、四〇万戸余りのモンゴル、中の大州。東の多くのアイマク、国は白きソロンゴス、キルゲトの二州。南の多くのアイマク、国は赤き中国、ビデグト、西の多くのアイマク、国は黒きタングート、タシク（タジク）の二州。北の多くのアイマク、国は黄色きサルタグル、

トモク（トクマク）の二州で九州である。（VI, 1r-1v）

モンゴルは「青」で表され、それで「五色」となるが、何故かここでは示されていない。この「五色四夷国」の内容は年代記によって異なっており、先に紹介した『チャガン・テウケ』やロ氏『アルタン・トプチ』でも別な記述になっている。例えばロ氏『アルタン・トプチ』では「九色の国はインド国は白色、女国は緑色、チベット国は黒色、高麗国は青色、扶桑国は黄色、犬国は褐色を持っている。斑国は一足国である。モンゴル国は黄色を持っている。」（Вира, 1990, 129a-129b）と記していて、他の年代記とはかなり違っている。

次いで興味あるのは明時代のモンゴルに存在した万戸についての紹介である。前章でも紹介したように、モンゴル年代記においては、モンゴル帝国時代のモンゴルは四〇万戸から成っていたとされ、元朝末の順帝トゴン・テムルが明に追われてモンゴリアに戻った際、三〇万戸は潰され、一〇万戸のみがモンゴリアに戻った、と記されている。このこと自体史実とはかけ離れているが、それに関連して記されている万戸の組織については一定の情報を伝えている。例えば一五世紀以降、モンゴルの大ハーンの根拠地となったチャハル万戸について、「チャハル万戸は、アオハン、ナイマン、ソニト、ウジュムチン、〔これらは〕山南の左翼四オトクである。ジョイト Joyid、ブルト Burud、アラク Alay、アラクチュート Alayčud、これらは山北の右翼四オトクという。」（VI, 2v）ただしこれは『ガンガイン・ウルスハル』の項で紹介したチャハル万戸の構成と比べてかなり異なるばかりでなく、誤りはより多い。万戸の制度はすでに崩壊して一〇〇年以上も経過しており、「八オトクから成るチャハル万戸」の記憶は残っていても、その実態については正確に伝わっていなかったのである。ハルハ万戸について「アラク Alay の一二フレー küriy-e というハルハ万戸、そのうち七オトクはアル（山北）・ハルハである。〔その構成は〕分からない。山南に居している五オトク・ハルハはジャルート、バーリン、ホンギラト、バユト、オジイェトの五つである。」（ibid.）と記しているが、「山南（内）ハルハ」についてはこれ正しい情報を伝えている。ただ山北（外）ハルハの七オトクについては知らないとしているが、編者が参考にしている『アサラクチ史』には記されており、このことについては合点がいかない。

最後にシレゲトゥ・グーシ・ダルマはやや長めの奥書を記して締めくくっているが、その中でこの年代記を編纂した意図を記している。その部分を以下に紹介しよう。

シレゲトゥ・グーシというダルマは、
氏《オボク》持つ者たちの尊きもの、満洲、元《げん》の氏持つ者たちの足の蓮華が堅固に、
国《ウルス》の尊き者大清国の政権が尊重され、
氏持つ者たちの尊きもの、黄金の姓持つ者たちの名、称号が尊重され、
姻族持つ者たちの尊きもの、満洲、モンゴルすべてが楽しむがよい、

すべてにより誠の国の政権が山々の力ある者のように堅固になって、
誠真なる教えが千の光を持つ者のように広がって、
誠の信仰を持つ者たちの根源が如意樹のように成長して、
誠の尊き道理によって存在するがよい、
すべてによりハン、チンギス・ボグダが生まれた壬午年から、
ハン等の根源が広がってより以来、
あらゆるものの主、乾隆帝の四年、
すべてに利益を施した己未年に至るまで、
五七八年経過して、
ダユン・ハーンが生まれて以来リンダン・ホトクト・ハンに至るまで、
二七四年経った、
その甲戌年より以来己未年に至るまで、
ああ、また五〇〇年経つときに、
アオハンの大王チョイムピル（垂木丕勒）と、
アティシャ・ベイレらから遡りチンギス・ボグダに至るまで、
同じく四一世経つときに、

仏の教えに利益をなしたハンらの由、
仏の教え、政権を支配したその根源を知るために、
仏の教え、信仰を望む者の便宜のために、
仏の教えを保護し広めることを意図して、
黄金の姻族らの明白な歴史、
黄金の姓持つ者たちの心の楽しみ、
アルタン・クルドゥン・ミンガン・ケゲストゥというこれを、
黄金や宝石のように慈しみ記した。(VI, 5r)

本文でも紹介したように、編者のシレゲトゥ・グシ・ダルマは先行する様々な年代記を利用しており、それらの年代記の記述内容や形式をかなり模倣している。その意味でオリジナルな記述はさほど多くなく、史料としての価値は決して高いものではないが、編者は随所に注釈を入れて、他の史料に記されている記述との比較を行っていることは、モンゴルにおける歴史編纂の発展という観点からは興味があると言えよう。なお『アルタン・クルドゥン』はその後のモンゴル人著作者の作品に多く利用されている。例えばスンパ・ケンポ・イェシェ・ペルジョル Sum pa mk'an po Ye śe dpal' byor の『パクサン・ジョンサン Dpag bsam ljon bzang』や

ラシプンスクの『ボロル・エリケ』、メルゲン・ゲゲンの『アルタン・トプチ』などである（Heissig, 1958, 16）。この点においても『アルタン・クルドゥン』はモンゴル年代記の歴史において重要な位置にあると見てよい。

第十一章　一八世紀後半のモンゴル年代記

一、『ボロル・エリケ』

一八世紀後半にもモンゴル知識人たちは多くの年代記を編纂し続けた。一七七四—七五年にはラシプンスクにより『ボロル・エリケ』（Dai yuvan-u Bolor erike bičig『大元の水晶の数珠』）が編纂された。編者ラシプンスク（Rasipunsuy、チベット語の bKra-shis phun-chogs、吉祥円満の意味）は内モンゴル、バーリン（巴林）旗出身で、ダヤン・ハーンの第五子、アルチュ・ボロトの後裔にあたる。父は乾清門行走であったバルジュルで、その第三子である。自らをバーリン将軍王旗、協理三等台吉と呼んでいる。その生卒年については不明であるが、一八世紀前半から後半にかけて活動したとみてよい。喬吉によれば一七七五年に、バーリン郡王バトの命により協理の任に就いたという。ラシプンスクは漢語、満洲語、チベット語にも通じ、一七七二年にはバトの命により、バーリン右旗にあった闡化寺 Soyor-i delgeregülügči süm-e の住持であったゲリクジャルサン・サイン・チョクト Geligjalsan sayin čoγtu の伝記、『シレゲトゥ・グーシ・チョルジの根源のラマ、ゲリクジャルサン・サイン・チョクト活仏伝』を著している（Čoyiji, 1983、Γalsang, 1994）。

『ボロル・エリケ』はモンゴル語文献としては比較的早くから注目され、そのテキストが公刊されている。すなわち一九二四年に、モンゴルのウラーンバートルのモンゴル国立史籍院（Mongγol ulus-un sudur bičig-ün küriyeleng）から公刊され、さらに一九二六年に北京の蒙文書社からその複写本が公刊されている。その後一九四二年に、内蒙古、四子王旗所蔵の写本が当時の蒙疆政府の援助により張家口から四冊からなる活字本として公刊された。さらにハイシッヒは四子王旗所蔵の写本の一部（その第一〇巻のみ）を写真に撮り、一九四六年に公刊した（Heissig, 1946）（以上、Mostaert, 1959）。その後モステールトは内蒙古、オルドスのウーシン旗の僧、ラクワ・ジャムサン所蔵の写本から書写したもの（A本）、同じオルドスのオトク旗の所蔵者不明の写本から書写したもの（B本）、そして張家口で公刊された活字本のファクシミリ版を合わせた三種のテキストを公刊した（Mostaert, ibid., 以下『ボロル・エリケ』からの引用はこれに依る）。また内蒙古社会科学院のフフオンドルはモステールトの公刊したオルドス写本（ウーシン旗本）を底本として、張家口版と一九四一年に書写された写本、その他の写本との校訂を行ったテキストを公刊している（Kökeöndör, 1985）。このフフオンドルの校訂本はその注釈で、モンゴル字で示された固有名詞について、もとの漢字を復原しており便利である。以下に紹介する『ボロル・エリケ』の引用文はこれを参照した。なおモステールトの公刊したウーシン旗本には第五冊（成宗、元貞元年から仁宗皇慶二年まで）が欠けているが、フフオンドルの校訂本はチャハル鑲黄旗のダミリンスルンが一九三九年に満洲語からモンゴル語に翻訳した『大元国史 Yeke Yuvan ulus-un bičig』（『元史』）から補っている。この『大元国史』は一九四三年に張家口の首席官公署（Terigün noyan-u ordo）から石印版で公刊されている（『中国蒙古文古籍総目』中巻、一四八六頁）。

著者ラシプンスクは最初にこの『ボロル・エリケ』が五つの内容から成ると記している。最初はモンゴル国の一般的なことを語る。第二はハーン等が出自した根源と、第三に大元の主要な歴史、第四にそれから後にそれを継承した王公たちを語り、第五に他の王公について語る。（part I, 39）

これらのうち第一部はモンゴルの古代、匈奴の起源、匈奴と秦漢との関係について、『資治通鑑』などを利用して記している（part I, 38-44）。ただし記述は極めて簡略である。第二部はモンゴルの王統がインドの王統に起源すること、それがチベットの王統に繋がり、さらにそこからチンギス・ハーンの祖先であるボルテ・チノア（チノ）が出自したこと、さらにボルテ・

チノアからチンギスの父イェスゲイ・バートルまでの系譜と簡単な事績が記されている（part I, 44-59）。この部分も記述は極めて簡単である。第三部、「大元国の主要な歴史」は、チンギス・ハーンから、一七世紀前半のモンゴル最後の大ハーン、リグダン・ハーンまでのハーンの系譜とそれぞれの時代の事績を記している（part I, 59 ~ part III, 174）。第四部は一五世紀末から一六世紀前半、モンゴリアを支配したダヤン・ハーンの一一子の後裔の系譜である（part III, 174-245）。第五部はチンギス・ハーンの子、兄弟の子孫の系譜と彼らの所領について記される（part III, 245-294）。

これらのうち第三部の元朝史に関する部分は全体の記述の九〇％余りを占めている。特に元朝皇帝の事績とその時代の事件に関する記述は『元史』、『資治通鑑綱目続編』など漢文文献を利用してかなり詳しく記されている。これは他の年代記には見られない特徴であり、この年代記に『大元のボロル・エリケ』という表題を付した所以でもある。

『ボロル・エリケ』の特徴の一つは、様々の事項、事件について、単にそれが起きた年を示すのではなく、それぞれのハーン（皇帝）の治世の第何年に起きたのかを示していることである。例えばテムジンがモンゴルを統一してハーンに即位したことについて次のように記している。

丙寅（一二〇六）年、太祖チンギス・ハーンの初年、宋国の寧宗皇帝の開禧二年、金国章宗皇帝、泰和六年の季冬（一二月）に、モンゴルのハルハ、〔バーリン〕、バユト、トゥメト、ホルチン、〔中略〕モンゴルジンのミンガン等々、またその他の従属する多くの部落の長すべてが集まって、テムジンの弟たちと、大臣らと同意して相談するには、「我らの主《エジェン》であるこのテムジンが生まれて以来、大いなる功徳を持ち、慈しみある規律と賢きこと、勇敢なることと荘厳なることなど、すべての徳が具わった故に、真に天から命を受けた主である。今や我らモンゴル国におけるすべてのハーンとなそう。」とテムジンに伝えて定めて、吉日を選んで、オノン河の源にオルドを建てたのち、九本の紐飾りのついた白い纛を立ててみんなでテムジンを招いて来たのち、テムジン自身、天と地と祖先を祀り叩頭して、堅固な幸運ある座にハーンとなり座した。(part I, 97-99)

南宋や金の年号まで付しているのはより年代を明確にするためであろうか。またはるか後のダヤン・ハーンに関連する事件について紹介すると、次のように記されている。

丁亥（一四六七）年、バト・モンケ・サイン・大元ハーンの初年。孟春（正月）にサイン・マンドハイ・ハトンはその三四歳のときに七歳のバト・モンケ・タイジを連れて八白室の前に行って、お祈りの言葉を申し上げた。(part III, 157)

戊子（一四六八）年、第二年、仲夏（五月）にサイン・マンドハイ・ハトンはその兵馬を整え用意して、その役人、兵士、勇者らを連れ、四オイラトを征討するために自ら出馬した。(ibid., 160)

癸巳（一四七三）、第七年、仲夏（五月）に、ハーンは勅を下して、ケルレン河にすべての国たみを集め大いなる会盟を施行し、勅により国政を混乱させたケリイェ、チャガン、モンゴルジンのウグレケイ、オイラトのイスマン、ウイグートのベゲレス、嘘つきホンホライ等を捕らえてすべて法により正して殺した。政権に奉仕したバートル・チンチン（チンサン）、ベスト・タブナン、シグシ、アラホ、テムル・ハダンなど多くの役人に称号を与えてダルハンとした。（ibid., 165）

これらはほんの一例に過ぎないが中国の歴史書の体裁を真似たものであることは言うまでもない。ただしここに紹介したダヤン・ハーン時代の事項と年代について、何を根拠としたのか明らかではない。

ラシプンスクはチンギス・ハーンからリグダン・ハーンまでを大元国 Dai Yuvan ulus と見なしているが、これを前後二期に分けている。

大元国の太祖聖《ボグダ》チンギス・ハーンの初年、丙寅（一二〇六）年から順帝が亡くなった己酉（一三六九）年に至るまで一四人のハーン、八代であった。全部で一六四年経った。これを前元国 Uridu Yuvan ulus という。昭宗皇帝アーユ〔ル〕シリーダラ・ハーンの初年、庚戌（一三七〇）年からリグダン・ホトクト・ハーンの最後の年、甲戌（一六三四）に至るまで二一人のハーン、一四代であった。全部で二六五年経った。これを後元国 Qoyitu

Yuvan ulusという。聖チンギス・ハーンの初年の丙寅からリグダン・ホトクト・ハーンの末年、甲戌年に至るまで、総計三五人のハーン、二二代、四二九年経った。(part III, 173-174)

この記述を見る限り、ラシプンスクには「元朝」がフビライ王朝であるという認識は無かったようである。チンギス・ハーン以来のモンゴル政権を「元朝」と総称している。またここにいう「後元国 Qoyitu Yuvan ulus」は元朝政権が明に追われたあとの政権について高麗が「北元」と呼んだものとは意味が異なる。

『ボロル・エリケ』の特徴の一つは著者ラシプンスクが様々な歴史的事項について、「ラシプンスクが思うには」、「ラシプンスクが見るには」「ラシプンスクが聞くには」などという表現で自分の見解を述べていることである。それは四〇カ所余りに及ぶ。その見解は時にかなり長文に亘っている。ここではチンギス・ハーンとダヤン・ハーンに関する彼のコメントについてだけ紹介してみよう。

チンギス・ハーンについてはその死に関するものである。丁亥（一二二七）年、孟秋（七月）己亥の日に六六歳で亡くなったこと、フビライの中統四（一二六三）年に聖武皇帝と追贈し、廟号を太祖とした、と記した後、『資治通鑑綱目続編』その他の史料に記されるチンギス・ハーンに関係する記述を紹介し（part I, 174-175）、次いでチンギス・ハーンの死についての伝説を紹介する（part I, 175-177）。

私、ラシプンスクが見るには、我がモンゴルのある歴史書に、チンギス・ハーンがタングート国のシドルグ・ハーンのグルベルジン・ゴア・ハトンを娶るために遠征してシドルグ・ハーンを捕らえた時に、シドルグ・ハーンが言うには、「私を殺すな。金星を捕まえて敵を無くし、彗星を捕まえて天災、饑餓を無くそう。」と言ったが認めなかった。射っても斬っても、傷つけられなかった時、〔シドルグ・ハーンが〕自ら言うには、「私の足の裏に三つに折り畳んだ縄がある。それで私を絞めて殺せ。」と言ったので、まさにその縄で絞め殺した時、シドルグ・ハーンは、「今私を絞め殺したことにより、お前の後裔が絞め殺されることになるがよい。」と呪った後、また言うには、「我がグルベルジン・ゴア・ハトンの爪から上を調べるがよい。」と言って死んだ。チンギス・ハーンはそれからグルベルジン・ゴア・ハトンを慈しんだために亡くなった、という。

これは『アルタン・トプチ』や『蒙古源流』などに記されている、チンギス・ハーンのタングート遠征時におけるタングートのシドルグ・ハーンとの争い、またその妃を娶ったことが原因で亡くなったという伝説（これについては第四章、著者不明『アルタン・トプチ』の項参照）を改めて記したものである。もっともシドルグ・ハーンの殺害方法が、縄 qosila（天幕の帯 qosilang）で絞め殺したと記しているが、『アルタン・トプチ』や『蒙古源流』ではミセリ（エジプト）刀で斬って殺したと記されている点で異なっている。また金星や彗星を捕まえて敵を無くし、天災を無くそう、という話も見られない。この伝説についてラシプンスクは次のような見解を述べている。

私（ラシプンスク）が思うには、チンギス・ハーンは小さい時から政権をうち立てて、多くの民のために凶暴、凶悪な者を取り除いて、四〇あまりの国を取ったのに、ただ一つタングート国をグルベルジン・ゴア・ハトンを娶るために遠征したというのだろうか。シドルグ・ハーンが金星と彗星を捕らえて、敵と天災、饑餓を無くすことが本当にできるというなら、先に〔それを〕捕まえて、敵も無く平和に暮らすのであるぞ。しかし自分の身が敵に捕らえられた後で、二つの星を捕まえることなどいかなる必要があろうか。もし敵と天災が金星と彗星のために起こることが本当なら、衆生の白と黒の行いも偽りとならねばならないこと、地獄にある非常に鋭い刀の林と、耐え難い冷たい嵐などまでも、また金星と彗星から生じたというのであろうか。またシドルグ・ハーンが先に死ぬことを恐れて、自分の命乞いをしたこと、また刀で殺すことが出来なかったのに、どうして自分の縄を教えてやったのか。もし生まれつき誠実な人であるので教えてやったというならば、そのように誠実であるならば、また自分の苦しみにより〔チンギスを〕呪うことはどうして相応しかろうか。その呪う時にまさにチンギス・ハーンの身体を呪えば〔それで〕終わったのか。後裔を呪ったことにより、それに如何なる利益が生じたのか。調べてみると、チンギス・ハーンの後裔で元朝のハーンたちのうち、敵に捕らえられて、絞め殺されたのは一人もいないのである。また呪ったことが真実であるなら、そのように恨んで呪ったのにどうして悪意を抱くことをまた何故話したのか。またモンゴルと中国の大きな歴史書に、〔チンギス・ハーンの〕第一四年、チンギス・ハーンは西方の国を征討したと言っていて、またお亡くなりになるより前に西夏国〔の王〕が自分の子を人質として与えず、西域諸国に〔遠征するとき〕援護しよう〔と言ったのに援護しなかったので〕征討したこと以外、タングートのシドルグ・ハーンの妃のため〔に征討した〕、と言ったことは無い。もしグルベルジン・ゴア・ハトンのためにお亡くなりになったことが本当ならば、中国の史書を編した賢者は詳しく記載するだろう。私（ラシプンスク）が検討して思うには、オゲレト、オイラト、タイチュート等の部は最初、聖《ボグダ》チンギス・ハーンに対抗したけれども、巨大な力に耐えることが出来ず降ったこと、後に元朝の政権が衰えるときに対抗して何度も戦った。彼らが復讐する考えで、必ずや中傷してこの史書を編纂したのだ。そのためただ有害なものとなし編纂したのだ。（以下略）

これはチンギス・ハーンがタングート遠征時に亡くなった事情を、タングート王のシドルグ・ハーンの妃、グルベルジン・ゴア・ハトンを娶ったことに原因がある、と言う伝承を事実ではないと批判したものであるが、ラシプンスクがそのような伝承はチンギス・ハーンに対抗して敗れた、オゲレト、オイラト、タイチュートらが元朝の衰退後に復讐するために悪意から編纂した、と考えているのは興味深い。

次にダヤン・ハーンの結婚についてのラシプンスクの見解を紹介しよう。これは故マンドゴリ・ハーンの妃であったマンドハイ・ハトンが七歳のバト・モンケと再婚し（一八五―一八七頁参照）彼をオルドスの八白室の前で即位させ、「サイン（良き）大元の主、バトモンケ・サイン・ダイユワン（大元）・ハーン・エジェンという称号を捧げた。」という文章のあとに記されている。

私、ラシプンスクが思うには、ある者が〔私に〕言うには、「お前は以前自分の継母らを娶ることを人の根源の道理に従って（もとると）非難した。今バトモンケ・ハーンがサイン・マンドハイ・ハトンを娶ったことをどう言うのか。」私は「その時に欲望が満たされた人々が淫らな権勢により行うことを言ったのだ。今サイン・ダイ・ユワン・ハーンはたった七歳の故に、欲望を享受する時ではないのである。サイン・マンドハイが淫らな欲望のためであるなら、招き求めた、少壮のノヤンボロト（ウネ・ボロト）のもとに行くだろうぞ。七歳の病気持ちの孤児のもとにどうして望んで入ろうか。この理由は、サイン・マンドハイ・エケは少し規律を破ることになることを取り合わず、聖《ボグダ》チンギスの黄金の一族を広げること、元朝の政権を絶やさないという大義の深い真《まこと》の孝順な心により行ったことはまことに明らかである。このようなために大義に従って、今、国政に大いに利益のある大いなる功績ある行いを成し遂げるとき、どんな小さな道理を犯すことになっても、尊き賢者らの意志にそれが罪になるとは見えない。それ故に周公が自分の二人の弟、管叔、蔡叔を法により正して殺して、周国の大政を安定させた。これはそれと意味が同じために、総じて欲望の力により、獣のように行う者と大いに異なるのである。(part III, 159-160)

ここで言う「自分の継母らを娶ることを、人の根源の道理から非難した」というのは、『元史』巻四四、順帝七に、至正一五年に、大斡耳朶《オルド》儒学教授の鄭咺《ていけん》が順帝(トゴン・テムル・ハーン)に上奏した建言についてのラシプンスクの見解が問題となっている。鄭咺の建言は次のようである。

蒙古は乃ち国家の本族、宜しく之を教えるに礼を以てすべし。而《しか》るに猶本俗に循《したが》い、三年の喪を行わず、又継庶母、叔嬸、兄嫂を収む。恐らく後世に笑いを貽《のこ》さん。必ず宜しく改革すべく、縄《ただ》すに礼法を以てせん。

これに対し順帝は何も言わなかった(「報《こた》えず」)という。これは北アジアの遊牧民の習慣として、父が亡くなったときには、子は自分の母以外の父の配偶者を娶ったり、また兄が亡くなったときには弟が嫂を娶ることが一般的であるのに対し、鄭咺が儒学者としてそのような習慣をやめ、中国的な礼に従うように進言したが、順帝は何も言わなかった、というものである。この記述に対しラシプンスクは自分の見解を述べ、

自分の継庶母、叔嬸（叔母）、嫂らを自分の妻となし娶る必要があるということは、ある一人の人が淫らな欲に迷酔して道義を破壊したことを、かえって無知な者らが〔それを〕我が国の古い法だと自らの口実としたが、モンゴルのハーンは皆に法として定めたことは全くない。これを多く語る必要が何であろうか。（part III, 45）

として、モンゴルのハーンは父の継母、叔母、嫂を、その配偶者の死後子供たちが娶るようにという法を発布したことはない、と批判したのである。ラシプンスクはここで古来からの遊牧民の習慣について賛成しないことを述べたにも拘わらず、マンドハイ・ハトンとバト・モンケ・ダヤン・ハーンとの婚姻については道理があると弁護したのである。これからみてもラシプンスクはかなり漢文化の素養を身につけていることが分かる。

ラシプンスクは一連の年代記と同様にチンギス・ハーン家の系譜を記している。ラシプンスクの所属するバーリン部の系譜も詳細に記しているが、それと共にバーリン部の首長が清朝のジュンガル遠征に従って功績をあげたことも記している。その一部を紹介してみよう。

王オルゴン Örgön（康熙四三（一七〇四）年バーリンの扎薩克多羅郡王となる）は康熙五五（一七一六）年に大将軍の命令を受けてジュンガルの賊を征伐するために大軍を連れ

出馬して、政権の業務に務め暮らすうちに、一〇年経って、戦地で病気によって亡くなった。王サンハルダンは康熙三三(一六九四)年、賊ガルダンを征伐するときに二等台吉スマディ、自分の叔父、協理一等台吉ラブタンと共に出馬して、ケルレン河まで行って、シヨウケ・ダミ・カシャという一人の賊を捕らえて戻ってきた。四三(一七〇四)年に協理となった。五五年、ジュンガルの賊を征伐する軍に出馬するときに二頭の馬を賜った。それより戦地に至って前鋒統領ルーチゲネと共に行ってサルボルト Salbortu という地で貝子、副都統ジャハチュと共にフワ・エリンチンのマンチュク・ウラガン・ハダ Mangčuy ulayan qada という名の地に徴を得て(足跡を残して)戻ってきた。五九(一七二〇)年、振武将軍フルダンの命に従って一〇〇人の兵を連れ偵察に行って、ソイラント・ハルタル Soyilantu qaltar という地から一人の賊を、サルボルトから二人の賊を捕らえた。それよりジョロ・クネル Jörö künerü という地に至って、賊のジャイサン・ベイグンとその所属の二五八人を打ち負かした。また自分の兄、額駙オルゴンと共に二二人の賊を捕らえた。

(Part III, 214-215)

こうしたバーリン部のジュンガルに対する軍事活動は、サンハルダンを継承したエリンチン(乾隆一三(一七四八)年、扎薩克多羅郡王に就任)についてもかなり詳細に記している。このようなバーリン部の軍事活動については『欽定外藩蒙古回部王公表伝』にも一部触れられているが（巻二八、伝一二、巴林部総伝）、これほど詳しくはない。その意味でこれらは『ボロル・エリケ』の中でも重要な記述の一つと言えよう。

二、メルゲン・ゲゲン『アルタン・トプチ』

一七六五年に内蒙古のウラト旗のメルゲン・ゲゲン Mergen gegen によって編纂された年代記である。多くの写本にはただ『アルタン・トプチ』という表題が付せられているが、ロシア東洋学研究所サンクトペテルブルク支部所蔵の写本には「Yeke mongγol ulus-un ündüsün-ü altan tobči tuγuji orosibai（『大モンゴル国の根源、アルタン・トプチという歴史』）」という表題が付けられている（Балданжапов, 1970, 16）。『アルタン・トプチ』としては著者不明のもの、ロブサンダンジンのものに継いで第三番目のものとも言えるが、内容的にはかなり異なっている。一般にメルゲン・ゲゲンの『アルタン・トプチ』と呼ばれている。

著者メルゲン・ゲゲンの本名はロブサンダムビジャルサン Lobsangdambijalsan である。彼の活動とその時代については種々の説が出されているが、ナランバト（Naranbatu, 1997）の研究によると、彼は一七一七年にウラト中旗のロブジャン Lobjang の子として生まれ、五歳で一七二一年にウラト西公旗（前旗）のメルゲン廟（広法寺）の第三代座主に就き、一七六六年五月に五〇歳で病死したという。すなわち彼はチンギス・ハーンの弟ハサルの後裔にあたる。

メルゲン・ゲゲンの号はメルゲン廟の座主になったことによる。彼はそこで多くの師に学んで仏教の経典に習熟し、五明に通暁し、さらにモンゴル、チベット、サンスクリット、満洲、漢の文字、言葉をマスターしたという。

メルゲン・ゲゲンの『アルタン・トプチ』のテキストについては早くポズドネーフがその一部（第一六章―二五章）を公刊した（Позднеев, 1900, 126-148）。戦前、江実はメルゲン廟から得たMergen gegen tan-u jokiyaysan altan tobči kemekü sudur orosibaiという写本を油印本で出した。この油印本は講義用の五〇葉からなっているという（小林高四郎、一九四二、一八〇頁）。小沢重男（一九五四）はこの江実による油印本とポズドネーフの公刊したテキストを比較し、これが同じもの、すなわちメルゲン・ゲゲンの『アルタン・トプチ』であることを確認し、そのテキストの比較を行っている。またこの年代記が一七五六年に編纂されたものであることを指摘している。メルゲン廟のテキストはその後一九四二年に張家口の主席官分署（Terigün noyan-u ordo）の印刷所で活字印刷された。さらにレニングラード（現サンクトペテルブルク）大学所蔵の写本をインドのラグ・ビラが活字で公刊した（Raghu Bira, 1963, 1-107）。次いでブリヤートのモンゴル学者バルダンジャポフは同じテキストをロシア語の訳注を付して、ファクシミリ版で刊行した（Балданжапов, 1970）。さらに中国、内蒙古の斉木徳道尓吉、孟和宝音、格日楽らは一九四二年の張家口本を活字版テキストとそのローマ字転写、漢訳と注を付して刊行している（Čimeddorji, Mönkebuyan, Gerel, 1998）。
著者メルゲン・ゲゲンやこの『アルタン・トプチ』についての研究は近年中国、内蒙古において盛んに行われている。とりわけナランバトを主任とする『梅日葛根研究《メルゲン・ゲゲン》』編集委員会によって多くの研究集が刊行されている（Mönke, 1995, Naranbatu, 1997）。
メルゲン・ゲゲンは序文でこれを編纂した理由について、
チョクト・イテゲル・ホトクト・エルデニが言うには、簡略なる内容を大になして見て、聞かせ捧げることを、聞く者が望むために、始めて諸々のことを語れ、と言ったこと、カシュミールのバンディタ・サラン・バジャルが言うには、すべての書、論であっても、如何なる言葉、行いであっても、そのことを語らなければ、それらを如何なる人が用いようか、と言ったため。（Čimeddorji, Mönkebuyan, Gerel, 1998, 2）
と記している。また、
最初の器世界と情世界が完成したこと、衆生の中から人衆生に四つの根源（カースト）となったこと、四つの根源の中でハンの根源が誰から始まったか、どれ程の国、どれ程の代が続いてきたか、世代間に姓氏がどのように称してきたか等のことを知ること、特にジャド（Jad、正しくはJada、モンゴルを指す）のハーン、ボルテチノアが本来のハンの根源から起きたことを知ること等々、知ったことを口実に、上は祖先を輝かすこと、下は子孫

たちに残すことになれば吉祥は増し、仏の教え、政権は栄える。(ibid., 2-3)

とも記している。これに続いてこの年代記の表題について、

ハンらの根源の書を編纂するときに、この書の名は、インドの言葉でSuvarna sūtra nama、チベットの言葉でgSer kyi mdo shes ba、モンゴルの言葉でAltan tobčiというのである。(ibid., 3)

と述べている。ここに記されているそれぞれの言葉はいずれも『黄金史(書)』を意味する。これにより著者の付したこの年代記の表題はただ『アルタン・トプチ』というものであり、これ以外の、先に紹介したいくつかの表題は後の書写者によって付けられたものであることが分かる。

年代記の構成は二部、三三章からなっている。そのうち第一部(第一章—第一五章)は序章(第一章)、世界の創造(第二章)、人衆生が出現した経緯(第三章)、インドの王統(第四章—第七章)、チベットの王統と仏教、チベットと唐との関係(第七章—第一五章)について記している。第二部ではモンゴル部の祖ボルテチノア(ボルテ・チノ)からテムジンとその兄弟の生誕(第一六章—第一九章)、ハサル、オッチギンの活躍(第二〇章—第二一章)、チンギス・ハーンによるケレイトのワン・ハン、ナイマンのタヤン・ハンらの討滅、西夏征服とその死(第二二章—第二五章)、いわゆる明代モンゴルの王統(第二五章—第二六章)、ハサルの後裔の系

譜（第二七章—第三二章）、結語（第三三章）のようになっている。

この『アルタン・トプチ』には他の年代記には見られない多くのユニークな文がみられる。例えばそれは伝説上のモンゴルの祖、ボルテ・チノ以来イェスゲイ・バートルまで彼らが何歳で子供を儲けたか、また中国の年号でそれがいつかを記していることである。例えば、

ボルテチノアの二九歳の〔時の〕子がバタチ・ハン、唐国の徳宗の貞元二（七八六）年の丙寅年に生まれた。（中略）バタチ・ハンの二三歳の〔時の子が〕タマチ・ハン。（ibid., 41）

と記している。また『アルタン・トプチ』の編纂年代と併せて、チンギス・ハーンの直接の祖先とされるボドンチャルの生年についても次のように記す。

ボドンチャルが生まれた年は宋国の高祖、開宝三年、丙午（正しくは庚午、九七〇年）年、それから現在の乙酉（一七六五）年に至るまで一三〔回〕の六〇年が経過して〔さらに〕一六年が経過した。（ibid., 42-43）

さらにイェスゲイ・バートルが三七歳の時にテムジンが生まれたと記している（ibid., 49）。これら一連の記述は何に基づいたのかは分からないがいずれも信ずるに足るものではない。しかしこれらの文からも分かるようにメルゲン・ゲゲンは中国の史書にも通じていたことが伺われ、歴史的事柄についてはそれが起こった年代を記すべきであると考えたに違いない。そこに示された年代は荒唐無稽なものであるにせよ、メルゲン・ゲゲンの歴史意識を知る上で興味深

い。

興味あることはオゲデイ・ハーン以下順帝トゴン・テムル・ハーンに至るまでのモンゴル帝国、元朝のハーンの名も事績も全く記されていないことである。またそれ以降のモンゴルの歴史事実についてもほとんど記されず、他の年代記とかなり性格を異にしている。その代わりにメルゲン・ゲゲンの祖先であるハサルの事績、功績については随所に記されている。一カ所だけ紹介してみよう。チンギス・ハーンがモンゴリアを統一し、ハーンに即位したことについて次のように記している。

丙寅（一二〇六）年に、モンゴルの部族すべてが会盟して、白纛を立て、オノン河の源にテムジンをハーンとなし、チンギス・ハーンという称号を奉った。ベクテル、ハサルらを王にした。簡略に言えば、ハサル聖者《ボグダ》は一五歳から始めて、諸方に適切に遠征し、四つの異部族《アイマク》（国）をその力に降し、凶悪な者を滅ぼし、正義の者らを安寧にし、多くの部族、氏族すべてを平和、調和あるものになした。元朝の政治をうち立てた行いの大いなる力の源はハサル聖者から出た故に、天のように高く、地のように広大になったのである。曰く、〔ハサルの〕力、知恵は極限に至り、法に適った規律、慈愛はすべて完全になって、勝者であるその聖者《ボグダ》の大いなる名声に対し、民、後裔たちは皆で孝順を捧げよう。(ibid., 61)

これによればチンギス・ハーンが世界を征服したのはハサルの尽力によるものであり、また元朝政権の根源もハサルの力に依るものであったという。数ある年代記の中でこれほどハサルを賞賛しているものは他にない。すなわちメルゲン・ゲゲンはチンギス・ハーン家の嫡系のハーンの事績にほとんど関心が無く、自分の祖先であるハサルとその後裔の事績に強い関心を持ってこの年代記を編纂したのである。

三、『アルタン・ナプチト・テウケ』

『アルタン・ナプチト・テウケ Altan nabčitu teüke』とは「金の葉を持つ歴史」の意味である。正式な表題は Mingyan altan kürdü orčiyuluyči tsakravad-un qayan-u Altan nabčitu teüke（『転千金輪王、金の葉を持つ歴史』）である。この年代記には編者も編纂年も記されていない。『アルタン・ナプチト・テウケ』について詳細に紹介したのはハイシッヒであるが（Heissig, 1959, 191-194）、彼はこれが外モンゴル、ハルハの年代記であること、またその成立年代について、ハルハのサイン・ノヤン部にオゲレト Ögeled 二旗が編入されたことが記されていて、それが一七六一年のことであり、またこれ以降の出来事はこの年代記に記されていないことから、この年代記がおおよそその頃に編纂されたとみている。またここに記されている内容は新しいものは無く、また記述内容には多くの誤りがある、とも指摘している。

大体の内容は、器世界の成立から人衆生の誕生、インドの王統、チベットの王統、チンギス・

ハーンの祖先、チンギス・ハーンからリグダン・ハーンまでのモンゴルの王統、ハルハの王公の系譜、ハルハにおけるアイマク、旗の起源について、などである。他の年代記と比較すると記述量が少ない。またハーンの在位年代、年数などは『蒙古源流』や『シャラ・トージ』の示している数値とほとんど一致していて、それについてはこれらの年代記を参照したことが伺われる（森川哲雄、一九八一）。『アルタン・ナプチト・テウケ』に記されているハルハの王公の系譜も極めて簡略であり、多くはアイマクや旗の創設に関わった者が記されているだけである。ただこれについてはモンゴリア東部にあったセチェン・ハン部に関するものがやや詳しく記されている。なおこれらハルハの王公の個人的事績についても何も記されていない。

このように『アルタン・ナプチト・テウケ』は史料的な見地からみてさほど取り得のある年代記とは言えない。しかし興味を惹くのはこの年代記の写本の一つに他の年代記と異なった記述形式が見られることである。この年代記の写本は現在モンゴル国、ウラーンバートルにあるモンゴル国立中央図書館に四本所蔵されている（Жадамба, 1963, 7-8, 184）。これら四本の写本のうち、ハイシッヒがその四頁分の写真を紹介している写本が興味あるものである（Heissig, 1959, Tafel VIII, IX）。この写本は冊子体で九葉、一八頁からなり、表紙に Altan nabčitu teüke と記されている。おもしろいのはこの写本の葉の繋がりが上下、縦になっていることである。つまり普通のモンゴル文写本は縦文字で左から右に行が進み、左葉から右葉に頁が進む

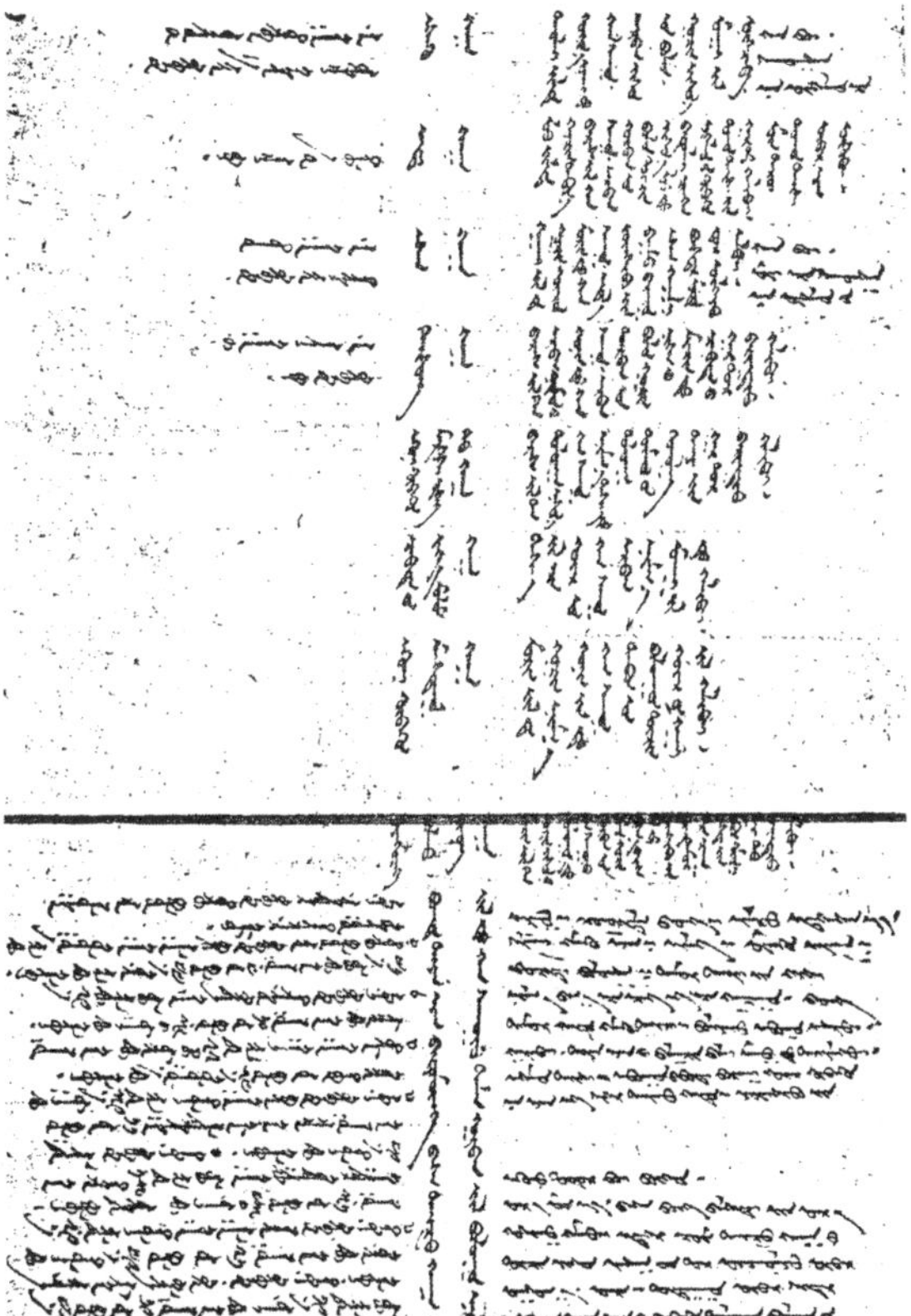

『アルタン・ナプチト・テウケ』

が（その点で漢籍や和本とは逆である）、この写本は開くと頁が上葉から下葉に続くようになっている。そして二ａ葉から八ａ葉までボルテ・チノア以来ハルハの始祖ゲレセンジェに至るチンギス・ハーン家の系譜を頁の中心に記し、その両側に、縦書き、横書きでそれぞれのハーンの事績を箇条書きにして記している。またそれらハーンから生まれた子についても記されており、かなり変形はしているが系図のようになっている（前頁写真参照）。つまり『アルタン・ナプチト・テウケ』のこの写本は冊子体ではあるが、ハルハの王公たちにとって自分たちとチンギス・ハーンやフビライとが血縁的に繋がっていることを容易に見ることが出来るようになっている。ただ『アルタン・ナプチト・テウケ』のすべての写本がこのような系図的形式を取っているわけではない。その他の写本は一般の年代記と同じような綴じ方で左葉から右葉に頁が進むようになっており、また普通の文章による記述をしている。その内容も先に紹介したように簡略ではあるが他の年代記と同じで、例えばチンギス・ハーン家と関係のない四オイラトのオゲレト（エールト）の起源なども記している。これらのことはもともと普通の文章で記されていたものが、ハイシッヒの紹介した写本の書写者（あるいはその元になった写本の書写者）によって、チンギス・ハーン家の中心人物を軸に、系図仕立てに書き直された、とも考えられる。いずれにせよこうした形式の年代記はほとんど無く、モンゴル年代記の中で特異なものである。

おわりに

モンゴル年代記は『元朝秘史』を始まりとするが、その編纂年代がいつであるかという問題はさておいて、そのあとに続くものは数百年という年代を経て、一六世紀後半になってようやく現れた。この点については第二章でも触れたように、一六世紀後半にチベット仏教がモンゴリアに再び入ってきたことと、それに伴って多くのチベット語文献が流入してきたことと無関係ではない。一四世紀後半の、元朝政権のモンゴリアへの移動とその後の長期間の政治的混乱は、史料の保存という点に関しては最悪な状況であったと言わざるを得ない。この間、モンゴル人自身の残した記録は皆無に近い。しかしながらこのことはこの間のモンゴル人が自らの歴史について関心が無かったということを意味するものではない。困難な状況下にありながらも、この時代のモンゴル人は自分たちの歴史についていろいろな形で伝えてきたのである。それらが基礎となり、一六世紀後半以降のモンゴル年代記編纂を可能にしたことは言うまでもない。

本書で紹介したように、年代記に記されている事柄には、現在の我々の歴史的感覚からみれば到底受け入れ難いものが多い。もちろん年代記作者は決して架空の歴史を書こうとしたのではなく、作者自身の歴史意識によって、事実と考えることを基礎に書いてきたことは疑いない。モンゴル史研究においてこれらモンゴル年代記は重要な史料であり、そこに記されている事柄のどれが真実でどれが誤りであるかを判断し、それに基づいてモンゴルの歴史を再構築することは当然のことである。しかしモンゴル年代記に記されている、伝説や根拠の乏しい記述を、単に現在の歴史学研究の立場から荒唐無稽なものとして捨て去ることは出来ない。何故なら、それらは当時のモンゴルの文化状況を知る重要な手がかりを与えてくれるのであり、また当時のモンゴル知識人の歴史に対する意識がどのようであったのかをも伝えてくれるからである。

モンゴル年代記の主要な内容は、一つはモンゴルの歴史の記述である。しかしモンゴルの歴史と言っても基本的には支配者であるチンギス・ハーン家の動向を中心とした歴史である。そしてチベット文化、チベット仏教の受容により、モンゴルの王統がチベットからさらにインドの王統にまで繋がっている、という考え方が出されると、ほとんどの年代記はこれを受け入れるようになった。このことは清朝の支配がモンゴリアに浸透していく中で、チンギス・ハーン家の権威を保つ役割をある程度果たしたと言える。

これと共にチンギス・ハーン家の系譜もモンゴル年代記の重要な柱となっている。チンギス・ハーンやその弟たちの後裔は清朝治下のモンゴリアにおいても支配者の地位を保持し続けたが、彼らとその祖先がどのような系譜的繋がりを持っているのかは重要な関心事であった。また清朝支配下においてチンギス・ハーン家の者たちは彼らの一族がどのような広がりを持っていたのかも重要であり、多くの年代記は相当量のスペースを割いて、作者の時代までの系譜を詳細に記している。彼らにとってモンゴル年代記は系図の役割を果たしているのである。

本書の中でも触れたように、時代が経過するにつれてモンゴル知識人の言語能力、文献に対する知識も拡大していった。当初チベット語文献との出会いにより、チベット語の習得により年代記の中にチベット語文献からの引用が見られたが、のちに漢語の習得により漢語文献が多く引用されるようになっている。特に一八世紀以降の年代記にその傾向が著しい。

本書で紹介したモンゴル年代記は一八世紀までのもので、一九世紀に編纂されたものについてはほとんど触れることが出来なかった。年代記の編纂は一九世紀においても続けられ、多くの作品が残されている。例えばジムバドルジ『ボロル・トリ』(一八三四―一八三七)、イシバルダン『エルデニイン・エリケ』(一八三五)、ゴムボジャブ『ソボド・エリケ』(一八三五)、外モンゴルのガルダン『エルデニイン・エリケ』(一八四一)などがある。この他カルムイクやブリヤートにおいても多くの年代記が作られている。これらもモンゴル年代記の範疇に入るが、それらについては全く触れることが出来なかった。それについてはまた機会があれば紹介したいと考えている。

参考文献

日本語文献

石濱裕美子、一九八六、『西蔵仏教宗義研究』第四巻、福田洋一と共著、東京、東洋文庫。

井上治、一九九二、「『チャガン・テウケ』の2つの系統」『東洋学報』七三—三・四、〇一—〇二四頁。

井上治、二〇〇二、『ホトクタイ＝セチェン＝ホンタイジの研究』、東京、風間書房。

稲葉正就、佐藤長（訳）一九六四、『フゥラン　テプテル』、京都、法蔵館。

植村清二、一九五五、「元朝秘史小記」『東方学』一〇、一〇八—一一九頁。

ウラディーミルツォフ、外務省調査部（訳）、一九四一、『蒙古社会制度史』、東京、生活社。

ウラディーミルツォフ、小林高四郎（訳）、一九四二、『チンギス・ハン伝』、東京、生活社。

恵谷俊之、一九六五、「元史の「角瑞」説話とその背景」『仏教大学研究紀要』四八、四七—六二頁。

岡洋樹、一九九四、「殿版『蒙古源流』とツェングンジャブ」『アジアにおける国際交流と地域文化』平成4—5年度科学研究費（総合研究A）研究成果報告書、四二—四七頁。

岡田英弘、一九六五、「シャムバ撰（パリンライ編）アサラクチ・ネレト・テウケー新出の一蒙文年代記」（書評）『東洋学報』四八—二、一一四—一一九頁。

岡田英弘、一九六八、「順帝悲歌の源流」『アジア・アフリカ言語文化研究』一、一一一—一二五頁。

岡田英弘、一九七四、「ドルベン・オイラトの起源」『史学雑誌』八三—六、一—四三頁。

岡田英弘、一九八五、「元朝秘史の成立」『東洋学報』六六—一-四（合併号）、一五七—一七七頁。

岡田英弘、二〇〇四『蒙古源流』、東京、第一書房。

小沢重男、一九五四、一九五九『Altan Tobči（黄金の史綴）研究』（1）、（2）、東京、東京外国語大学論集別冊3、4。

小沢重男、一九八四—一九八六、『元朝秘史全釈』上、中、下、東京、風間書房。

小沢重男、一九八七—一九八九、『元朝秘史全釈続攷』上、中、下、東京、風間書房。

小沢重男、一九九四、『元朝秘史』（岩波新書）、東京、岩波書店。

小沢重男、一九九七、『元朝秘史』上、下、（岩波文庫）、東京、岩波書店。

金岡秀郎。一九七六、「『メルゲッド・ガルヒン・オロン』研究序説―清代モンゴルにおける仏典翻訳に関する一資料―」『大倉山論集』第二〇輯、一五一―一七七頁。

金岡秀郎、一九八七、「清代モンゴル翻訳文献概史―『メルゲッド・ガルヒン・オロン』成立の背景」『大倉山論集』第二一輯、一九五―二三〇頁。

江　実、一九四〇、『蒙古源流』、東京、弘文堂。

小林高四郎、一九三九、『アルタン・トプチ（蒙古年代記）』、東京、外務省調査部。

小林高四郎、一九四〇、『蒙古の秘史』、東京、生活社。

小林高四郎、一九四一、『蒙古黄金史』、東京、生活社。

小林高四郎、一九五四、『元朝秘史の研究』、東京、日本学術振興会。

佐藤長、一九八六、『中世チベット史研究』、京都、同朋舎出版。

田村實造、一九六二、「殿版蒙古源流について」『岩井博士古稀記念典籍論集』東京、同記念事業会、三五八―三六八頁。

ドーソン、佐口透（訳）一九六八―一九七九『モンゴル帝国史』1―6、東京、平凡社。

中見立夫、二〇〇〇、「盛京宮殿旧蔵「漢文旧档」と「喀喇沁本蒙古源流」―史料の再検証―」『近代中国東北における社会経済構造の変容』（基盤研究A研究成果報告書）、九二―一一〇頁。

那珂通世、一九四三、『成吉思汗実録』、東京、筑摩書房。

ハイシッヒ、田中克彦（訳）、一九六七、『モンゴルの歴史と文化』、東京、岩波書店。

服部四郎、一九五一、「元朝秘史音訳本原本原典派八思巴本説について」『言語研究』二一、一二一―一二三頁。

バンザロフ、白鳥庫吉（訳）、一九四二「黒教或いは蒙古人に於けるシャマン教」『北亜細亜学報』第一集。

藤岡勝二、一九四〇『喀喇沁本蒙古源流』、東京、文求堂。

満文老檔研究会、一九五九、『満文老檔』Ⅵ、太宗Ⅰ、東京、東洋文庫。

村上正二（訳）、一九七〇―一九七六、『モンゴル秘史』1―3、東京、平凡社。

村山七郎、一九五五、「元朝秘史蒙古語の研究」『内陸アジアの研究』（ユーラシア学会報告）3、八五―一二三頁。

森川哲雄、一九七六、「チャハル・八オトクとその分封について」『東洋学報』五八―一・二、一二七―一六二頁。

森川哲雄、一九八一、「アルタン・ナプチト・テウケ Altan nabčitu teüke について」『モンゴル研究』一二、一―三一頁。

森川哲雄、一九八七、『アルタン・ハーン伝の研究』福岡、私家版。

森川哲雄、一九九五、「蒙古源流の写本とその系統について」『アジア・アフリカ言語文化研究』50、一―四二頁
森川哲雄、二〇〇二、「17世紀から18世紀初頭のモンゴル年代記について―特に『蒙古源流』と『シャラ・トゥージ』との関係を通じて―」『東洋史研究』六一―一、*pp.1-33.*

箭内亙、一九三〇、『蒙古史研究』、東京、刀江書院。

楊海英、二〇〇四、『チンギス・ハーン祭祀』、東京、風響社。

吉田順一、一九六八、「元朝秘史の歴史性」『史観』七八、四〇―五六頁。

吉田順一、一九七四、「ロブサンダンジンの『アルタン・トプチ』と著者不明『アルタン・トプチ』」『史観』八九、六〇―七六頁。

吉田順一、一九七八、「『アサラクチ・ネレト・イン・テウケ』と『モンゴル秘史』」『日本モンゴル学会会報』第九号、五―一七頁。

吉田順一編、一九九八、『〝アルタン・ハーン伝〟訳注』、東京、風間書房。

和田清、一九五九、『東亜史研究―蒙古篇』、東京、東洋文庫。

漢文史料

周密『癸辛雑識』、京都、中文出版、一九七三。

陶宗儀『輟耕録』、台北、世界書局、一九六三。

『元史』、北京、中華書局、一九七六。

『元朝秘史三種』、京都、中文出版社、一九七五。

京都大学文学部編、『明代満蒙史料—明実録抄—』一八冊、京都、京都大学文学部、一九五四—一九五九。
瞿九思、『足本万暦武功録』、台北、芸文院書館、一九八〇。
粛大亨『北虜風俗』、北京、文殿閣書荘、一九三六。
鄭暁『皇明北虜考』、北京、文殿閣書荘、一九三七。
『大清太宗実録』、台北、華聯出版社、一九六四。
『欽定外藩蒙古回部王公表伝』(『国朝耆献類徴初編』所収)、台北、文海出版社、一九六六。
包文漢、奇・朝克図整理、一九九八、『欽定蒙古回部王公表伝』第Ⅰ輯、呼和浩特、内蒙古大学出版社。
祁韻士『皇朝藩部要略』、台北、文海出版社、一九六五。
鄂爾泰等修『八旗通志』、長春、東北師範大学出版社、一九八五。
永瑢等編『四庫全書総目』二冊、北京、中華書局、一九六五。

目録・辞書

『全国蒙文古旧図書資料聯合目録』、呼和浩特、内蒙古人民出版社、一九七九。
『中国蒙古文古籍総目 (Dumdadu ulus-un erten-ü Mongγol nom bičig-ün yerüngkei γarčaγ)』三巻、北京、北京図書館、一九九九。
銭実甫、一九八〇、『清代職官年表』四冊、北京、中華書局。
何遠景主編、二〇〇四、『内蒙古自治区線装古籍聯合目録』上、中、下、北京、北京図書館出版社。
張怡蓀、一九八五、『蔵漢大辞典』三巻、北京、民族出版社。

中国語訳書

烏蘭(訳)、二〇〇〇、『《蒙古源流》研究』、瀋陽、遼寧民族出版社。
札奇斯欽(訳)、一九七九、『蒙古黄金史訳注』、台北、聯経出版事業公司。
朱風、賈敬顔(訳)、一九八五、『漢訳蒙古黄金史綱』、呼和浩特、内蒙古人民出版社。
珠栄嘎(訳)、一九九一、『阿勒坦汗伝』、呼和浩特、内蒙古人民出版社。

色道尓吉（訳）、一九九三、『蒙古黄金史』、呼和浩特、蒙古学出版社。
沈曽植、張爾田『蒙古源流箋証』台北、文海出版社、一九六五。
張爾田、一九三九、『蒙古世系譜』、北京。
郭和卿（訳）、一九八二、『西蔵王臣記』、北京、民族出版社
郭和卿（訳）、一九八五、『青史』、拉薩、西蔵人民出版社。
黄顥（訳）、一九八四、『新紅史』、拉薩、西蔵人民出版社。
陳慶英（訳）、一九八六、『漢蔵史集』、拉薩、西蔵人民出版社。
陳慶英他（訳）、二〇〇二、『薩迦世系史』、拉薩、西蔵人民出版社。
陳慶英、馬連龍（訳）、一九九二、『達頼喇嘛三世、四世伝』、北京、全国図書館文献縮微複製中心。

中国語文献

亦隣真、二〇〇一、『亦隣真蒙古学文集』、呼和浩特、内蒙古人民出版社。
郭冠連、一九九八、「喀喇沁・卜彦畢勒格図及其業績」内蒙古大学第三次蒙古学国際学術討論会発表論文。一―三〇頁。
黄明信、申暁亭、一九八七、「《蒙古源流》成書年代諸説評議」『民族研究』一九八七―六。
黄麗生、一九九七、『論《阿拉坦汗伝》的撰史意識』、台北、蒙蔵委員会。
賽音吉日嘎拉、沙日勒岱著、郭永明（訳）、一九八八、『成吉思汗祭奠』、呼和浩特、内蒙古人民出版社。
周清澍、一九八七、「明成祖生母弘吉剌氏説反映的天命観」『内蒙古大学学報（哲社）』一九八七―三、一―一八頁。
陳寅恪、一九三一、「彰所知論與蒙古源流（蒙古源流研究之三）」『国立中央研究院歴史語言研究所集刊』第二本、第三分、三〇二―三〇九頁。
樊保良、水天長、一九九七『闊端与薩班、涼州会談』、蘭州、甘粛人民出版社。
傅斯年、一九三二、「明成祖生母記疑」『国立中央研究院歴史語言研究所集刊』第二本、第四。
包文漢、喬吉、一九九四、『蒙文歴史文献概述』、呼和浩特、内蒙古人民出版社。

欧文文献

Bawden, C.R., 1955: *The Mongol Chronicle Altan Tobči*, Wiesbaden, Otto Harrassowitz.

Chiodo, E., Sagaster, K., 1996: *Saγang Sečen, Erdeni-yin tobči. A Manuscript from Kentei Ayimaγ*. Wiesbaden Harrassowitz Verlag.

Elverskog, J. 2002: *The Jewel Transluction Sūtra, Altan Khan and the Mongols in the Sixteenth Century*. Leiden・Boston, Brill,

Haenisch, H., 1955: *Eine Urga-Handschrift des mongolischen Geschichtswerks von Secen Sagang* (*alias Sanang Secen*), Berlin, Akademie-Verlag.（Unga. と略称）

Haenisch, E.,1959: *Die Kienlung Druck des mongolischen Geschichtswerkes Erdeni Yin Tobci von Sagang Secen*. Weisbaden, Franz Steiner Verlag GMBH.

Haenisch, E.,1966: *Qad-un ündüsün-ü Erdeni-yin Tobčiya.*《*Eine Pekinger Palasthandschrift*》. Wiesbaden, Otto Harrassowitz.

Heissig, W., 1946: *Bolor erike, 'eine Kette aus Bergkristallen' : eine mongolische Chronik der Kienlung-zeit von Rasipungsuγ*. Monumenta Serica Monograph series : 10. Peking, Fu-Jen University

Heissig, W., 1954: *Die Pekinger Lamaistischen Blockdrucke in mongolischer sprache*. Wiesbaden, Otto Harrassowitz,

Heissig, W. and Bawden, Ch., 1957: *Mongol borǰigid oboγ-un teüke von Lomi*（*1732*）, *Meng-ku Shih-hsi-p'u*. Wiesbaden, Otto Harrassowitz.

Heissig, W., 1958: *Altan Kürdün Mingγan Gegesütü Bičig*. Kopenhagen, Ejnar Munksgaard.

Heissig, W., 1959: *Die Familien-und Kirchengeschichtsschreibung der Mongolen I*. Wiesbaden, Otto Harrassowitz.

Heissig, W., 1965: *Die Familien-und Kirchengeschichtsschreibung der Mongolen II*. Wiesbaden, Otto Harrassowitz.

Heissig, W., 1966: *Die mongolishe Steinschrift und Manuskriptfragmente aus Olon süme in der Inneren Mongolei*. Göttingen, Vandenhoeck & Ruprecht.

Kämpfe, H. R., 1983: *Das Asaraγči neretü-yin teüke*. Wiesbaden, Otto Harrassowitz.

Kollmar-Paulenz, 2001: *Erdeni tunumal neretü sudur, Die Biographie des Altan qaγan der Tümed-Mongolen*. Wiesbaden,

Harrassowitz Verlag.
Ligeti, L., 1942: *Catalogue de Kanjur Mongol Imprimé*. Budapest, Société Körösi Csoma.
Lintchen, 1959: *Les Materiaux pur l'étude du chamanisme Mongol I*. Wiesbaden, Otto Harrassowitz.
Mostaert, A., 1952: *Altan Tobči. A Brief History of the Mongols by bLo bzaṅ bsTan 'jin*. Scripta Mongolica I, Cambridge, Harvard University Press.
Mostaert, A., 1956: *Erdeni-yin Tobči, Mongolian Chronicle by Saγang sečen*. Scripta Mongolica II. Cambridge, Harvard University Press.
Mostaert, A., 1959: *Bolor Erike, Mongolian Chronicle by Rasipunsuγ*. Scripta Mongolica III. Cambridge, Harvard University Press.
Rachewiltz, I., 2004: *The Secret History of the Mongols*. 2vols. Leiden, Brill.
Raghu Bira, 1963: *Indo-Asian studies* (*Sata-pitaka series*, Vol.31), Part I, New Delhi.
Rintchen, B.,1959: *Les materiaux pour l'étude du chamanisme mongol I*. Wiesbaden, Otto Harrassowitz.
Sagaster, K. 1976: *Die Weisse Geschichte*. Wiesbaden, Otto Harrassowitz.
Schmidt, I. Ya., 1829: *Geschichte der Ost-Mongolen und ihres fürstenhauses, verfasst von Ssanang Ssetsen Chungtaidschi der Ordus*. Leipzig.
Thackston, W. M. (tr.), 1998: *Rassiduddin Fazlullah's Jami'u' t-tawarikh. Compendium of Chronicles*. Cambridge, Harvarad University Press.
Tucci, G., 1971: *Dep t'er dmar po gsar ma. Tibetan Chronicle by bSod nams grags pa*. Roma, Instituto Italiano der Il Medio ed Estremo Oriente.
Žamtsarano, C., 1955: *The Mongol Chronicles of the Seventeenth Century*, tr. by Loewenthal. Wiesbaden, Otto Harrassowitz.
Žamtsarano, 1961: Культ чингиса в ордосе. Из путешествия в южную монголию в 1910 г. *Central Asiatic Journal*, vol.VI,

no.3, pp.194-234.
Uspensky, V.L., 1999: *Catalogue of the Mongolian Manuscripts and Xylographs in the St.Petersburg State University Library*. Tokyo, Institute for the Study of Languages and Cultures of Asia and Africa.

モンゴル語文献

Altanorgil, 1989: ***Kökeqota-yin teüken mongγol sorbolji bičig*** (6).『フフホトの歴史に関するモンゴル語史料集』Qayilar, Öbör Mongγol-un soyul-un keblel-ün qoriy-a,
anonymous, 1925: ***Činggis qaγan-u čadig***. Begejing, Mongγol bičig-ün qoriy-a（蒙文書社）(北京版Ⅰ)
anonymous, 1925:『蒙文蒙古史記— ***Mongol chronicle Činggis qagan u čidig, including Altan tobči***』、北京、文殿閣。
Bulaγ, 1989: ***Qad-un ündüsün quriyangγui altan tobči***. Kökeqota, Öbör Mongγol-un surγan kömöjil-ün keblel-ün qoriy-a.
Čimeddorji, Mönkebuyan, Gerel, 1998: ***Altan tobči***. Qayilar, Öbör mongγol-un soyul-un keblel-ün qoriy-a.
Čoyiji, 1981, ***Γangγ-a-yin urusqal***. Kökeqota, Öbör Mongγol-un arad-un keblel-ün qoriy-a.
Čoyiji, 1983a: ***Altan tobči***. Kökeqota, Öbör Mongγol-un arad-un keblel-ün qoriy-a.
Čoyiji, 1983b: Rasipunsuγ-un udum üile-dü qolboγdaqu jarim asaγudal-i todorqayilaqu ni（「ラシプンスクの活動のいくつかの問題」).『内蒙古社会科学』（蒙文版）1983-2, pp.114-120.
Čoyiji, 1987, ***Altan kürdün mingγan kegesütü***. Kökeqota, Öbör Mongγol-un arad-un keblel-ün qoriy-a.
Čoyiji, 1991: ***Altan erike***. Kökeqota, Öbör Mongγol-un arad-un keblel-ün qoriy-a.
Darmabazar, O., 2002 : ***Čakravarti altan qaγan-u tuγuji-yin sudulul***（《転輪王俺答汗伝》研究）Kökeqota, Öbör Mongγol-un arad-un keblel-ün qoriy-a.
Dorungγ-a, 1998: ***Činggis qaγan-u takil-un sudur orosiba***. Kökeqota, Öbör Mongγol-un arad-un keblel-ün qoriy-a.
Düdeng, Öljeyid, 1987: ***Dai yuan ulus-un bičig***. Begejin, Ündüsüten-ü keblel-ün qoriy-a.
Γalsang 他、1994: ***Joo uda-yin süm-e keyid***.（『昭烏達盟の寺院』）Qayilar, Öbör Mongγol-un soyul-un keblel-ün qoriy-a.
Irinčin, Y., 1987: ***Mongγol-un niγuča tobčiyan***.（『モンゴルの秘史』）Kökeqota, Öbör Mongγol-un yeke surγaγuli-yin

keblel-ün qoriy-a.
Jürüngγ-a, 1984: ***Erdeni tunumal neretü sudur orosiba***. Begejing, Ündüsüten-ü keblel-ün qoriy-a.
Kesigtoγtaqu, 1985: ***Erten-ü mongγol silüg-ün tegübüri***.（『古代モンゴル詩選集』）Tüngliyou, Öbör Mongγol-un baγačud keüked-ün keblel-ün qoriy-a.
Kökeöndör, 1985: ***Bolor erike***. Kökeqota, Öbör Mongγol-un arad-un keblel-ün qoriy-a.
Kökeöndör, 1987: ***Erdeni-yin tobčiy-a***. Begejing, Ündüsüten-ü keblel-ün qoriy-a.
Liu jin-suo, 1979: ***Arban γurba-arban doloduγar jaγun-u mongγol-un teüke bičilge***.（『一三―一七世紀のモンゴルの歴史書』）Kökeqota, Öbör Mongγol-un arad-un keblel-ün qoriy-a.
Liu Jin-suo, 1980: ***Qad-un ündüsün quriyangγui Altan tobči***. Öbör Mongγol-un keblel-ün qoriy-a, Kökeqota.
Liu Jin-suo, 1981: ***Arban buyantu nom-un Čaγan teüke***（『十善福白史冊』）. Kökeqota, Öbör Mongγol-un arad-un keblel-ün qoriy-a.
Mergenbaγatur, 1962: ***Saγang sečen, Qad-un ündüsün-ü Erdeni-yin tobči***. Kökeqota, Öbör Mongγol-un keblel-ün qoriy-a,
《Mergen gegen sudulul 》-un uduridqu doγoyilang, 1998: ***Altan tobči. Mergen gegen sudulul***『メルゲン・ゲゲン研究』IV. Qayilar, Öbör mongγol-un soyur-un keblel-ün qoriy-a.
Möngke, B. 1995: 'Mergen gegen lubsangdambijalsan'（「メルゲン・ゲゲン・ルブサンダムビジャル サン」）. ***Mergen gegen sudulul*** III. Qayilar, Öbör mongγol-un soyur-un keblel-ün qoriy-a.
Naγusayinküü, Ardajab, 1989: ***Mongγol-un borjigid oboγ-un teüke***. Kökeqota, Öbör Mongγol-un keblel-ün qoriy-a.
Naranbatu, 1997: 'Mongγol yeke erdemten—Mergen gegen Lobsangdambijalmsan'（「モンゴルの大学者 —メルゲン・ゲゲン・ロブサンダムビジャルサン」）. ***Mergen gegen sudulul-un ügülel-üd***（『メルゲン・ゲゲン研究論文集』）***Mergen gegen sudulul*** II. pp.39-59. Öbör mongγol-un soyur-un keblel-ün qoriy-a.
Narasun, Öljeibayar, 1986: Ordos-un bičig-ün jokiyal bütügel-ün tegülbüri.（「オルドスの歴史書の編纂」）***Yeke juu-yin soyul teüke-yin material*** I.（『伊克昭文史資料』）nigedüger emkidkel,（第１輯）pp.178-295.

Nasunbaljur, 1961: *Saγang sečen, Erdeni-yin tobči*. Monumenta Historica Tomus I, fasc.1 Ulaγan baγatur.
Öljei, Gereljab, 2004: '《Erdeni-yin tobči》-yin ner-e-yin tuqai tobči ügülekü ni.'（「『エルデニイン・トプチ』の名称について」）*Öbör Mongol-un sinjilekü uqaγan*. 2004-5, pp.58-60.
Perlee, Kh., 1960: *bYam-ba: Asaraγči neretü-yin teüke*. Ulaγan baγatur.
Sayinjirγal, Šaraldai, Joriγtu, 1983: *Altan ordon-u tayilγ-a*.（『成吉思汗祭奠』）Begejing, Ündüsüten-ü keblel-ün qoriy-a.
Бира, Ш., 1990: *Эртний хаадын vндэслэсэн тøр ёсны зохиолыг товчлон хураасан Алтан товч хэмээх оршвой*. Улаанбаатар.
Жадамба, Д. 1963: *Улсын нийтийн номын сан∂ буй тvvхийн ба тvvхэнд холбогдох бичмэл монгол номлн гарчиг*.（『国立図書館にある歴史と歴史に関するモンゴル書目録』）Улаанбаатар.
Дамдинсvрэн, Ц.,1990: *Намтарын хуудсаас*. Улаанбаатар.
Нацагдорж, Ш.（ред.）1966 : *Бvгд найрамдах монгол ард улсын тvvх* I.（『モンゴル人民共和国史』）тэргvvтн боть. Улаанбаатар.
Пэрлээ, Х., 1957: *Урьд мэдэгдээгvй гурван бичмэл*.（『以前知られなかった三種の史書』）Улаанбаатар.
Пэрлээ, Х., 1958: *Монголын хувьсгалын өмнөх veийн тvvх бичлэгийн асуудалд*. Улаанбаатар.
Чоймаа, Ш. 2002: *Qad-un ündüsün quriyangγui Altan tobči*. Monumenta Mongolica II, Улаанбаатар.
Шагдар, Ц., 1957: *Алтан товч*. Улаанбаатар.
Шагдар, Ц., 1990: Лувсанданзан, *Алтан товч*. Улаанбаатар.（第二版）
Шагдарсvрэн, Ц. & Lee Seong-Gyu, 2002: *Byamba-yin Asaraγči neretü-yin teüke*. Улаанбаатар.

ロシア語文献

Балданжапов, П.Б., 1970 : *Altan tobči. монгольская летопись XVIII в*. Улан-Удэ.
Балданжапов, П.Б., 2001: *Čaγan teüke-《Белая история》монгольский историко правовой памятник XIII-XVI вв*. Улан-Удэ.
Бира, Ш., 1978: *Монгольская историография XIII-XVII вв*. Москва, Наука.
Владимирцов, В. Я., 1930: Где《пять халхаских поколений—Tabun otoγ Xalxa》. *ДАН*-В. с.201-205.

Владимирцов, В. Я., 1934: *Общественный строй монголов, монгольский кочевой феодализм*. Ленинград.

Восториков, А. И., 1962: *ТиЬетская историческая литература*. Москва.

Гомбоев, Г.1858: *Алтанъ-тобчи*. Санкт-Петербург.

Жамцарано, Ц., 1936: *Монгольская летописи XVII века*. Москва, Наука.

Касьяңенко, З. К.,1993: *Каталог петербургского рукописного 《ганжура》*. Москва.

Панкратов, В. И., 1962: *Юан-чао би-ши*.（*Секретная история монголов*）. Москва.

Позднеев, А., 1895: Новооткрытый Памятник монгол'ской Пис'менности Времен Династии Мuи. *Восточные заметки*, Спг, с. 367-386.

Позднеев, А., 1900: *Монгольская хрестоматiя для первоначальнаго препдазанiя*. Санктпетербургъ

Пучковский, Л. С., 1954: Собрание монгольских рукописей и ксилографы института востоковедения Академии Наук СССР. *УЗИВАН*, Т.9, с.90-127.

Пучковский, Л. С., 1957: *Монгольская рукописи и ксилографы института востоковедения*. Москва-Ленинград.

Пучковский, Л. С., 1960: *Гомбоджаб, Ганга-йин урусхал*（*Uстория золотого рода владыки чингиса-сочинение под названием течение Ганга.*）Москва.

Сазыкин, А. Г., 1988: *Каталог монгольских рукописей и ксилографов института востоковедения Академии Наук СССР*. Том I, Москва, Наука.

Сазыкин, А. Г., 2001: *Каталог монгольских рукописей и ксилографов института востоковедения Академии Наук СССР*. Том II. Москва,《Восточная Литература》РАН.

Сазыкин, А. Г., 2003: *Каталог монгольских рукописей и ксилографов института востоковедения Академии Наук СССР*. Том III. Москва,《Восточная Литература》РАН.

Шастина, Н. П., 1957:. *Шара туджи, монгольская летопись XVII века*. Москва, Наука.

Шастина, Н. П., 1973: *Лувсан данзан: Алтан товчи*.（《*Золотое сказание*》）. Москва, Наука.

森川 哲雄（もりかわ てつお）
1944年、長野県生まれ。
大阪大学文学部卒業。
専門は14～18世紀のモンゴル史。
現在九州大学大学院比較社会文化研究院教授。博士（文学）。
主要著作
「『アルタン・ハーン伝』の研究」（私家版）1987年、「内陸圏・海域圏交流ネットワークとイスラム」（編著）、櫂歌書房、2006年

白帝社アジア史選書
HAKUTEISHA's
Asian History Series
009

モンゴル年代記

2007年5月15日　　初版発行

著　者　森川哲雄
発行者　佐藤康夫
発行所　白 帝 社
〒171-0014　東京都豊島区池袋2-65-1
Tel　03-3986-3271　Fax　03-3986-3272
http://www.hakuteisha.co.jp
印刷　倉敷印刷　　製本　若林製本所

　ISBN978-4-89174-844-9

白帝社アジア史選書

HAKUTEISHA's
Asian History Series

発刊にあたって

二十一世紀はアジアの世紀である。日本とアジアの国々の距離はいよいよ近づき、人々の交流はますます緊密さを増していくだろう。わたしたちは今、アジアの一員であることをきちんと自覚し、対等平等の立場からアジアの将来を考え、日本の位置を見定める時期に立っている。

日本は二十世紀の前半、アジアの国々に侵略し、数え切れない生命を奪い、国土を踏みにじり、かの地の人々に激しい憤りと悲しみと絶望を与えた。それから半世紀以上を経過して、かれらの心に沁みついた不信の念は完全に払拭できたであろうか。正直なところ、まだ過去の残像に引きずられ、未来志向の安定した関係を打ち立てるに至っていない。

こうした現状の背後には、欧米と比べてアジアを低く見る観念や、アジアの現実を共感共有できない視野の狭さが伺われる。だがアジアは、世界のどこにも引けを取らない豊かな歴史、多彩な文化をもって今日に及んでいる。しかも世界が宗教を正義として血を流しあうなかで、仏教を信仰するアジア地域からは仏教による抗争を生んでいない。これはわたしたちの誇るべき財産である。

白帝社アジア史選書は、そのようなアジア諸国と正面から向き合い、歴史の面からその魅力と本質に迫り、アジアを知る新たな手がかりと可能性を提示することを目指すものである。わたしたちのいうアジアとは、東アジアに軸足を置きつつ、他のアジア全域に及ぶ。当然日本も大切な領域となる。この選書が少しでも多くの読者の目に止まり、良質なアジア史理解の形成に貢献できることを切望している。

二〇〇三年十月

白帝社アジア史選書

HAKUTEISHA's Asian History Series

001

皇帝政治と中国

梅原 郁

1800円

二〇〇〇年以上続いた皇帝政治は、この国に停滞をもたらし、諸悪の根源ともいわれる。しかし、広大多様な中国を一つに纏める求心力として、それは厳然と機能していた。皇帝政治という視座から中国史の本質に迫り、再生産されてきた「カラクリ」をわかりやすい筆致で解き明かす。

002

知の座標
—中国目録学

井波 陵一

1600円

中国は膨大な書物を残してきた文字の国である。筆者は、その過去から現在、未来にわたり集積される知の世界をConstellation「星座」とみたて、その座標軸になるのが、目録学であるという。図書館学を目指す人、中国文化論に関心ある人に是非とも薦めたい一書である。

003

王莽
—儒家の理想に憑かれた男

東 晋次

1800円

前漢を奪うようにして新の皇帝となった王莽。しかし、彼は、果たして根っからの悪逆非道な簒奪者だったのか。本書は「聖」をキイワードに、儒家理念の権化のごとく生きた男の生涯を克明にたどることによって、その実像を浮かび上がらせる。本邦初の本格的王莽伝。

004

亀の碑と正統
—領域国家の正統主張と複数の東アジア冊封体制観

平勢 隆郎

1600円

正統主張するための形が台座の亀に託された—東アジアは漢字文化を共用するが、その中は一様ではない。これまであまり知られていなかった特別な碑石「亀趺」を検討し、それが東アジア全体に関わり、中国や韓国や日本という国家、地域に関わることを具体的に検証する。

＊価格は税別

白帝社アジア史選書

HAKUTEISHA's Asian History Series

005

隋唐時代の仏教と社会

藤善　眞澄

1600円

世俗にとらわれず、あらゆる執着からの脱却を願う仏教と、現世にこだわり政治優先の中国社会との間には様々な確執が生じた。多大の犠牲を払い苦難を乗越えて中国の宗教となりおおせた隋唐の仏教を、再三にわたる弾圧の嵐に焦点を合わせながら抵抗と妥協、変容への軌跡を辿る。

006

古代江南の考古学
—倭の五王時代の江南世界

羅　宗真　著
中村　圭爾
室山留美子　編訳

1800円

華北と異なる江南の地に織成された社会と文化。それを象徴する都建康（南京）のすがたと、この地に生み出された青瓷や、絵画、書跡。江南文化研究の第一人者羅宗真氏の編訳である本書には、倭の五王の使者たちも目にしたはずの、古代江南社会の原風景があますところなく再現されている。

007

戦国秦漢時代の都市と国家
—考古学と文献史学からのアプローチ

江村　治樹

1800円

中国史において、戦国時代は、その後の王朝国家の原型になった秦漢帝国が形成される時代として注目される。この時代は同時に都市の発達が顕著に見られる時代でもある。本書は、この都市の視点から秦漢帝国の形成とあり方を、文献史料だけでなく考古資料をも用いて新たに捉え直す。

008

魏晋南北朝壁画墓の世界
—絵に描かれた群雄割拠と民族移動の時代

蘇　哲

1800円

魏晋の薄葬思想が壁画墓の衰退に対する影響、鮮卑慕容氏前燕の鹵簿制度、北魏孝文帝と馮太后一族の関係、東魏-北斉墓に表れる身分制と民族意識、西域から異質文化の流入など、描き出されている画像資料に基づき、文献資料だけからは窺い知ることのできない諸問題を克明に辿り、その特質を解説。

＊価格は税別

白帝社アジア史選書

HAKUTEISHA's Asian History Series

―続刊―

009

モンゴル年代記

森川　哲雄

1800円

一六世紀後半以降、モンゴルでは多くの年代記が編纂されるようになった。これらの年代記にはモンゴルの歴史とともに、多くの伝説、教訓話が記されており、それらは遊牧社会の文化を知る上で貴重な史料となっている。本書ではこれらの年代記について様々な角度から紹介する。

010

広開土王碑との対話

武田　幸男

1800円

中国東北辺で蔓苔を絡め、風化した姿で現れた『広開土王碑』ほど、長く国際的な論題になり、ホットな論争を呼び続ける碑石は稀であろう。本書は、もの言わぬ碑文と真摯に対話した酒匂景信・水谷悌二郎ら、王志修・栄禧・初天富らの内外の人物像を通じて、碑文の語る真意を探る。

都市・上海

春名　徹

東アジアの伝統的な港市から西欧文化が直接流入する開港場へ。わたしたちのアジアの矛盾そのものを体現する都市・上海へ！一切の虚飾、一切の幻想の言説の中にわけ入り、ひたすら上海の真実を歴史的に追いもとめることにより、アジアの近代の質を問う。

中国古典とその注釈

古勝　隆一

『詩経』や『書経』といった中国古典。長い歴史の中でとぎれることなく読み継がれて、古典となったものである。それら難解な書物は、解釈や説明、注釈を通してはじめて人々に受け入れられた。古典の「原本」を復元するという幻想を覆し、その解釈と受容の様相に眼を向けて中国古典を論ずる。

＊書名は都合により変更になることがあります。ご了承ください。